财 务 会 计

梁丽华　张雪飞　赵　凯　主　编

清华大学出版社

北　京

内 容 简 介

本书以我国最新的企业会计准则和财税政策为依据，以培养学生会计职业岗位能力和取得初级会计专业技术资格认证为目标，以会计信息生成为主线，根据完成实际会计工作任务的逻辑顺序整合教材内容，科学地设计了 14 章内容。

本书每章都配有习题，有利于学生在掌握财务会计理论知识的同时，掌握财务会计操作技能，养成良好的职业素养，具备会计综合职业能力。

本书主要适用于高等院校会计类专业的学生，也可供企业管理人员，尤其是会计人员培训和自学之用。

图书在版编目(CIP)数据

财务会计/梁丽华，张雪飞，赵凯主编. —北京：清华大学出版社，2022.6

ISBN 978-7-302-60842-4

Ⅰ. ①财… Ⅱ. ①梁… ②张… ③赵… Ⅲ. ①财务会计 Ⅳ. ①F234.4

中国版本图书馆 CIP 数据核字(2022)第 081507 号

责任编辑：孟　攀
封面设计：杨玉兰
责任校对：李玉茹
责任印制：曹婉颖

出版发行：清华大学出版社

网　　　址：http://www.tup.com.cn, http://www.wqbook.com
地　　　址：北京清华大学学研大厦 A 座　　　邮　　编：100084
社 总 机：010-83470000　　　邮　　购：010-62786544
投稿与读者服务：010-62776969, c-service@tup.tsinghua.edu.cn
质量反馈：010-62772015, zhiliang@tup.tsinghua.edu.cn
课件下载：http://www.tup.com.cn, 010-62791865

印 装 者：三河市铭诚印务有限公司
经　　销：全国新华书店
开　　本：185mm×260mm　　　印　　张：17.25　　字　　数：419 千字
版　　次：2022 年 6 月第 1 版　　　印　　次：2022 年 6 月第 1 次印刷
定　　价：49.80 元

产品编号：089762-01

前　言

经济越发展，会计越重要；经济越发展，会计越需要改革。近年来，国内外的社会、政治、经济、科技、文化等环境发生了日新月异的变化，会计学科处在不断发展和完善之中，财务会计也面临着诸多新情况和新问题，迫切需要从理论到实务对其进行深入的总结和提高。中国的会计改革，既要满足中国经济改革与发展的要求，又要考虑中国会计实务对理论与操作的需要。改革的关键在于面向经济全球化的会计教育的改革，会计教育的改革基础在于会计教材与会计人才的思维培养。教材是教学之本，其质量的好坏直接影响教学质量。

本书以最新的企业会计准则和财税政策为依据，从深度和广度上合理把握财务会计知识，力求既把有关实务操作讲透，又对有关问题作一定的理论分析，使读者不仅知其然，更知其所以然，掌握其精神实质。

本书以我国最新颁布的税法和企业会计准则为依据，以培养学生会计职业岗位能力和取得初级会计专业技术资格认证为目标，以会计信息生成为主线，根据完成实际会计工作任务的逻辑顺序安排层次结构，科学地设计了 14 章内容。本书重点在于培养学生按照《企业会计准则》等政策法规熟练地进行企业日常业务的会计处理能力，使学生具备学习后续专业课程的专业基础能力和可持续发展能力，从而有助于获取初级会计专业技术资格证书，实现毕业证书与职业资格证书的"双证融通"。本书每章都配有习题，有利于学生在掌握财务会计理论知识的同时，掌握财务会计操作技能，养成良好的职业素养，具备会计综合职业能力。本书主要适合高等院校会计专业的学生使用，也可供企业管理人员，尤其是会计人员培训和自学之用。

本书由长期从事会计教学与科研的骨干教师编写。具体分工如下：黑龙江民族职业学院梁丽华编写了第一章、第二章、第四章、第七章、第十三章和第十四章，哈尔滨理工大学张雪飞编写了第三章、第五章、第八章和第十章，哈尔滨金融学院赵凯编写了第六章、第九章、第十一章和第十二章。

虽然我们对本书的撰写做了很多努力，但受水平限制，书中疏漏和不当之处在所难免，恳请读者批评、指正。

编　者

目　　录

第一章

总　论

第一节 财务会计目标

财务会计是指通过对企业已经完成的资金运动进行全面系统的核算与监督，以为外部与企业有经济利害关系的投资人、债权人和政府有关部门提供企业的财务状况与盈利能力等经济信息为主要目标而进行的经济管理活动。

财务会计是现代企业一项重要的基础性工作，通过一系列会计程序，提供对决策有用的信息，并积极参与经营管理决策，提高企业经济效益，服务于市场经济的健康有效发展。

财务会计确认和计量的最终成果是财务会计报告，它是沟通企业管理层与外部信息使用者之间的桥梁和纽带。

我国企业财务会计的目标，是向财务报告使用者提供企业财务状况、经营成果和现金流量等有关的会计信息，反映企业管理层受托责任的履行情况，有助于财务报告使用者作出经济决策。其主要包括以下两个方面的内容。

一、向财务报告使用者提供对决策有用的信息

企业编制财务报告是为了财务报告使用者的信息需要，有助于财务报告使用者作出经济决策。因此，向财务报告使用者提供对决策有用的信息是财务报告的基本目标。如果企业在财务报告中提供的会计信息与使用者的决策无关，没有使用价值，那么财务报告就失去了其编制的意义。

根据向财务报告使用者提供对决策有用的信息这一目标的要求，财务报告所提供的会计信息应当如实反映企业所拥有或者控制的经济资源、对经济资源的要求权，以及经济资源要求权的变化情况；如实反映企业的各项收入、费用、利得和损失的金额及其变动情况；如实反映企业各项经营活动、投资活动和筹资活动所形成的现金流入和现金流出情况等，从而有助于现在的或者潜在的投资者、债权人及其他使用者正确、合理地评价企业的资产质量、偿债能力、盈利能力和营运效率等；有助于使用者评估与投资和信贷有关的未来现金流量的金额、时间和风险等。

二、反映企业管理层受托责任的履行情况

在现代公司制度下，企业所有权和经营权相分离，企业管理层受委托人之托经营管理企业及其各项资产，负有受托责任，即企业管理层所经营管理的企业各项资产基本上均为投资者投入的资本或者向债权人借入的资金所形成的，企业管理层有责任妥善保管并合理、有效地运用这些资产。尤其是企业投资者和债权人等，需要及时或者经常性地了解企业管理层保管、使用资产的情况，以便于评价企业管理层受托责任的履行情况和业绩情况，并决定是否需要调整投资和信贷政策，是否需要加强内部控制和其他制度建设，是否需要更换管理层等。

第二节　会计基本假设

会计的基本假设是企业会计确认、计量和报告的前提，是对会计核算所处时间、空间环境等作出的合理假定。

一、会计主体

会计主体，是指企业确认、计量和报告的空间范围。

明确界定会计主体是开展会计确认、计量和报告工作的重要前提。

(1) 明确会计主体，才能明确划定会计所要处理的各项交易或事项的范围；会计核算中所涉及的资产、负债的确认，收入的实现和费用的发生等，都是针对特定的会计主体而言的。

(2) 明确会计主体，才能将会计主体的交易或者事项与会计主体所有者的交易或者事项以及其他会计主体的交易或者事项区分开来。

(3) 会计主体不一定是法律主体，法律主体必然是会计主体。所谓会计主体，是指会计人员为之服务的特定单位。法律主体是指依据我国公司法的有关规定设立的，能独立地承担民事责任的经济实体。一些特殊的单位，如独立核算的车间、分公司、独资企业及合伙企业都不是法律主体，但是可以作为会计主体进行会计核算。

【例 1-1】某母公司拥有 10 家子公司，母子公司均为不同的法律主体，但母公司对子公司拥有控制权，为了全面反映由母子公司组成的企业集团整体的财务状况、经营成果和现金流量，就需要将企业集团作为一个会计主体，编制合并财务报表。

二、持续经营

持续经营规定了会计核算的时间范围，是指在可以预见的将来，企业将会按当前的规模和状态继续经营下去，不会大规模削减业务，也不会停业进行清算。在持续经营假设下，企业进行会计确认、计量和报告应当以持续经营为前提。明确这一基本假设，就意味着会计主体将按照既定的用途使用资产，按照既定的合约条件清偿债务，会计人员就可以在此基础上选择会计政策和估计方法。

【例 1-2】某企业购入一条生产线，预计使用寿命为 10 年，考虑到该企业将会持续经营下去，因此可以假定企业的固定资产会在持续的生产经营过程中长期发挥作用，并服务于生产经营过程，即不断地为企业生产产品，直至生产线使用寿命结束。为此，该生产线就应当根据历史成本进行记录，并采用折旧的方法，将历史成本分摊到预计使用寿命期间所生产的相关产品的成本当中。

当然，在市场经济环境下，任何企业都存在破产、清算的风险，也就是说，企业不能持续经营的可能性总是存在的。因此，需要企业定期对其持续经营基本前提作出分析和判断，如果可以判断企业不能持续经营，就应当改变会计核算的原则和方法，并在企业财务报告中作相应披露。如果一个企业在不能持续经营时还假定企业能够持续经营，并仍按持续经营的基本假设选择会计核算的原则和方法，就不能客观地反映企业的财务状况、经营成果和现金流量，导致报告的使用者作出错误的经济决策。

三、会计分期

会计分期，是指将一个企业持续经营的生产经营活动期间划分为若干连续、长短相同的期间。会计分期的目的，在于通过会计期间的划分，将持续经营的生产活动期间划分成连续、相同的期间，据以结算盈亏，按期编报财务报告，从而及时向财务报告使用者提供有关企业财务状况、经营成果和现金流量的信息。在会计分期假设下，企业应当划分会计期间，分期结算账目和编制财务报告。会计期间分为年度和中期。年度和中期均按公历起讫日期确定。中期，是指短于一个完整的会计年度的报告期间。

根据持续经营假设，一个企业将按当前的规模和状态持续经营下去。要想最终确定企业的生产经营成果，只能等到企业在若干年后歇业时核算一次盈亏。但是，无论是企业的生产经营决策还是投资者、债权人等的决策都需要及时的信息，不能等到歇业时。因此，就必须将企业持续的生产经营活动期间划分为若干连续的、长短相同的期间，分期确认、计量和报告企业的财务状况、经营成果和现金流量。而且由于会计分期，才产生了当期与以前期间、以后期间的差别，出现了权责发生制和收付实现制的区别，使不同类型的会计主体有了记账的基准，进而出现了应收、应付、折旧、摊销等会计处理方法。

四、货币计量

货币计量，是指会计主体在进行会计确认、计量和报告时以货币计量，反映会计主体的财务状况、经营成果和现金流量。在会计的确认、计量和报告过程中选择货币作为基础进行计量，是由货币本身的属性决定的。货币是商品的一般等价物，是衡量一般商品价值的共同尺度，具有价值尺度、流通手段、贮藏手段和支付手段等特点。其他计量单位，如重量、长度、容积、台、件等，都只能从一个侧面反映企业的生产经营情况，无法在量上进行汇总和比较，不便于会计计量和经营管理。因此，为全面反映企业的生产经营活动和有关交易、事项，会计确认、计量和报告选择货币作为计量单位。但是，统一采用货币计量也存在缺陷，例如，某些影响企业财务状况和经营成果的因素，如企业经营战略、研发能力、市场竞争力等，往往难以用货币来计量，但这些信息对于使用者决策也很重要。为此，企业可以在财务报告中补充披露有关非财务信息来弥补上述缺陷。

第三节　会计信息质量要求

会计信息质量要求是对企业财务报告中所提供的会计信息质量的基本要求，是使财务报告中所提供的会计信息对使用者决策有用所应具备的基本特征，它包括可靠性、相关性、可理解性、可比性、实质重于形式、重要性、谨慎性和及时性等。

一、可靠性

可靠性要求企业应当以实际发生的交易或事项为依据进行会计确认、计量和报告，如实反映符合确认和计量要求的各项会计要素及其他相关信息，保证会计信息真实可靠、内容完整，具体包括以下几项要求：

(1) 企业应当以实际发生的交易或事项为依据进行会计确认、计量和报告，不能以虚构的交易或者事项为依据进行会计确认、计量和报告。

(2) 企业应当如实反映其所反映的交易或者事项，将符合会计要素定义及其确认条件的资产、负债、所有者权益、收入、费用和利润等如实反映在财务报表中，刻画出企业生产经营及财务活动的真实面貌。

(3) 企业应当在符合重要性和成本效益原则的前提下，保证会计信息的完整性，其中包括编制的报表及其附注内容等应当保持完整，不能随意遗漏或者减少应予披露的信息，与使用者决策相关的有用信息应当充分披露。

【例1-3】某公司于2019年末发现公司销量萎缩，无法实现年初确定的销售收入目标，但考虑到在2020年春节前后，公司销售可能会出现较大幅度的增长，该公司为此提前预计库存商品销售，在2019年末制作了若干虚假的存货出库凭证，并确认销售收入实现。该公司的这一会计处理就不是以其实际发生的交易事项为依据的，是公司虚构的交易事项，因此违背了会计信息质量要求中的可靠性原则，也违背了我国会计法的规定。

二、相关性

相关性要求企业提供的会计信息应当与财务报告使用者的经济决策需要相关，有助于财务报告使用者对企业过去、现在或者未来的情况作出评价或者预测。

会计信息的价值，关键是看其与使用者的决策需要是否相关，是否有助于决策或者提高决策水平。相关的会计信息应当有助于使用者评价企业过去的决策，证实或者修正过去的有关预测，因而具有反馈价值。相关的会计信息还应当具有预测价值，有助于使用者根据财务报告所提供的会计信息预测企业未来的财务状况、经营成果和现金流量。例如，区分收入和利得、费用和损失，区分流动资产和非流动资产、流动负债和非流动负债等，都可以提高会计信息的预测价值，进而提升会计信息的相关性。

为了满足会计信息质量的相关性要求，企业应当在确认、计量和报告会计信息的过程中，充分考虑使用者的决策模式和信息需要。当然，对于某些特定目的或者用途的信息，财务报告可能无法完全提供，企业可以通过其他形式予以提供。

三、可理解性

可理解性要求企业提供的会计信息应当清晰明了，便于财务报告使用者理解和使用。

企业编制财务报告、提供会计信息的目的在于使用，而要使使用者有效地使用会计信息，就应当能让其了解会计信息的内涵，弄懂会计信息的内容，这就要求财务报告所提供的会计信息应当清晰明了，易于理解。只有这样，才能提高会计信息的有用性，实现财务报告的目标，满足向使用者提供对决策有用的信息的要求。

鉴于会计信息是一种专业性较强的信息产品，因此，在强调会计信息的可理解性要求的同时，还应假定使用者具有一定的有关企业生产经营活动和会计核算方面的知识，并且愿意付出努力去研究这些信息。对于某些复杂的信息，例如，交易本身较为复杂或者会计处理较为复杂，但其对使用者的经济决策是相关的，就应当在财务报告中予以披露，企业不能仅仅以该信息会使某些使用者难以理解而将其排除在财务报告所应披露的信息之外。

四、可比性

可比性具体包括下列两项要求。

1. 同一企业不同时期可比

为了便于使用者了解企业财务状况和经营成果的变化趋势，比较企业在不同时期的财务报告信息，从而全面、客观地评价过去、预测未来，会计信息质量的可比性要求同一企业对于不同时期发生的相同或者相似的交易或事项，应当采用一致的会计政策，不得随意变更。当然，满足会计信息可比性的要求，并不表明不允许企业变更会计政策，如果企业按照规定或者会计政策变更后可以提供更可靠、更相关的会计信息，就有必要变更会计政策，以向使用者提供更为有用的信息，但是有关会计政策变更的情况，应当在附注中予以说明。

2. 不同企业相同会计期间可比

为了便于使用者评价不同企业的财务状况、经营成果的水平及其变动情况，从而有助于使用者作出科学合理的决策，会计信息质量的可比性还要求不同企业发生的相同或相似的交易或者事项，应当采用相同的会计政策，确保会计信息口径一致、相互可比，使不同企业按照一致的确认、计量和报告要求提供有用的会计信息。

五、实质重于形式

实质重于形式要求企业应当按照交易或者事项的经济实质进行会计确认、计量和报告，不应仅以交易或者事项的法律形式为依据。如果企业仅以交易或者事项的法律形式为依据进行会计确认、计量和报告，那么就容易导致会计信息失真，无法如实反映其经济现实。

在实务中，交易或者事项的法律形式并不总能完全真实地反映其实质内容。因此，会计信息要想反映其所应反映的交易或事项，就必须根据交易或事项的实质和经济现实来进行判断，而不能仅仅根据它们的法律形式。

【例1-4】某企业以融资租赁方式租入固定资产。从法律形式来讲，该企业并不拥有其所有权，但是，租赁合同中规定的租赁期，接近该资产的使用寿命，租赁期结束时承租企业有优先购买该资产的选择权，在租赁期内承租企业有权支配该资产并从中受益，等等。因此，从其经济实质来看，企业能够控制融资租入固定资产所创造的未来经济利益，在进行会计确认、计量和报告时，应当将以融资租赁方式租入的固定资产视为企业的资产，反映在其资产负债表上。

【例1-5】某企业在销售某商品的同时又与客户签订可售后回购协议。在这种情况下，就需要按照销售的经济实质来判断是否应当确认销售收入。如果企业已将商品所有权上的主要风险和报酬转移给购货方，满足了收入确认的各项条件，则销售实现，应当确认收入；如果企业没有将商品所有权上的主要风险和报酬转移给购货方，没有满足收入确认的各项条件，那么即使企业已将商品交付给购货方，销售也没有实现，不应当确认收入。通常应当将该售后回购协议作为融资协议来处理。

六、重要性

重要性要求企业提供的会计信息应当反映与企业财务状况、经营成果和现金流量有关的所有重要的交易或事项。

企业会计信息的省略或者错报如果会影响使用者据此作出的经济决策，那么该信息就具有重要性。重要性的应用需要依赖职业判断，企业应当根据其所处环境和实际情况，从项目的性质和金额大小方面来判断其重要性。

七、谨慎性

谨慎性要求企业对交易或者事项进行会计确认、计量和报告时应当保持应有的谨慎，不应高估资产或收益，低估负债或费用。

在市场经济环境下，企业的生产经营活动面临着许多风险和不确定性，如应收账款的可收回性、固定资产的使用寿命、无形资产的使用寿命、售出存货可能发生的退货或者返修等。会计信息质量的谨慎性要求，需要企业在面临不确定因素的情况下作出职业判断时，保持应有的谨慎，充分估计到各种风险和损失，既不高估资产或者收益，也不低估负债或者费用。

但是，谨慎性的应用并不允许企业设置秘密准备，如果企业故意低估资产或者收益，抑或故意高估负债或者费用，就不符合会计信息的可靠性和相关性要求，会 9

损害会计信息质量，扭曲企业实际的财务状况和经营成果，从而对使用者进行决策产生误导，这是企业会计准则所不允许的。

八、及时性

及时性要求企业对于已经发生的交易或者事项，应当及时进行会计确认、计量和报告，不得提前或延后。

会计信息的价值在于帮助使用者作出经济决策，因此具有时效性。即使是可靠、相关的会计信息，如果不及时提供，也就失去了时效性，对于使用者的效用就大大降低，甚至不再具有任何意义。在会计确认、计量和报告过程中贯彻及时性，一是要求及时收集会计信息，即在经济交易或者事项发生后，及时收集整理各种原始单据或者凭证；二是要求及时处理会计信息，即按照企业会计准则的规定，及时对经济交易或者事项进行确认或者计量，并编制财务报告；三是要求及时传递会计信息，即按照国家规定的有关时限，及时地将编制的财务报告传递给财务报告使用者，以便于其及时使用和决策。

第四节　会计要素及其确认

一、会计要素的概念

会计要素，是指按照交易或者事项的经济特征所作的基本分类，分为反映企业财务状况的会计要素和反映经营成果的会计要素。它既是会计确认和计量的依据，也是确定财务报表结构和内容的基础。

我国企业会计要素按照其性质分为资产、负债、所有者权益、收入、费用和利润，其中，资产、负债和所有者权益要素侧重于反映企业的财务状况，收入、费用和利润侧重于反映企业的经营成果。会计要素的界定和分类可以使财务会计系统更加科学严密，并可为使用者提供更加有用的信息。

二、反映企业财务状况的会计要素及其确认

(一)资产

1. 资产的定义

资产是指企业过去的交易或者事项形成的、由企业拥有或者控制的、预期会给企业带来经济利益的资源。

2. 资产的特征

1)　资产预期会给企业带来经济利益

资产预期会给企业带来经济利益，是指资产具有直接或者间接导致现金和现金等价物流入企业的潜力。这种潜力可以来自企业日常的生产经营活动，也可以是非日常生产经营活动；带来的经济利益可以是现金或者现金等价物，或者是可以转化为现金或者现金等价物的其他资产，或者表现为减少现金或者现金等价物流出。

资产预期能为企业带来经济利益，是资产的重要特征。如果某一项目预期不能给企业带来经济利益，那么就不能将其确认为企业的资产。前期已经确认为资产的项目，如果不能再为企业带来经济利益，也不能再确认为企业的资产。

2)　资产应为企业拥有或者控制的资源

资产作为一项资源，应当由企业拥有或者控制，具体是指企业享有某项资源的所有权，或者虽然不享有某项资源的所有权，但该资源能够被企业所控制。

企业享有资产的所有权，通常表明企业能够排他性地从资产中获取经济利益。但是有些情况下，资产虽然不为企业所拥有，即企业并不享有其所有权，但是企业控制了这些资产，这同样表明企业能够从该资产中获取经济利益，符合会计上对资产的定义。反之，如果企业既不拥有也不控制资产所能带来的经济利益，那么就不能将其作为企业的资产予以确认。

【例1-6】某企业以融资租赁方式租入一项固定资产，尽管该企业并不拥有其所有权，但是如果租赁合同规定的租赁期相当长，接近该资产的使用寿命，则表明企业控制了该资

产的使用及其所能带来的经济利益，因此，应当将其作为企业的资产予以确认、计量和报告。

3) 资产是由过去的交易或者事项形成的

资产应当由企业过去的交易或者事项所形成，过去的交易或者事项包括购买、生产、建造行为或者其他交易或事项。即只有过去发生的交易或者事项才能产生资产，企业预期在未来发生的交易或者事项不形成资产。

【例 1-7】甲企业和乙供应商签订了一份购买原材料的合同，合同尚未履行，即购买行为尚未发生，因此，该批原材料不符合资产的定义，甲企业不能因此而确认存货资产。

3. 资产的确认条件

将一项资源确认为资产，首先应当符合资产的定义。除此之外，还需要同时满足以下两个条件。

1) 与该资源有关的经济利益很可能流入企业

根据资产的定义，能够带来经济利益是资产的一个本质特征，但是由于经济环境瞬息万变，与资源有关的经济利益能否流入企业或者能够流入多少，实际上带有不确定性。因此，资产的确认应当与经济流入的不确定性程度的判断结合起来，如果根据编制资产负债表日所取得的证据表明，与该企业资源有关的经济利益很可能流入企业，就应当将其作为资产予以确认。

【例 1-8】A 企业赊销一批商品给 B 企业，形成了对 B 企业的应收账款，但与该商品有关的风险和报酬已经转移给了 B 企业。由于 A 企业最终收到款项与销售之间有时间差，而且收款又在未来期间，因此带有一定的不确定性，如果 A 企业在销售时判断未来很可能收到款项或者能够确定收到款项，就应当在销售实现时点将该应收账款确认为一项资产。

反之，对于所形成的应收账款，如果 A 企业判断很可能部分或者全部无法收回，则表明该部分或者全部应收账款已经不符合资产的确认条件，应当对该应收账款计提一项坏账准备，减少资产的价值。

2) 该资源的成本或者价值能够可靠地计量

可计量性是所有会计要素确认的重要前提，资产的确认同样需要符合这一要求。只有当有关资源的成本或者价值能够可靠地计量时，资产才能予以确认。

企业取得的许多资产一般都是发生了实际成本的，比如企业购买或者生产的存货，企业购置的厂房或者设备，等等，对于这些资产，只要实际发生的购买或者生产成本能够可靠地计量，就应视为符合了资产的可计量性确认条件。在某些情况下，企业取得的资产没有发生实际成本或者发生的实际成本很小，例如，企业持有的某些衍生金融工具形成的资产，对于这些资产，尽管它们没有实际成本或者发生的实际成本很小，但是如果其公允价值能够可靠地计量，也被认为符合了资产的可计量性确认条件。

因此，关于资产的确认，除了应当符合定义外，上述两个条件缺一不可，只有在同时满足的情况下，才能将其确认为一项资产。

【例 1-9】甲企业为一家高科技企业，于 2020 年度发生研究支出 5 000 万元。该研究支出尽管能够可靠地计量，但是很难判断其能否为企业带来经济利益或者有关经济利益能否流入企业有很大的不确定性，因此，不能将其作为资产予以确认。

(二)负债

1. 负债的定义

负债是指过去的交易或者事项形成的、预期会导致经济利益流出企业的现时义务。

2. 负债的特征

根据负债的定义,负债有以下三个基本特征。

1) 负债是企业承担的现时义务

现时义务是指企业在现行条件下已承担的义务。未来发生的交易或者事项形成的义务,不属于现时义务,不应当确认为负债。

现时义务可以是法定义务,也可以是推定义务。其中,法定义务是指具有约束力的合同或者法律、法规规定的义务,通常在法律意义上需要强制执行。推定义务是指根据企业多年来的习惯做法、公开的承诺或者公开宣布的政策而导致企业将承担的责任,这些责任也使有关各方形成了企业将履行义务解脱责任的合理预期。

【例 1-10】甲企业购买原材料形成应付账款 1 000 万元,向银行贷入款项形成借款 1 亿元,按照税法的规定应当缴纳税款 500 万元,这些均属于企业承担的法定义务,应当将其确认为负债。

【例 1-11】乙企业多年来制定有一项销售政策,即对于售出商品提供一定期限内的售后保修服务。乙企业预期为售出商品提供的保修服务属于推定义务,应当将其确认为一项负债。

2) 负债的清偿预期会导致经济利益流出企业

只有企业在履行义务时会导致经济利益流出企业,才符合负债的定义;如果不会导致企业经济利益流出,就不符合负债的定义。在履行现时义务清偿负债时,导致经济利益流出企业的形式多种多样。例如,用现金偿还或以实物资产偿还,以提供劳务偿还,部分转移资产、部分提供劳务偿还,将负债转为资本,等等。在某些情况下,现实义务也可能以其他方式解除。例如,债权人放弃或者丧失了其要求清偿的权利等。在这种情况下,尽管现时义务的履行最终没有导致经济利益的流出,但是在现时义务发生时,仍然应当根据预计将要清偿的金额将其确认为负债。

3) 负债是由企业过去的交易或者事项形成的

只有过去的交易或者事项才形成负债,企业将在未来发生的承诺、签订的合同等交易或者事项,不形成负债。

【例 1-12】某企业已经向银行借入款项 5 000 万元,即属于过去的交易或者事项形成的负债。企业同时还与银行达成了 2 个月后借入 3 000 万元的借款意向书,该交易就不属于过去的交易或者事项,不应形成企业的负债。

3. 负债的确认条件

将一项现时义务确认为负债,需要符合负债的定义,同时还要满足以下两个条件。

1) 与该义务有关的经济利益很可能流出企业

根据负债的定义,预期会导致经济利益流出企业是负债的一个本质特征。鉴于履行义务所需流出的经济利益带有不确定性，尤其是与推定义务相关的经济利益通常需要依赖于大量的估计，因此，负债的确认应当与经济利益流出的不确定性程度的判断结合起来。如果根据编制财务报表时所取得的证据判断，与现时义务有关的经济利益很可能流出企业，那么就应当将其作为负债予以确认。

2) 未来流出的经济利益的金额能够可靠地计量

负债的确认也需要符合可计量性的要求，即对于未来流出的经济利益的金额应当能够可靠地计量。对于与法定义务有关的经济利益流出金额，通常可以根据合同或者法律规定的金额予以确定。考虑到经济利益的流出一般发生在未来期间，有时未来期间的时间还很长，在这种情况下，有关金额的计量通常需要考虑货币时间价值等因素的影响。对于与推定义务有关的经济利益流出金额，通常需要较大程度地估计。为此，企业应当根据履行相关义务所需支出的最佳估计数进行估计，并综合考虑有关货币时间价值、风险等因素的影响。

(三)所有者权益

1. 所有者权益的定义

所有者权益，是指企业资产扣除负债后，由所有者享有的剩余权益。公司的所有者权益又称为股东权益。所有者权益反映了所有者对企业资产的剩余索取权，是企业资产中扣除债权人权益后应由所有者享有的部分。

2. 所有者权益的来源构成

所有者权益的来源包括所有者投入的资本、直接计入所有者权益的利得和损失、留存收益等。

1) 所有者投入的资本

所有者投入的资本，是指所有者投入企业的资本部分，它既包括构成企业注册资本或者股本部分的金额，也包括投入资本超过注册资本或者股本部分的金额，即资本溢价或者股本溢价。这部分投入资本在我国企业会计准则体系中被计入了资本公积，并在资产负债表中的资本公积项目下反映。

2) 直接计入所有者权益的利得和损失

直接计入所有者权益的利得和损失，是指不应计入当期损益、会导致所有者权益发生增减变动的、与所有者投入资本或者向所有者分配利润无关的利得或者损失。其中，利得是指由企业非日常活动所形成的、会导致所有者权益增加的、与所有者投入资本无关的经济利益的流入；损失是指由企业非日常活动所发生的、会导致所有者权益减少的、与向所有者分配利润无关的经济利益的流出。

3) 留存收益

留存收益是指企业历年实现的净利润留存于企业的部分，主要包括计提的盈余公积和未分配利润。

3. 所有者权益的确认条件

由于所有者权益体现的是所有者在企业中的剩余权益，因此，所有者权益的确认主要取决于资产和负债的确认；所有者权益金额的确定也主要取决于资产和负债的计量。例如，

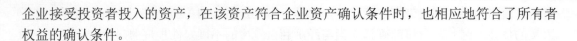

企业接受投资者投入的资产，在该资产符合企业资产确认条件时，也相应地符合了所有者权益的确认条件。

三、反映企业经营成果的会计要素及其确认

(一)收入

1. 收入的定义

收入是指企业在日常活动中形成的、会导致所有者权益增加的、与所有者投入资本无关的经济利益的总流入。

2. 收入的特征

1) 收入是企业在日常活动中形成的

收入应当是企业在其日常活动中所形成的。其中，日常活动是指销售商品、提供劳务以及让渡资产使用权。例如，工业企业制造并销售产品、商业企业销售商品、保险公司签发保单、咨询公司提供咨询服务、软件企业为客户开发软件、租赁公司出租资产等，均属于企业的日常活动。明确界定日常活动是为了将收入与利得相区分，因为企业非日常活动所形成的经济利益的流入不能确认为收入，而应当计入利得。

2) 收入导致经济利益流入企业，但该流入不包括所有者投入的资本

收入应当会导致经济利益的流入，从而导致资产的增加。例如，企业销售商品，必须要收到现金或者有权利将收到现金，才表明该交易符合收入的定义。但是，企业经济利益的流入有时是由所有者投入资本的增加所导致的，所有者投入资本的增加不应当确认为收入，应当将其直接确认为所有者权益。因此，与收入相关的经济利益的流入应当将所有者投入的资本排除在外。

3) 收入最终会增加所有者权益

与收入相关的经济利益的流入最终应当会导致所有者权益的增加，不会导致所有者权益增加的经济利益的流入不符合收入的定义，不应确认为收入。

3. 收入的确认条件

收入的确认应当同时符合下列几个条件：

(1) 与收入相关的经济利益很可能流入企业；

(2) 经济利益流入企业的结果会导致企业资产的增加或者负债的减少；

(3) 经济利益的流入额能够可靠地计量。

(二)费用

1. 费用的定义

费用是指企业在日常活动中发生的、会导致所有者权益减少的、与向所有者分配利润无关的经济利益的总流出。

2. 费用的特征

1) 费用是企业在日常活动中发生的

费用应当是企业在其日常活动中所发生的，这些日常活动的界定与收入定义中涉及的日常活动相一致。日常活动中所产生的费用通常包括销售成本、职工薪酬、折旧费、无形资产摊销等。将费用界定为日常活动中所形成的，目的是将其与损失相区分，因企业非日常活动所形成的经济利益的流出不能确认为费用，而应当计入损失。

2) 费用会导致经济利益的流出，但与向所有者分配利润无关

费用应当会导致经济利益的流出，从而导致资产的减少或者负债的增加(最终也会导致资产的减少)。其表现形式包括现金或者现金等价物的流出，存货、固定资产和无形资产等的流出或者消耗等。鉴于企业向所有者分配利润也会导致经济利益的流出，而该经济利益的流出属于所有者权益的抵减项目，因而不应确认为费用，应当将其排除在费用之外。

3) 费用最终会导致所有者权益的减少

与费用相关的经济利益的流出最终应当会导致所有者权益的减少，不会导致所有者权益减少的经济利益的流出不符合费用的定义，不应确认为费用。

【例 1-13】甲企业用银行存款 500 万元购买工程用物资，该购买行为尽管使甲企业的经济利益流出了 500 万元，但并不会导致甲企业所有者权益的减少，而是使甲企业增加了另外一项资产。在这种情况下，就不应当将该经济利益的流出确认为费用。

3. 费用的确认条件

费用的确认应当符合以下几个条件：

(1) 与费用相关的经济利益应当很可能流出企业；

(2) 经济利益流出企业的结果会导致资产的减少或者负债的增加；

(3) 经济利益的流出额能够可靠地计量。

(三)利润

1. 利润的定义

利润是指企业在一定会计期间的经营成果。通常情况下，如果企业实现了利润，表明企业的所有者权益增加；反之，如果企业发生亏损(即利润为负数)，表明企业的所有者权益减少。

2. 利润的来源构成

(1) 收入减去费用后的净额，反映的是企业日常活动的业绩。

(2) 直接计入当期利润的利得和损失等。直接计入当期利润的利得和损失，是指应当计入当期损益的、会导致所有者权益发生增减变动的、与所有者投入资本或者向所有者分配利润无关的利得或者损失。其中，利得，是指由企业非日常活动所形成的、会导致所有者权益增加的、与所有者投入资本无关的经济利益流入；损失，是指由企业非日常活动发生的、会导致所有者权益减少的、与向所有者分配利润无关的经济利益的流出。

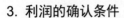

3. 利润的确认条件

利润反映的是收入减去费用、利得减去损失后净额的概念。因此，利润的确认主要依赖于收入和费用，以及利得和损失的确认，其金额的确定也主要取决于收入、费用、利得和损失金额的计量。

第五节　会 计 计 量

一、会计计量的属性及其构成

会计计量，是为了将符合确认条件的会计要素登记入账并列于财务报表而确定其金额的过程。会计计量属性主要包括历史成本、重置成本、可变现净值、现值和公允价值。

(一)历史成本

历史成本又称实际成本，是指取得或制造某项财产物资时所实际支付的现金或者现金等价物。采用历史成本计量时，资产应按购置时支付的现金或现金等价物的金额，或者按照购置资产时所付出的对价的公允价值计量。负债应按照因承担现时义务而实际收到的款项或资产的金额、承担现时义务的合同金额，或者按照日常活动中为偿还负债预期需要支付的现金或现金等价物的金额计量。

(二)重置成本

重置成本又称现行成本，是指按照当前市场条件，重新取得一项资产所需支付的现金或现金等价物金额。采用重置成本计量时，资产应按照现在购买相同或者相似资产所需支付的现金或现金等价物的金额计量。负债应按照现在偿付该项债务需要支付的现金或现金等价物的金额计量。

(三)可变现净值

可变现净值，是指在生产经营过程中，以预计售价减去进一步加工成本和销售所必需的预计税金、费用后的净值。采用可变现净值计量时，资产按照正常对外销售所能收到的现金或现金等价物的金额，扣减该资产直至完工时估计将要发生的成本、估计的销售费用和相关税费后的金额计量。

(四)现值

现值，是指为未来现金流量以恰当的折现率进行折现后的价值，是考虑货币时间价值因素等的一种计量属性。采用现值计量时，资产按照预计从其持续使用和最终处置中所产生的未来净现金流入量的折现金额计量。负债按照预计期限内需要偿还的未来净现金流出量的折现金额计量。

(五)公允价值

公允价值，是指市场参与者在计量日发生的有序交易中，出售一项资产所能收到或者转移一项负债所需支付的价格。

二、会计计量属性的应用原则

会计计量属性尽管包括历史成本、重置成本、可变现净值、现值和公允价值等，但是企业在对会计要素进行计量时，应当严格按照规定选择相应的计量属性。一般情况下，对于会计要素的计量，应当采用历史成本计量属性，例如，企业购入存货、建造厂房、生产产品等，应当以所购入资产发生的实际成本作为资产计量的金额。

但是在某些情况下，如果仅仅以历史成本作为计量属性，可能难以达到会计信息的质量要求，不利于实现财务报告的目标，有时甚至会损害会计信息的质量，影响会计信息的有用性。例如，企业持有的衍生金融工具往往没有实际成本，或者即使有实际成本，实际成本有时也与其价值相差甚远。因此，如果按照历史成本对衍生金融工具进行计量的话，大量的衍生金融工具交易将成为表外事项，与衍生金融工具有关的价值及其风险信息将无法得到充分披露。在这种情况下，为了提高会计信息的有用性，向使用者提供决策相关的信息，就有必要采用其他计量属性进行会计计量，以弥补历史成本计量属性的缺陷。

鉴于应用重置成本、可变现净值、现值、公允价值等其他计量属性往往需要依赖估计，为了使所估计的金额在提高会计信息的相关性的同时，又不影响其可靠性，企业会计准则要求企业应当保证根据重置成本、可变现净值、现值、公允价值所确定的会计要素金额能够取得并可靠计量；如果这些金额无法取得或者可靠计量，则不允许采用其他计量属性。

第六节 财务报告

一、财务报告的概念

财务报告是指企业对外提供的反映企业某一特定日期的财务状况和某一会计期间的经营成果、现金流量等会计信息的文件。

根据财务报告的定义，财务报告具有以下几层含义：

(1) 财务报告应当是对外报告，其服务对象主要是投资者、债权人等外部使用者，专门为了内部管理需要的、具有特定目的的报告不属于财务报告的范畴；

(2) 财务报告应当综合反映企业的生产经营状况，包括某一时点的财务状况和某一时期的经营成果与现金流量等信息，以勾画出企业整体和全貌；

(3) 财务报告必须形成一个系统的文件，不应是零星的或者不完整的信息。

二、财务报告的组成

财务报告包括会计报表及其附注和其他应当在财务报告中披露的相关信息和资料。会计报表至少应当包括资产负债表、利润表、现金流量表等内容。小企业编制的报表可以不包括现金流量表。

(1) 资产负债表，是反映企业在某一特定日期的财务状况的会计报表。企业编制资产负债表的目的是通过如实反映企业的资产、负债和所有者权益的金额及其结构情况，从而有助于使用者评价企业资产的质量以及短期偿债能力、长期偿债能力、利润分配能力等。

(2) 利润表，是反映企业在一定会计期间的经营成果的会计报表。企业编制利润表的目的是通过如实反映企业实现的收入、发生的费用以及应当计入当期利润的利得和损失金额及其结构等情况，从而有助于使用者分析、评价企业的盈利能力及其构成与质量等。

(3) 现金流量表，是反映企业在一定会计期间的现金和现金等价物流入和流出的会计报表。企业编制现金流量表的目的是通过如实反映企业各项活动的现金流入、流出情况，从而有助于使用者评价企业的现金流和资金周转情况。

(4) 附注，是对在会计报表中列示的项目所作的进一步说明，以及对未能在这些报表中列示的项目的说明等。企业编制附注的目的是通过在财务报表本身之外披露补充信息，以更加全面、系统地反映企业财务状况、经营成果和现金流量的全貌，从而有助于向使用者提供更为有用的信息，便于其作出更加科学、合理的决策。

财务报表是财务报告的核心内容，但有些对投资者决策有用的信息并不能完全通过财务报表反映出来，因此，如果有规定或者使用者有需求，企业还可以自愿在财务报告中披露其他相关信息，如有关法律、行政法规、部门规章等对企业生产经营带来的影响。

第一章习题

第二章

货币资金

【学习目标】

1. 明确货币资金的基本内容;
2. 了解各种支付结算方法;
3. 掌握现金、银行存款和其他货币资金的核算。

【学习重点】

1. 库存现金的管理规定;
2. 库存现金收付、清查的核算;
3. 银行转账结算方式及比较;
4. 银行存款的管理与银行存款余额调节表的编制;
5. 其他货币资金的内容与核算。

【学习难点】

1. 银行结算方式及比较;
2. 银行存款余额调节表的编制;
3. 其他货币资金的核算。

【任务导入】

任务资料: 甲公司核定的库存现金限额为5 000元。2020年5月31日现金日记账余额为580元。6月发生库存现金的相关业务如下:

(1) 1日,签发现金支票,从银行提取现金4 000元备用。

(2) 4日,收到出租包装物押金现金2 000元。

(3) 4日,填制现金交款单,将2 000元送存银行。

(4) 6日,业务经理张平出差借支差旅费1 500元,以现金支付。

(5) 7日,用现金购买办公用品500元。

(6) 11日,张平出差回来报销差旅费1 790元,差额以现金补付。

(7) 15日,签发现金支票,从银行提取现金3 000元备用。

(8) 17日,收取李强违章操作罚款100元。

(9) 23日,清查库存现金发行短缺100元,原因待查。

(10) 24日,23日短缺现金是因为出纳员方平工作失误,方平交回现金,开具收款收据。

(11) 29日,李明报销差旅费1 100元,余款交回现金90元,开具收款收据。

任务目标:

(1) 编制甲公司6月有关库存现金业务的会计分录;

(2) 登记现金日记账。

第一节　库存现金

一、库存现金的管理

(一)现金的使用范围

我国会计中所说的现金是指库存的人民币及外币。企业收支各种款项必须按照《现金管理暂行条例》的规定办理,在规定的范围内使用现金。允许企业使用现金的范围有以下几个方面:

(1) 职工工资、津贴;

(2) 个人劳务报酬;

(3) 根据国家规定颁发给个人的科学技术、文化艺术、体育等各种奖金;

(4) 各种劳保、福利费用以及国家规定的对个人的其他支出;

(5) 向个人收购农副产品和其他物资的价款;

(6) 出差人员必须随身携带的差旅费;

(7) 结算起点(人民币1 000元)以下的零星支出;

(8) 中国人民银行确定需要支付现金的其他支出。

除上述情况可以用现金支付外,其他款项的支付应通过银行转账结算。

(二)库存现金限额的管理

库存现金限额是指企业内部持有现金的最高数额。这一限额由开户银行根据开户单位的实际需要和距离远近的情况核定,一般按照单位 3~5 天日常零星开支的需要确定,边远地区和交通不便地区开户单位的库存现金限额可以适当放宽,可按多于 5 天但不超过 15 天的日常零星开支的需要确定。核定后的库存现金限额,开户单位必须严格遵守,超过部分应于当日终了前存入银行。需要增加或减少库存现金限额的单位,应向开户银行提出申请,由开户银行核定。

(三)现金日常收支的管理

(1) 收入的现金当天存入银行,不能坐支现金;

(2) 不得私设"小金库",账外设账;

(3) 所有现金收入应给予收据,销售给予发票;

(4) 钱账分开;

(5) 认真进行现金核算,做到日清月结,账款相符;

(6) 实施经常性的检查、稽核制度。

二、库存现金的核算

(1) 库存现金的总分类和明细分类核算

库存现金核算是通过"库存现金"科目进行的。该科目属于资产类科目,借方登记现金的收入额,贷方登记现金的支出额,期末借方余额表示库存现金结余额。库存现金总账可直接根据收付款凭证逐笔登记,也可定期或于月份终了,根据汇总收付款凭证或科目汇总表登记。

现金的明细分类核算是通过设置库存现金日记账进行的。有外币现金的企业,应分别按人民币、外币现金设置库存现金日记账。库存现金日记账由出纳人员根据审核后的收付款凭证,按照业务发生顺序逐笔登记。每日终了,应计算当日库存现金收入、付出合计数和结余数,并且同实际现金库存数额进行核对,做到账款相符。每月终了,应将库存现金日记账的余额与库存现金总账的余额核对相符。

(2) 库存现金的会计处理

【例 2-1】企业开出现金支票一张,从银行提取现金 2 000 元。会计处理如下。

借:库存现金　　　　　　　　　　　　2 000

　　贷:银行存款　　　　　　　　　　　　　　2 000

【例 2-2】企业购买办公用品支付 450 元。会计处理如下。

借:管理费用　　　　　　　　　　　　450

　　贷:库存现金　　　　　　　　　　　　　　450

【例 2-3】企业职工王雨出差,预借差旅费 3 000 元,以现金支付。会计处理如下。

借:其他应收款——王雨　　　　　　　3 000

　　贷:库存现金　　　　　　　　　　　　　　3 000

【例2-4】职工王雨出差回来报销差旅费2 700元，余款300元交回现金。会计处理如下。

借：管理费用　　　　　　　　　　　　　　　2 700

　　库存现金　　　　　　　　　　　　　　　　300

　　　贷：其他应收款——王雨　　　　　　　　　3 000

三、备用金的核算

备用金是指付给单位内部各职能部门或工作人员用于零星开支、零星采购、信贷找零或差旅费用的款项，其核算有以下两种方法。

(一)定额备用金制

定额备用金制适用于经常需要使用备用金的单位或个人，其具体办理程序如下。

(1) 需要使用定额备用金的部门或工作人员按核定的金额填写借款凭证，一次性领出全部定额；

(2) 使用后凭发票等有关凭证报销，出纳人员将报销金额补充原定额，从而保证该部门或工作人员经常保持核定的现金定额；

(3) 只有等到期终、撤销定额备用金或调换经办人时才全部交回备用金。

【例2-5】年初总务科申请领取定额备用金3 000元。本月购买办公用品支出2 000元，并办理报销手续。年末该科室取消备用金。会计处理如下。

(1) 年初申领

借：其他应收款——总务科　　　　　　　　　3 000

　　　贷：库存现金　　　　　　　　　　　　　3 000

(2) 本月报销

借：管理费用　　　　　　　　　　　　　　　2 000

　　　贷：库存现金　　　　　　　　　　　　　2 000

(3) 年末取消

借：库存现金　　　　　　　　　　　　　　　3 000

　　　贷：其他应收款——总务科　　　　　　　　3 000

(二)一次报销制

一次报销制适用于临时需要用备用金的单位或个人，其具体办理程序如下。

(1) 需要使用备用金的内部各部门或工作人员，根据每次业务所需备用金的数额填制借款凭证，向出纳人员预借现金；

(2) 使用后凭发票等原始凭证一次性到财务部门报销，多退少补，一次结清；

(3) 下次再用时重新办理借款手续。

【例2-6】月初采购员王某出差，预借备用金2 500元。月末该采购员出差回来报销差旅费2 200元，剩余现金300元交回。会计处理如下。

(1) 月初

借：其他应收款——王某　　　　　　　　　　2 500

贷：库存现金	2 500

(2) 月末

借：库存现金	300
管理费用	2 200
贷：其他应收款——王某	2 500

四、库存现金的清查

(一)清查方法

企业应当按规定进行现金的清查，一般采用实地盘点法，对于清查的结果应当编制现金盘点报告单，将现金库存数与现金日记账余额进行核对。

(二)库存现金清查结果的处理

1. 库存现金盘点短缺

(1) 发现时

借：待处理财产损溢——待处理流动资产损溢

　　贷：库存现金

(2) 批准后

借：其他应收款——应由责任人赔偿

　　　　　　　——应由保险公司赔偿

　　管理费用(无法查明原因)

　　贷：待处理财产损溢——待处理流动资产损溢

2. 库存现金盘点溢余

(1) 发现时

借：库存现金

　　贷：待处理财产损溢——待处理流动资产损溢

(2) 批准后

借：待处理财产损溢——待处理流动资产损溢

　　贷：其他应付款——××人员或单位

　　　营业外收入(无法查明原因)

第二节　银行存款

一、银行存款账户的种类

银行存款是企业存放在银行或其他金融机构的各种款项，包括人民币存款和外币存款。根据中国人民银行科目管理办法的规定，凡是独立核算的单位都必须在当地银行开设账户，以便于办理存款、取款和转账等结算。企业在银行开立的账户可分为基本存款账户、一般存款账户、临时存款账户和专用存款账户四种。

(1) 基本存款账户，是企业办理日常转账结算和现金收付的科目。一个企业只能选择一家银行的一个营业机构开立一个基本存款账户，企业的工资、奖金等现金的支取只能通过该账户办理。

(2) 一般存款账户，是企业在基本存款以外的银行借款转存、与基本存款账户的存款人不在同一地点的附属非独立核算单位开立的账户。该账户可以办理转账结算和现金缴存，但不能支取现金。

(3) 临时存款账户，是企业因临时经营活动的需要而开立的账户。该账户可以办理转账结算，又可以根据国家现金管理制度规定办理现金收付。

(4) 专用存款账户是企业因特殊用途需要而开立的账户。

二、银行结算方式

银行结算即转账结算，是指通过银行或其他金融机构将款项从付款方账户划转到收款方账户的结算方式。银行是结算的中介机构，单位和个人是结算的收、付当事人，票据和结算凭证是结算的工具。

银行、单位和个人在办理转账结算时，都必须遵守"恪守信用，履约付款；谁的钱进谁的账，由谁支配；银行不予垫款"的原则。

根据《支付结算办法》的规定，目前企业可以采用的支付结算方式有以下几种。

(一)银行汇票

银行汇票是出票银行签发的，由其在见票时按照实际结算金额无条件支付给收款人或者持票人的票据。

银行汇票的出票人为银行。按规定，银行应收妥银行汇票申请人款项后，才签发银行汇票给申请人持往异地办理转账结算或支取现金。单位和个人的各种款项计算，均可使用银行汇票。银行汇票的提示付款期限为自出票日起一个月。申请人取得银行汇票后即可持银行汇票向填明的收款单位办理结算。收款企业在收到付款单位送来的银行汇票时，应在出票金额以内，根据实际需要的款项办理结算，银行汇票的实际结算金额低于出票金额的，其多余金额由出票银行退交申请人。收款企业还应填写进账单，连同银行汇票和解讫通知一并交开户银行办理结算，银行审核无误后，办理转账。银行汇票的收款人也可以将银行汇票背书转让给他人。银行汇票结算方式的流程如图2-1所示。

(二)银行本票

银行本票是银行签发的、承诺自己在见票时无条件支付确定的金额给收款人或者持票人的票据。银行本票分为定额本票和不定额本票，其中，定额本票为1 000元、5 000元、10 000元和50 000元。

银行本票的出票人是银行。按规定，出票银行收妥银行本票申请人的款项后才能签发银行本票，并保证见票付款。无论是单位还是个人，凡需要在同一票据交换区域支付款项的，都可以使用银行本票。银行本票可以用于转账，注明"现金"字样的银行本票可以用于支取现金。申请人或收款人为单位的，银行不得为其签发现金银行本票。银行本票的提示付款期限自出票日起最长不得超过两个月。申请人取得银行本票后，即可向填明的收款单位办理结算。收款企业在将收到的银行本票向开户银行提示付款时，应填写进账单，连同银行本票一并交开户银行办理转账。收款人也可以在票据交换区域将银行本票背书转让。银行本票结算方式的流程如图 2-2 所示。

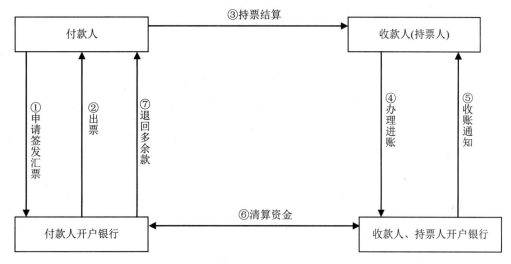

图 2-1　银行汇票结算方式流程

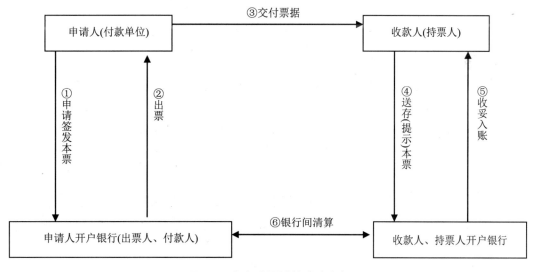

图 2-2　银行本票结算方式流程

(三)商业汇票

商业汇票是出票人签发的、委托付款人在指定日期无条件支付确定的金额给收款人或持票人的票据。

在银行开立存款科目的法人以及其他组织之间须具有真实的交易关系或债权债务关系，才能使用商业汇票。商业汇票的出票人是交易中的收款人或付款人。商业汇票须经承兑人承兑。承兑是汇票的付款人承诺在汇票到期日支付汇票金额的票据行为。商业汇票按承兑人不同分为商业承兑汇票和银行承兑汇票。商业承兑汇票是指由收款人签发、付款人承兑或由付款人签发并承兑的票据。商业承兑汇票的承兑人是付款人，也是交易中的购货企业。银行承兑汇票是指由在承兑银行开立存款账户的存款人(承兑申请人)签发，并由承兑申请人向开户银行申请，经银行审查同意承兑的票据。银行承兑汇票的出票人是购货企业，承兑人和付款人是购货企业的开户银行，承兑银行应按票面金额向出票人收取万分之五的手续费。

商业承兑汇票的付款期限由双方商定，但最长不得超过 6 个月。商业承兑汇票的提示付款期限为自汇票到期日起 10 日内。商业承兑汇票到期时，如果付款人的存款不足以支付票款或付款人存在合法抗辩事由拒绝支付的，付款人开户银行应填制付款人未付票款通知书或取得付款人的拒绝付款证明，连同商业承兑汇票邮寄持票人开户银行转持票人，银行不负责付款，由购销双方自行处理。银行承兑汇票的出票人应于汇票到期前将票款足额交存其开户银行。承兑银行应在汇票到期日或到期日后的见票当日支付票款。如果出票人于汇票到期日未能足额交存票款的，承兑银行除凭票向持票人无条件付款外，对出票人尚未支付的汇票金额按照每天万分之五计收罚息。

商业汇票可以背书转让，符合条件的商业汇票的持票人可持未到期的商业汇票连同贴现凭证向银行申请贴现，银行承兑汇票和商业承兑汇票结算方式的流程分别如图 2-3 和图 2-4 所示。

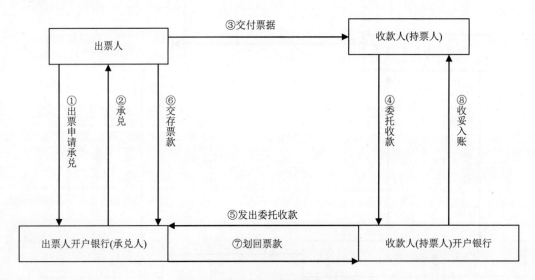

图 2-3 　银行承兑汇票结算方式流程

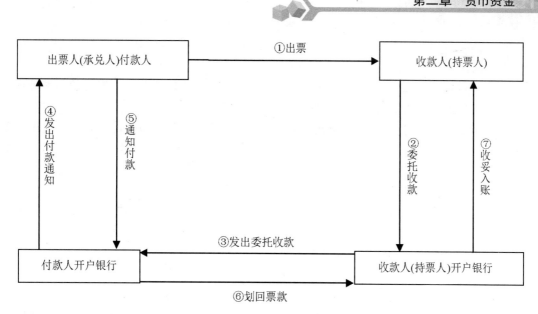

图 2-4 商业承兑汇票结算方式流程

(四)支票

支票结算方式是由付款单位签发支票，通知银行在其存款中支付款项的一种结算方式。支票结算方式是同城结算中应用比较广泛的一种结算方式，单位和个人的同一票据交接区域的各种结算，均可以使用支票。

支票分为现金支票和转账支票，现金支票只能提现而不能转账，转账支票只可转账不能提现。支票的结算起点为 100 元，付款有效期限为 10 天。支票一律记名，在经过批准的地区可以背书转让。对企业签发的空头支票或印签不符的支票，银行除退票以外，还要给予相应的经济处罚。支票结算方式的流程如图 2-5 所示。

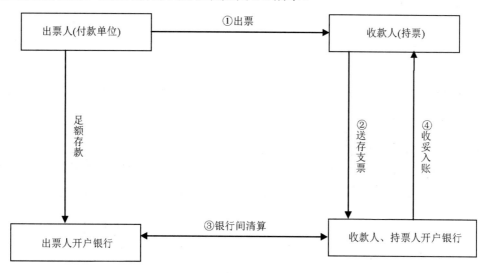

图 2-5 支票结算方式流程

(五)信用卡

信用卡是指商业银行向个人和单位发行的,凭以向特约单位购物、消费和向银行存取现金,且具有消费信用的特制载体卡片。

信用卡使用对象分为单位卡和个人卡,单位卡的使用对象为单位,个人卡的使用对象为个人。信用卡还可以按信誉等级不同分为金卡和普通卡。凡在中国境内金融机构开立基本存款账户的单位可申请单位卡。单位卡账户的资金一律从基本存款账户转账存入,在使用过程中,需要向该账户续存资金的,也一律从其基本存款账户转账存入,不得交存现金,不得将销售收入的款项存入该账户。持卡人可持信用卡在特约单位消费。单位卡不得用于10万元以上的商品交易、劳务供应款项的结算,不得支取现金。持卡人不得出租或转借信用卡。信用卡结算方式的流程如图2-6所示。

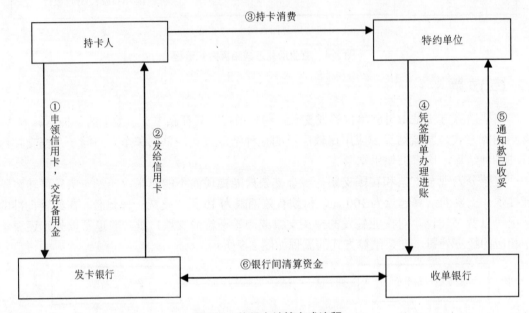

图2-6　信用卡结算方式流程

(六)汇兑

汇兑是汇款人委托银行将其款项支付给收款人的结算方式,按款项划转方式不同可分为信汇和电汇两种。信汇是指汇款人委托银行通过邮寄的方式将款项划给收款人。电汇是指汇款人委托银行通过电报将款项转给收款人。汇兑结算方式便于汇款人向异地的收款人主动付款,其手续简便、划款迅速、应用广泛,单位和个人的各种款项结算均可使用汇兑结算方式。

采用这一结算方式,在汇款单位汇出款项时,应填写银行印发的汇款凭证,列明收款单位名称、汇款金额及用途等项目,送达开户银行即汇出银行。汇出银行受理汇款单位签发的汇兑凭证,经审查无误后,应及时向汇入银行办理汇款,并向付款单位签发汇款回单。对开立存款账户的收款人,汇入银行应将汇入的款项直接转入收款人账户,并向其发出收账通知。汇兑结算方式的流程如图2-7所示。

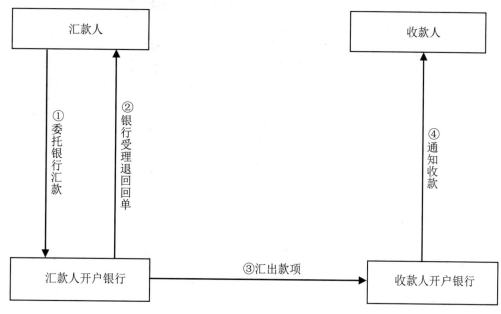

图 2-7　汇兑结算方式流程

(七)托收承付

托收承付是根据购销合同由收款人发货后委托银行向异地付款人收取款项，由付款人向银行承认付款的结算方式。

销货企业按照购销合同，填写托收承付凭证，盖章后连同发运凭证或其他符合托收承付结算的有关证明和交易单证送交开户银行办理托收手续。销货企业开户银行接到托收凭证及其附件后，应当按照托收范围、条件和托收凭证填写的要求认真审查，经审查无误的，将有关托收凭证连同交易单证一并寄交购货企业开户银行。购货企业开户银行收到托收凭证及其附件后，应及时通知并转交购货企业。购货企业在承付期内审查核对，安排资金以备承付。购货企业的承付期应在双方签订合同时约定验单付款还是验货付款，验单付款的承兑期为 3 天，验货付款的承兑期为 10 天。承付期内购货企业未表示拒绝付款的，银行视为同意承付，于承付期满的次日上午银行开始营业时，将款项划给销货企业。购货企业不得在承付货款中扣抵其他款项或以前托收的货款。托收承付结算方式的流程如图 2-8 所示。

(八)委托收款

委托收款是收款人委托银行向付款人收取款项的结算方式。委托收款按结算款项的划回方式不同，分为邮寄和电报两种，由收款人选用。

委托收款便于收款人主动收款，在同城、异地均可办理，且不受金额限制，无论是单位还是个人，都可凭已承兑商业汇票、债券、存单等付款人债务证明，采用该结算方式办理款项的结算。委托收款还适用于收取电费、电话费等付款人众多、分散的公用事业费等有关款项。

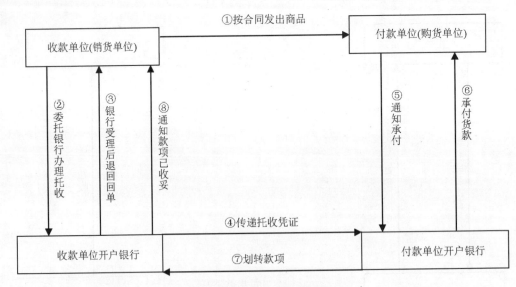

图 2-8　托收承付结算方式流程

收款企业委托银行收款时，应填写委托收款凭证并提供有关的债务证明，经开户银行审查后，据以办理委托收款。付款单位开户银行接到收款企业开户银行寄来的委托收款凭证，经审查后通知付款单位，付款单位收到银行交给的委托收款凭证及债务证明，应签收，并在 3 日之内审查债务证明是否真实，是否是本单位的债务，确认之后通知银行付款。如果付款单位不通知银行，银行视其为同意付款，并在第 4 日从单位账户中付出此笔托收款项。付款单位在 3 日内审查有关债务凭证后，对收款企业委托收取的款项需要拒绝付款的，应出具拒绝证明，连同有关债务证明、凭证送交开户银行，开户银行不负审查责任，只将拒绝证明等凭证一并寄给收款企业开户银行，转交收款企业。在付款日期满，付款单位如果无足够资金支付全部款项，其开户银行应将其债务证明连同未付款项通知书邮寄给收款企业银行转交收款企业。委托收款结算方式的流程如图 2-9 所示。

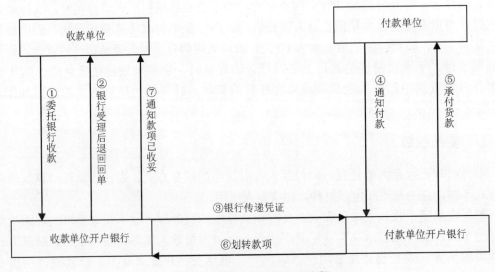

图 2-9　委托收款结算方式流程

三、银行存款的核算

(一)银行存款的总分类核算

为了总括反映企业银行存款的收支和结存情况，应设"银行存款"科目进行核算。企业应根据不同转账结算方式下收支银行存款的原始凭证，编制银行存款收付款凭证，并据以登记银行存款总分类账，进行总分类核算。

(二)银行存款的明细分类核算

为了正确、及时、连续和系统地反映银行存款收支情况，企业应按开户行及银行账号所附原始凭证，采用逐日逐笔序时登记的方法进行明细分类核算。

(三)银行存款的会计处理

【例2-7】A公司于2020年8月发生下列有关银行存款的收付业务。

(1) 将现金8 000元存入银行

借：银行存款　　　　　　　　　　　　　　　8 000

　　贷：库存现金　　　　　　　　　　　　　　　　8 000

(2) 销售产品一批，价款50 000元，增值税为6 500元，款项已存入银行

借：银行存款　　　　　　　　　　　56 500

　　贷：主营业务收入　　　　　　　　　　50 000

　　　　应交税费——应交增值税(销项税额)　　6 500

(3) 开出转账支票偿还前欠B公司货款9 000元

借：应付账款——B公司　　　　　　9 000

　　贷：银行存款　　　　　　　　　　　　9 000

四、银行存款的清查

(一)清查的意义

为了防止银行存款账目的日常登记发生错误，确保账实一致，以及准确掌握企业银行存款的实际结存数额，合理调度货币资金，避免出现银行支付能力不足和签发空头支票的情况发生，企业必须对银行存款账目进行清查。

(二)清查的方法

银行存款的清查是指对企业银行存款日记账的账面余额与其开户行转来的对账单的余额进行的核对。双方余额不一致的原因有两种：一是双方各自的记账错误，这种错误应由双方及时查明原因予以更正；二是未达账项。所谓未达账项，是指企业与银行之间由于凭证传递上的时间差，一方登记入账而另一方尚未入账的账项。

发生未达账项的具体情况有四种：一是企业已收款入账，银行尚未收款入账；二是企

业已付款入账，银行尚未付款入账；三是银行已收款入账，企业尚未收款入账；四是银行已付款入账，企业尚未付款入账。

(三)银行存款余额调节表的编制

银行存款余额调节表是在银行存款日记账余额和银行存款对账单余额的基础上，加减双方各自的未达账项，使双方的余额达到平衡，其调节公式为：

银行存款日记账余额+银行已收而企业未收款项-银行已付而企业未付款项

=银行对账单余额+企业已收而银行未收款项-企业已付而银行未付款项

银行存款余额调节表的格式如表 2-1 所示。

表 2-1　　银行存款余额调节表

年　　月　　日　　　　　　　　　　　　　单位：元

项　目	金　额	项　目	金　额
企业存款日记账		银行对账单余额	
加：银行已收企业未收		加：企业已收银行未收	
减：银行已付企业未付		减：企业已付银行未付	
调节后余额		调节后余额	

【例 2-8】A 公司 2020 年 8 月末银行存款日记账余额为 47 300 元，银行对账单余额为 54 060 元，经逐笔核对，发现以下未达账项。

(1) 企业托收的货款为 8 640 元，银行已收账，但企业尚未收到收款通知。

(2) 本季度银行借款利息为 1 420 元，银行已付款记账，企业尚未收到付款通知。

(3) 企业销售库存商品收到转账支票一张并送存银行，金额为 4 960 元，企业已入账，但银行尚未入账。

(4) 企业购买材料开出转账支票一张，金额为 4 500 元，企业已付款入账，但银行尚未付款入账。

要求：根据上述资料，编制该企业 2020 年 8 月银行存款余额调节表，如表 2-2 所示。

表 2-2　　银行存款余额调节表

2020 年 8 月 31 日　　　　　　　　　　　　　单位：元

项　目	金　额	项　目	金　额
企业存款日记账	47 300	银行对账单余额	54 060
加：银行已收企业未收	8 640	加：企业已收银行未收	4 960
减：银行已付企业未付	1 420	减：企业已付银行未付	4 500
调节后余额	54 520	调节后余额	54 520

表 2-2 调整后的余额相等，表示双方记账基本没有错误，调整后的余额就是企业目前银行存款的实有数。但要说明的是，企业用调节表调整的未达账项不是记账依据，也不能据此做账面调整，要待结算凭证到达后再进行账务处理，登记入账。经调节后，双方余额如

果不相等，表明记账有差错，应立即查明错误原因。属于本企业原因的，应按规定的改错方法进行更正；属于银行方面原因的，应及时通知银行更正。

第三节　其他货币资金

一、其他货币资金的内容

其他货币资金是企业除库存现金、银行存款以外的其他各种货币资金，包括外埠存款、银行汇票存款、银行本票存款、信用卡存款、信用证保证金存款和存出投资款等。

二、其他货币资金的核算

(一)科目设置

设置"其他货币资金"科目，还应设置"外埠存款""银行汇票""银行本票""信用卡""信用证保证金"及"存出投资款"等明细账。

(二)账务处理

1. 外埠存款

外埠存款是指企业到外地进行临时或零星采购时，汇往采购地银行开立采购专户的款项。

【例2-9】A公司派采购员到外地某市采购甲材料，委托当地开户银行汇款10 000元到采购地开立采购专户。根据收到的银行汇款回单联，会计处理如下。

借：其他货币资金——外埠存款　　　　　10 000
　　贷：银行存款　　　　　　　　　　　　　　　10 000

上述采购完成，收到采购员交来供应单位发票账单，共支付甲材料款项5 650元，其中，价款5 000元，增值税650元。根据收到的有关账单，会计处理如下。

借：原材料——甲材料　　　　　　　　　5 000
　　应交税费——应交增值税(进项税额)　　650
　　贷：其他货币资金——外埠存款　　　　　　　5 650

2. 银行汇票存款

银行汇票存款是指企业为取得银行汇票按规定存入银行的款项。

【例2-10】A公司2020年9月根据发生的有关银行汇票结算业务编制记账凭证如下。

(1) A公司向开户银行申请办理银行汇票，金额为100 000元。取得汇票后，根据银行盖章的汇票申请书存根联编制付款凭证，在记账凭证中的会计处理如下。

借：其他货币资金——银行汇票　　　　100 000
　　贷：银行存款　　　　　　　　　　　　　　100 000

(2) A公司持银行汇票办理异地采购。购货金额为70 000元，增值税税率为13%。根据从收款方取得的发票及开户银行转来的银行汇票副联，在记账凭证中的会计处理如下。

借：原材料　　　　　　　　　　　　　70 000

　　应交税费——应交增值税(进项税额)　9 100

　　　贷：其他货币资金——银行汇票　　　　　　　79 100

(3) A 公司收到开户行汇票多余款 20 900 元退回通知。根据"多余款收账通知"在记账凭证中的会计处理如下。

借：银行存款　　　　　　　　　　　　20 900

　　　贷：其他货币资金——银行汇票　　　　　　　20 900

(4) 假定上述 A 公司 100 000 元汇票因超过付款期限或其他原因未曾使用。向开户行申请退回款项，根据退款通知在记账凭证中的会计处理如下。

借：银行存款　　　　　　　　　　　　100 000

　　　贷：其他货币资金——银行汇票　　　　　　　100 000

3. 银行本票存款

银行本票是指企业为取得银行本票按规定存入银行的款项。

【例 2-11】A 公司向银行提交"银行本票申请书"并将款项 3 000 元交存银行。取得银行本票时，根据银行盖章退回的申请书存根联，会计处理如下。

借：其他货币资金——银行本票　　　　3 000

　　　贷：银行存款　　　　　　　　　　　　　　3 000

A 公司使用本票购买办公用品 3 000 元。根据发票账单等有关凭证，会计处理如下。

借：管理费用　　　　　　　　　　　　3 000

　　　贷：其他货币资金——银行本票　　　　　　　3 000

4. 存出投资款

存出投资款是指企业已存入证券公司但尚未进行投资的现金。企业向证券公司划出资金时，应借记"其他货币资金——存出投资款"科目，贷记"银行存款"科目；购买短期持有的股票或债券时，应借记"交易性金融资产"科目，贷记"其他货币资金——存出投资款"科目。

第二章习题

第三章

应收和预付款项

【学习目标】

1. 理解带息应收票据利息的计算；
2. 掌握应收票据贴现；
3. 掌握应收账款的核算；
4. 掌握坏账损失的核算；
5. 掌握其他应收款的核算。

【学习重点】

1. 应收票据的核算与票据贴现的处理；
2. 应收账款的计量，商业折扣和现金折扣的核算；
3. 预付账款的核算；
4. 坏账准备的计提与坏账的处理。

【学习难点】

1. 应收票据的贴现；
2. 现金折扣的核算；
3. 坏账准备的计提与处理。

【任务导入】

任务资料： 甲企业为增值税一般纳税人，增值税税率为13%。2020年12月1日，甲企业"应收账款"账户借方余额500万元，"坏账准备"账户贷方余额25万元，企业提取坏账准备的比例为应收账款余额的5%。12月甲企业发生如下经济业务。

(1) 5日，向乙企业赊销商品一批，价款900万元(不含增值税)。

(2) 9日，一客户破产，根据清算程序，应收账款40万元不能收回，确认为坏账。

(3) 11日，收到乙企业的销货款500万元存入银行。

(4) 21日，收回已经确认为坏账的应收账款10万元，存入银行。

(5) 30日，向丙企业销售商品一批，增值税专用发票注明价款100万元，增值税13万元。甲企业为及早收回货款，在合同中规定折扣条件"2/10,1/20,N/30"。假定现金折扣不考虑增值税。

任务目标：

(1) 编制甲企业上述业务的会计分录;

(2) 计算甲企业本期计提的坏账准备金额，并编制会计分录。

第一节　应　收　票　据

一、应收票据概述

(一)应收票据的概念

应收票据是指企业因销售商品、提供劳务等而收到的商业汇票。商业汇票是一种由出票人签发的，委托付款人在指定日期无条件支付确定金额给收款人或持票人的票据。我国商业汇票的期限最长不超过6个月。

(二)应收票据的分类

商业汇票可以按照不同的标准进行分类。

(1) 按照票据承兑人的不同，分为商业承兑汇票和银行承兑汇票两种。

商业承兑汇票是指付款人签发并承兑，或由收款人签发交由付款人承兑的汇票。商业承兑汇票的付款人收到开户银行的付款通知，应在当日通知银行付款。付款人在接到通知的次日起3日内(遇法定休假日顺延)未通知银行付款的，视同付款人承诺付款。银行将于付款人接到通知日的次日起第四日(遇法定休假日顺延)，将票款划给持票人。付款人提前收到由其承兑的商业汇票，应通知银行于汇票到期日付款。银行在办理划款时，付款人存款账户不足支付的，银行应填制付款人未付款通知书，连同商业承兑汇票邮寄持票人开户银行转交持票人。

银行承兑汇票是指由在承兑银行开立账户的存款人(即出票人)签发，由承兑银行承兑的票据。企业申请使用银行承兑汇票时，应向其承兑银行按票面金额的万分之五交纳手续费。银行承兑汇票的出票人应于汇票到期前将票款足额交存其开户银行，承兑银行应在汇票到期日或到期日后的见票当日支付票款。银行承兑汇票的出票人于汇票到期前未能足额交存票款时，承兑银行除凭票向持票人无条件付款外，对出票人尚未支付的汇票金额按每天万分之五收取利息。

(2) 按照票据是否带息，分为不带息应收票据和带息应收票据两种。

不带息应收票据是指商业汇票到期时，承兑人只按票面金额(即面值)向收款人或被背书人支付款项的汇票；带息应收票据是指商业汇票到期时，承兑人必须按票面金额加上应计利息向收款人或被背书人支付款项的票据。

(三)应收票据的计价

按照现行制度的规定，企业收到的商业汇票应以票据的面值入账。对于带息应收票据，应于期末按应收票据的票面价格和确定的利率计提利息，计提的利息应增加应收票据的账面价值。

(四)应收票据到期日的确定

票据的期限一般有按月表示和按日表示两种。

票据期限按月表示时，应以到期月份中与出票日相同的那一天为到期日。如 5 月 29 日签发的一个月票据，到期日应为 6 月 29 日；月末签发的票据，不论月份大小，一律以到期月份的月末那一天为到期日，如 9 月 30 日签发的一个月票据，到期日应为 10 月 31 日。

票据期限按日表示时，应从出票日起按实际经历天数计算。但在计算天数时，出票日和到期日，只能计算其中一天，即"算头不算尾"或"算尾不算头"。

二、应收票据的核算

(一)应收票据核算应设置的科目

为了反映企业应收票据的取得和收回情况，企业应设置"应收票据"科目。该科目是资产类科目，其借方登记收到的商业汇票的票面金额及计提的票面利息；贷方登记到期收回或未到期向银行申请贴现的商业汇票的账面价值；期末余额在借方，表示企业尚未到期、尚未贴现的应收票据的账面价值。

企业应当设置"应收票据备查簿"，逐笔登记商业汇票的种类，号数，出票日，票面金额，交易合同号，付款人、承兑人、背书人的姓名或单位名称，到期日，背书转让日，贴现日，贴现率，贴现净额，收款日，收回金额，退票情况等资料。商业汇票到期结清票款或退票后，在备查簿中应予以注销。

(二)不带息应收票据的会计处理

不带息应收票据的到期价值等于应收票据的面值。企业收到开出、承兑的商业汇票时，按应收票据的面值，借记"应收票据"科目，按实现的营业收入，贷记"主营业务收入"科目，按增值税专用发票上注明的增值税额，贷记"应交税费——应交增值税(销项税额)"科目，企业收到用以抵偿应收账款的应收票据时，借记"应收票据"科目，贷记"应收账款"科目。

应收票据到期收回时,按票面金额,借记"银行存款"科目,贷记"应收票据"科目。商业承兑汇票到期,承兑人违约拒付或无力支付票款,企业收到银行退回的商业承兑汇票、委托收款凭证、未付票款通知书或拒绝付款证明等,应将到期票据的票面金额转入"应收账款"科目,借记"应收账款"科目,贷记"应收票据"科目。

【例 3-1】 甲企业销售一批商品给乙企业,货已发出,增值税专用发票上注明的商品价款为 200 000 元,增值税销项税额为 26 000 元。当日收到乙企业签发的不带息商业承兑汇票一张,该票据的期限为 3 个月。甲企业的账务处理如下。

借:应收票据　　　　　　　　　　　　226 000
　　贷:主营业务收入　　　　　　　　　　　　　200 000
　　　　应交税费——应交增值税(销项税额)　　　 26 000

3 个月后,应收票据到期,甲企业收回款项 226 000 元,存入银行,该企业的账务处理如下。

借:银行存款　　　　　　　　　　　　226 000
　　贷:应收票据　　　　　　　　　　　　　　　226 000

如果该票据到期,乙企业无力偿还票款,甲企业应将到期票据的票面金额转入"应收账款"科目,该企业的账务处理如下。

借:应收账款　　　　　　　　　　　　226 000
　　贷:应收票据　　　　　　　　　　　　　　　226 000

(三)带息应收票据的会计处理

企业收到的带息应收票据,除按照上述原则进行核算外,还应于期末按应收票据的票面价值和确定的利率计算计提票据利息,并增加应收票据的账面余额,借记"应收票据"科目,贷记"财务费用"科目。到期不能收回的带息应收票据,应按其账面余额转入"应收账款"科目核算,期末不再计提利息,其所包含的利息,在有关备查簿中进行登记,待实际收到时再冲减收到当期的财务费用。

票据利息的计算公式为:

$$应收票据利息=应收票据票面金额×票面利率×期限$$

上式中,"票面利率"一般指年利率,"期限"指签发日至到期日的时间间隔。

带息应收票据到期收回款项时,应按收到的本息,借记"银行存款"科目,按账面余额,贷记"应收票据"科目。按其差额(未计提利息部分),贷记"财务费用"科目。

【例 3-2】 乙企业 2020 年 9 月 1 日销售一批产品给甲公司,货已发出,增值税发票上注明的商品价款为 100 000 元,增值税销项税额为 13 000 元。当日收到甲企业签发的商业承兑汇票一张,期限为 6 个月,票面利率为 5%。乙企业的账务处理如下。

(1) 收到票据时

借:应收票据　　　　　　　　　　　　113 000
　　贷:主营业务收入　　　　　　　　　　　　　100 000
　　　　应交税费——应交增值税(销项税额)　　　 13 000

(2) 2020 年 12 月 31 日计提票据利息时

$$票据利息=113\ 000×5\%÷12×4≈1\ 883(元)$$

借：应收票据   1 883

  贷：财务费用   1 883

(3) 票据到期收回时

$$收款金额=113\ 000×(1+5\%÷12×6)=115\ 825(元)$$

$$2020\ 年未计提的票据利息=113\ 000×5\%÷12×2≈942(元)$$

借：银行存款   115 825

  贷：应收票据   114 883

    财务费用   942

(四)应收票据背书转让的会计处理

企业可以将自己持有的商业汇票背书转让。背书是指持票人在票据背面签字，签字人称为背书人，背书人对票据的到期付款负连带责任。

企业将持有的应收票据背书转让以取得所需物资时，应按计入取得物资成本的价值，借记"材料采购""原材料""库存商品"等科目，按专用发票上注明的增值税额，借记"应交税费——应交增值税(进项税额)"科目，按应收票据的账面余额，贷记"应收票据"科目。如有差额，借记或贷记"银行存款"等科目。

如为带息应收票据，企业将持有的应收票据背书转让以取得所需物资时，应按计入取得物质成本的价值，借记"材料采购""原材料""库存商品"等科目，按专用发票上注明的增值税额，借记"应交税费——应交增值税(进项税额)"科目，按应收票据的账面余额，贷记"应收票据"科目，按尚未计提的利息，贷记"财务费用"科目，按借贷双方的差额，借记或贷记"银行存款"等科目。

【例 3-3】企业从甲厂购入材料一批，价款为 60 000 元，增值税为 7 800 元，款项共计 67 800 元，材料已验收入库。企业将一票面金额为 60 000 元的不带息应收票据转让，以偿付甲厂的货款，同时，差额 7 800 元当即以银行存款支付。该企业的账务处理如下。

借：原材料   60 000

  应交税费——应交增值税(进项税额) 7 800

  贷：应收票据   60 000

    银行存款   7 800

(五)应收票据贴现的会计处理

应收票据贴现是指持票人因急需资金，将未到期的商业汇票背书转让给银行，银行受理后，从票据到期值中扣除按银行贴现率计算确定的贴现利息后，将余额付给持票人的融资行为，是企业与贴现银行之间就票据权利所做的一种转让。在贴现中，贴现日至到期日的期间称为贴现期；企业付给银行的利息称为贴现利息；银行计算贴现利息的利率称为贴现率；企业从银行获得的票据到期值扣除贴现利息后的金额称为贴现净额。企业申请贴现时，应根据汇票填制贴现凭证，连同汇票、解讫通知一并送交银行，经银行同意后即可办理。

有关计算公式为：

票据到期价值=票据面值×(1+年利率×票据到期天数÷360)

=票据面值×(1+年利率×票据到期月数÷12)

对于无息票据来说，票据的到期价值就是其面值。

贴现利息=票据到期价值×贴现率×贴现天数÷360

贴现天数=贴现日至票据到期日实际天数−1

贴现净额=票据到期价值−贴现利息

1. 不附追索权的应收票据贴现

不附追索权，相当于出售应收票据，到期承兑人不付款时，被贴现人无权要求贴现企业还贴现款。企业持未到期的应收票据向银行贴现，按实际收到的金额(即减去贴现利息后的金额)，借记"银行存款"科目，按应收票据的账面价值，贷记"应收票据"科目，按其差额，借记或贷记"财务费用"科目。

【例3-4】A公司因急需资金，于4月30日将所持有B公司4月15日签发并交来的60天到期、票面金额为6 000元的不带息银行承兑汇票一张向银行贴现。银行贴现率为16%。

票据到期值=6 000(元)

贴现期=60−15=45(天)

贴现利息=6 000×16%×45÷360=120(元)

贴现净额=6 000−120=5 880(元)

A公司的账务处理如下。

借：银行存款 5 880

　　财务费用 120

　　贷：应收票据 6 000

2. 附有追索权的应收票据贴现

附追索权，相当于利用票据进行抵押贷款，到期承兑人不付款时，被贴现人有权要求贴现企业归还贴现款。

企业持未到期的应收票据向银行贴现，按实际收到的金额(即减去贴现利息后的金额)，借记"银行存款"科目，按商业汇票的票面金额，贷记"短期借款"科目，按贴现利息部分，借记"财务费用"科目。

票据到期，如果承兑人支付了票据款，贴现企业应转销应收票据和短期借款，借记"短期借款"科目，贷记"应收票据"科目。

票据到期，如果承兑人无法偿还票据款，贴现企业要退回款项，借记"短期借款"科目，贷记"银行存款"科目；同时，转销应收票据，借记"应收账款"科目，贷记"应收票据"科目。

【例3-5】承例3-4，A公司对该票据的如期偿还承担连带责任。

借：银行存款 5 880

　　财务费用 120

　　贷：短期借款 6 000

票据到期，如果 B 公司如期兑付了票款，则 A 公司账务处理如下。

借：短期借款　　　　　　　　　　　　　6 000
　　贷：应收票据　　　　　　　　　　　　　6 000

票据到期，如果 B 公司无法兑付票款，由 A 公司代为偿付，则 A 公司账务处理如下。

借：短期借款　　　　　　　　　　　　　6 000
　　贷：银行存款　　　　　　　　　　　　　6 000

同时，将应收票据转为应收账款。

借：应收账款　　　　　　　　　　　　　6 000
　　贷：应收票据　　　　　　　　　　　　　6 000

第二节　应 收 账 款

一、应收账款概述

(一)应收账款的确认

应收账款是指企业因销售商品、提供劳务等，而应向购货单位或接受劳务单位收取的款项。应收账款代表了企业未来收取现金、得到商品或劳务等各类经济利益的权利。在高度发达的市场经济条件下，企业之间的商品买卖、劳务供应大多采用商业信用的形式，企业之间的债权债务关系也随之而建立。当企业商品发出，劳务供应在前，而货款收回在后时，客观上就形成了应收账款。

应收账款是伴随企业的销售行为发生而形成的一项债权。因此，应收账款的确认与收入的确认密切相关。通常在确认收入的同时，确认应收账款。

(二)应收账款的计价

应收账款是因企业销售商品或提供劳务等产生的债权，应当按照实际发生额记账。其入账价值包括：销售货物或提供劳务的价款、增值税，以及代购货方垫付的包装费、运杂费等。在确认应收账款的入账价值时，应当考虑有关的折扣因素。

1. 商业折扣

商业折扣是指企业为促进销售而在商品标价上给予的扣除。例如，企业为鼓励买主购买更多的商品而规定购买 10 件以上者给予 10%的折扣，企业也可能为尽快出售一些残次、陈旧、冷背的商品而进行降价销售等。商业折扣一般在交易发生时即已确定，它仅仅是确定实际销售价格的一种手段，无须在买卖双方任何一方的账上反映，因此，在存在商业折扣的情况下，企业应收账款入账金额应按扣除商业折扣以后的实际售价确定。

2. 现金折扣

现金折扣是指债权人为鼓励债务人在规定的期限内付款，而向债务人提供的债务扣除。现金折扣通常发生在以赊销方式销售商品及提供劳务的交易中。企业为了鼓励客户提前偿付货款，通常与债务人达成协议，债务人在不同期限内付款可享受不同比例的折扣。现金折扣一般用符号"折扣/付款期限"表示。例如，买方在 10 天内付款可按售价给予 2%的折扣，用符号"2/10"表示；在 20 天内付款按售价给予 1%的折扣，用符号"1/20"表示；在 30 天内付款，则不给折扣，用符号"N/30"表示。

存在现金折扣的情况下，应收账款入账价值的确定有两种方法：一种是总价法，另一种是净价法。

总价法是将减去现金折扣前的金额作为应收账款的入账价值。现金折扣只有客户在折扣期内支付时，才予以确认。在这种方法下，销售方把给予客户的现金折扣视为融资的理财费用，会计上作为财务费用处理。总价法可以较好地反映企业销售的总过程，但可能会因客户享受现金折扣而高估应收账款和销售收入。例如，期末结账时，有些应收账款还没有超过折扣期限，如果有一部分客户享受现金折扣，则销货企业的应收账款和销售收入就会因入账时按总价确认而虚增。

净价法是将扣除最大现金折扣后的金额作为应收账款的入账价值。这种方法是把客户取得折扣视为正常现象，认为客户一般都会提前付款，而将由于客户超过折扣期限而多收入的金额，视为提供信贷获得的收入，于收到账款时入账，冲减财务费用。净价法可以避免总价法的不足，但在客户没有享受现金折扣而全额付款时，必须再查对原销售总额。期末结账时，对已超过期限尚未收到的应收账款，需按客户未享受的现金折扣进行调整，操作起来比较麻烦。

根据我国企业会计制度规定，企业应收账款的入账价值，应按总价法确定。

二、应收账款的核算

应收账款的核算是通过"应收账款"科目进行的，该科目属资产类科目。企业销售商品或材料等发生应收款项时，借记"应收账款"科目，贷记"主营业务收入""其他业务收入""应交税费——应交增值税(销项税额)"等科目；收回款项时，借记"银行存款"科目，贷记"应收账款"科目。

1. 在没有商业折扣的情况下，以后能够收回的账款应按应收的全部金额入账

【例 3-6】甲公司赊销给乙公司商品一批，货款总计 50 000 元，增值税税率为 13%，代垫运杂费 1 000 元(假设不作为计税基数)。甲公司的账务处理如下。

借：应收账款	57 500	
贷：主营业务收入		50 000
应交税费——应交增值税(销项税额)		6 500
银行存款		1 000

收到货款时，

借：银行存款	57 500	
贷：应收账款		57 500

2. 在有商业折扣的情况下，应收账款和销售收入按扣除商业折扣后的金额入账

【例 3-7】甲公司赊销给丙公司商品一批，按价目表的价格计算，货款金额总计 10 000

元，给买方的商业折扣为 10%，增值税税率为 13%，代垫运杂费 500 元(假设不作为计税基数)。甲公司账务处理如下。

借：应收账款　　　　　　　　　　　　　　 10 670
　　贷：主营业务收入　　　　　　　　　　　　　　 9 000
　　　　应交税费——应交增值税(销项税额)　　　　 1 170
　　　　银行存款　　　　　　　　　　　　　　　　　 500
收到货款时，
借：银行存款　　　　　　　　　　　　　　 10 670
　　贷：应收账款　　　　　　　　　　　　　　　 10 670

3. 在有现金折扣的情况下

【例 3-8】甲公司赊销给丁公司商品一批，货款为 100 000 元，规定对货款部分的付款条件为 2/10，N/30，增值税税率为 13%。假设折扣时不考虑增值税，甲公司账务处理如下。

销售业务发生时，
借：应收账款　　　　　　　　　　　　　　 113 000
　　贷：主营业务收入　　　　　　　　　　　　　 100 000
　　　　应交税费——应交增值税(销项税额)　　　　 13 000
假如客户于 10 天内付款，
借：银行存款　　　　　　　　　　　　　　 111 000
　　财务费用　　　　　　　　　　　　　　　 2 000
　　贷：应收账款　　　　　　　　　　　　　　　 113 000
假如客户超过 10 天付款，
借：银行存款　　　　　　　　　　　　　　 113 000
　　贷：应收账款　　　　　　　　　　　　　　　 113 000

第三节　预付账款和其他应收款

一、预付账款

预付账款是指企业按照购货合同规定预付给供应单位的款项。预付账款按实际付出的金额入账。预付账款是商业信用的一种形式，它所代表的是企业将来从供应单位取得材料、物品等的债权，从这个意义上讲，它与应收账款具有类似的性质。但预付账款产生于企业的购货业务，应收账款产生于企业的销货业务，而且二者在将来收回债权的形式也不相同。

企业应设置"预付账款"科目对预付款项的付出和结算情况进行核算。该科目是资产类科目，借方登记预付、补付的款项；贷方登记收到所购物资的应付金额及退回多付款项；期末借方余额反映企业实际预付的款项；期末如为贷方余额，反映企业尚未补付的款项。该科目应按供应单位设置明细账，进行明细核算。

预付账款不多的企业，也可以不设置"预付账款"科目，将预付的款项直接记入"应付款项"科目的借方。但在期末编制资产负债表时，须分别填列"应付账款"和"预付账款"项目。

预付账款按实际付出的金额入账。企业按购货合同规定预付款项时，按预付金额借记"预付账款"科目，贷记"银行存款"科目。企业收到物资时，应根据发票账单等列明应计入购入物资成本的金额，借记"材料采购""原材料""库存商品"等科目，按专业发票上注明的增值税额，借记"应交税费——应交增值税(进项税额)"科目，按应付的金额，贷记"预付账款"科目。补付货款时，借记"预付账款"科目，贷记"银行存款"科目；退回多付的款项时，借记"银行存款"科目，贷记"预付账款"科目。

【例 3-9】 某企业向甲公司采购材料，按合同规定预付款项 30 000 元，以银行存款支付。该企业的账务处理如下。

```
借：预付账款——甲公司              30 000
    贷：银行存款                             30 000
```

以后收到甲公司的材料和专用发票等单据，材料价款为 40 000 元，以银行存款支付。该企业的账务处理如下。

```
借：原材料                          40 000
    应交税费——应交增值税(进项税额)      5 200
    贷：预付账款——甲公司                   45 200
```

用银行存款补付款项 15 200 元。该企业的账务处理如下。

```
借：预付账款——甲公司              15 200
    贷：银行存款                             15 200
```

【例 3-10】 假设上例中甲公司发来的材料价款为 20 000 元，增值税为 2 600 元，退回预付货款余额 7 400 元。该企业的账务处理如下。

```
借：原材料                          20 000
    应交税费——应交增值税(进项税额)      2 600
    贷：预付账款——甲公司                   22 600
借：银行存款                         7 400
    贷：预付账款——甲公司                    7 400
```

二、其他应收款

其他应收款是指企业除应收票据、应收账款、预付账款以外，企业应收、暂付其他单位和个人的各种款项。其他应收款包括：应收的各种赔款、罚款；应收出租包装物的租金；应向职工收取的各种垫付款项；备用金(向企业各职能科室、车间等拨出的备用金)；存出的保证金，如租入包装物支付的押金；预付账款转入；其他各种应收、暂付款项。

为了反映和监督其他应收款的发生和结算情况，企业应设置"其他应收款"科目。该科目是资产类科目，借方登记各种其他应收款的发生；贷方登记其他应收款项的收回；期末借方余额反映企业尚未收回的其他应收款。该科目应按其他应收款的项目分类，并按不同的债务人设置明细账，进行明细核算。企业发生其他应收款时，按应收金额借记"其他应收款"科目，贷记有关科目。收回各种款项时，借记有关科目，贷记"其他应收款"科目。期末，其他应收款需计提坏账准备。

【例 3-11】某企业向甲公司购买物品，借用包装物，以银行存款支付包装物押金 800元。该企业的账务处理如下。

借：其他应收款——甲公司　　　　　　　　　　　　800

　　贷：银行存款　　　　　　　　　　　　　　　　　　800

以后退还包装物，收回押金时，

借：银行存款　　　　　　　　　　　　　　　　　　800

　　贷：其他应收款——甲公司　　　　　　　　　　　　800

【例 3-12】某企业因自然灾害造成材料毁损，保险公司已确认赔偿损失 100 000 元。该企业的账务处理如下。

借：其他应收款——保险公司　　　　　　　　　100 000

　　贷：待处理财产损溢——待处理流动资产损溢　　　100 000

以后收到赔款时，

借：银行存款　　　　　　　　　　　　　　　100 000

　　贷：其他应收款——保险公司　　　　　　　　　100 000

企业应该定期或者至少于每年年度终了，对其他应收款进行检查，预计其可能发生的坏账损失，并计提坏账准备。

第四节　应收款项减值

一、应收款项减值的确认

企业的各项应收款项，可能会因购货人拒付、破产、死亡等原因而无法收回。这类无法收回的应收款项就是坏账。坏账是指企业无法收回或收回的可能性极小的应收款项。由于发生坏账而产生的损失，称为坏账损失。

企业确认坏账时，应具体分析各应收款项的特性、金额的大小、信用期限、债务人的信用和当时的经营情况等因素。一般来说，企业对有确凿证据表明确实无法收回的应收款项，如债务单位已撤销、破产、资不抵债、现金流量严重不足等，根据企业管理权限，经股东大会、董事会或经理(厂长)办公室或类似机构批准作为坏账损失。

应当指出，对已确认为坏账的应收款项，并不意味着企业放弃了其追索权，一旦重新收回，应及时入账。

(1) 企业应于会计期末对应收款项进行检查，具体分析各项应收款项的特性、金额的大小、信用期限、债务人的信誉和当时的经营情况等因素，确定各项应收款项的可收回性，预计可能产生的坏账损失。对预计可能产生的坏账损失，应计提坏账准备。

一般来讲，企业应收款项符合下列条件之一的，应确认为坏账：

① 因债务人破产或死亡，以其破产财产或遗产偿债后，确实不能收回；

② 因债务单位撤销、资不抵债或现金流量严重不足，确实不能收回；

③ 企业其他有确凿证据表明确实无法收回的应收款项。

除有确凿证据表明某项应收款项不能收回或收回的可能性不大外(如债务单位已撤销、破产、资不抵债、现金流量严重不足等),下列各种情况下不能全额计提坏账准备:当年发生的应收款项;计划对应收款项进行重组;与关联方发生的应收款项;其他已逾期,但无确凿证据表明不能收回的应收款项。

(2) 企业计提坏账准备的方法由企业自行确定。企业应当制定计提坏账准备的政策,明确计提坏账准备的范围、提取方法、账龄的划分和提取比例,按照管理权限,经股东大会、董事会或经理(厂长)会议或类似机构批准,并按照法律、行政法规的规定报有关各方备案。

坏账计提方法一经确定,不得随意变更。如需变更,应按会计估计变更的程序和方法进行处理并在会计报表附注中予以说明。在确定坏账准备的计提比例时,企业应根据以往的经验、债务单位的实际财务状况和现金流量等相关信息予以合理估计。

(3) 企业应当根据应收款项的实际可收回情况,合理计提坏账准备,不得多提或少提,否则视为重大会计差错进行会计处理。

二、应收款项减值的核算

坏账的核算方法一般有两种:直接转销法和备抵法。在我国,企业应采用备抵法核算坏账损失。

(一)直接转销法

直接转销法是指日常核算中对于应收款项可能发生的坏账损失不予考虑,不计提坏账准备,当实际发生坏账时,才确认坏账损失,并直接计入当期损益,同时注销相应的应收款项。

【例3-13】甲企业欠乙企业的账款20 000元,断定无法收回,确认为坏账。甲企业账务处理如下。

借:信用减值损失——计提的坏账准备   20 000
 贷:应收账款   20 000

这种方法的优点是会计处理简单,但缺点是不符合权责发生制会计基础,也与资产定义相冲突。在这种方法下,只有坏账实际发生时,才将其确认为当期费用,导致资产和各期损益不实。另外,在资产负债表上,应收账款是按账面余额而不是按账面价值反映,这在一定程度上歪曲了期末的财务状况。所以,企业会计准则不允许采用直接转销法。

(二)备抵法

备抵法是指按期估计坏账损失,形成坏账准备,当某一应收款项全部或部分被确认为坏账时,应根据其金额冲减坏账准备,同时转销相应的应收款项金额的一种核算方法。

企业采用备抵法核算坏账准备时,应设置"坏账准备"科目,用以反映坏账准备的提取及使用情况。企业计提坏账准备时,贷记该科目;实际发生坏账时,借记该科目。

企业采用备抵法核算坏账准备时,应按当期估计坏账损失,当期应提取的坏账准备可按下列公式计算:

当期应提取的坏账准备=当期按应收款项计算应提坏账准备金额

−"坏账准备"科目的贷方余额

如果当期按应收款项计算应提坏账准备金额大于"坏账准备"科目的贷方余额，应按其差额提取坏账准备；如果当期按应收款项计算应提坏账准备金额小于"坏账准备"科目的贷方余额，应按其差额冲减已计提的坏账准备；如果当期按应收款项计算应提坏账准备金额为零，应将"坏账准备"科目的余额全部冲回。

企业提取坏账准备时，本期应提取的坏账准备大于其账面余额的，应按其差额提取，借记"信用减值损失——计提的坏账准备"科目，贷记"坏账准备"科目；本期应提数小于其账面余额的，应按其差额冲减已计提的坏账准备，借记"坏账准备"科目，贷记"信用减值损失——计提的坏账准备"科目。

实际发生坏账时，借记"坏账准备"科目，贷记"应收账款""其他应收款"等科目。

如果已确认并转销的坏账以后又收回，则应按收回的金额，借记"应收账款""其他应收款"等科目，贷记"坏账准备"科目；同时，借记"银行存款"科目，贷记"应收账款""其他应收款"等科目。

企业采用备抵法进行坏账核算时，首先应按期估计坏账损失。估计坏账损失的方法有应收账款余额百分比法、账龄分析法和销货百分比法。

1. 应收账款余额百分比法

应收账款余额百分比法，是根据会计期末应收款项的余额和估计的坏账率，估计坏账损失，计提坏账准备的方法。

【例3-14】甲企业从2018年开始计提坏账准备。2018年年末应收账款余额为1 200 000元，该企业坏账准备的提取比例为5‰，则2018年年末应计提的坏账准备为：

坏账准备提取额=1 200 000×5‰=6 000(元)

该企业账务处理如下。

借：信用减值损失——计提的坏账准备　　　　　　　6 000

　　贷：坏账准备　　　　　　　　　　　　　　　　　　6 000

2019年11月，甲企业发现有1 600元的应收账款无法收回，按有关规定确认为坏账损失。该企业账务处理如下。

借：坏账准备　　　　　　　　　　　　　　　　　1 600

　　贷：应收账款　　　　　　　　　　　　　　　　　　1 600

2019年12月31日，该企业应收账款余额为1 440 000元。按本年年末应收账款余额计算应计提的坏账准备全额(即坏账准备的余额)为：1 440 000×5‰=7 200元。

年末计提坏账准备前，"坏账准备"科目的余额为：

6 000−1 600=4 400(元)

年末应补提的坏账准备金额为：

7 200−4 400=2 800(元)

该企业的账务处理如下。

借：信用减值损失——计提的坏账准备　　　　　　　2 800

　　贷：坏账准备　　　　　　　　　　　　　　　　　　2 800

2020 年 5 月 20 日，接银行通知，该企业上年度已冲销的 1 600 元坏账又收回，款项已存入银行。该企业应编制的会计分录如下。

借：应收账款　　　　　　　　　　　　　　1 600
　　贷：坏账准备　　　　　　　　　　　　　　　　1 600
借：银行存款　　　　　　　　　　　　　　1 600
　　贷：应收账款　　　　　　　　　　　　　　　　1 600

2020 年 12 月 31 日，该企业应收账款余额为 1 000 000 元。本年年末坏账准备余额应为：1 000 000×5‰=5 000(元)。

至年末，计提坏账准备前的"坏账准备"科目的贷方余额为：7 200+1 600=8 800(元)。

年末应冲销多提的坏账准备的金额为：8 800-5 000=3 800(元)。该企业应编制的会计分录如下。

借：坏账准备　　　　　　　　　　　　　　3 800
　　贷：信用减值损失——计提的坏账准备　　　　　3 800

2. 账龄分析法

账龄分析法，是根据应收款项账龄的长短来估计坏账的方法。账龄是指顾客所欠账款的时间。虽然应收账款能否收回以及能收回多少，不一定完全取决于时间的长短，但一般来说，账龄越长，发生坏账的可能性就越大。

【例 3-15】乙企业 2020 年 12 月 31 日应收账款账龄及估计坏账损失如表 3-1 所示。

表 3-1　应收账款账龄分析表

应收账款账龄	应收账款金额(元)	估计损失(%)	估计损失金额(元)
1 年以内	60 000	5	3 000
1～2 年以内(含 1 年)	40 000	10	4 000
2～3 年以内(含 2 年)	30 000	30	9 000
3～4 年以内(含 3 年)	10 000	100	10 000
合计	140 000		26 000

如表 3-1 所示，该企业 2020 年 12 月 31 日估计的坏账损失为 26 000 元，所以"坏账准备"科目的账面余额应为 26 000 元。

假设在 2020 年 12 月 31 日估计坏账损失前，"坏账准备"科目有余额 24 000 元，则该企业还应计提 2 000 元(26 000-24 000)。该企业的账务处理如下。

借：信用减值损失——计提的坏账准备　　　2 000
　　贷：坏账准备　　　　　　　　　　　　　　　　2 000

假设在 2020 年 12 月 31 日估计坏账损失前，"坏账准备"科目余额为 29 000 元，则该企业应冲减 3 000 元(29 000-26 000)。该企业的账务处理如下。

借：坏账准备　　　　　　　　　　　　　　3 000
　　贷：信用减值损失——计提的坏账准备　　　　　3 000

3. 销货百分比法

销货百分比法，是以赊销金额的一定百分比作为估计坏账的方法。企业可以根据过去的经验和有关资料，估计坏账损失与赊销金额之间的比率，也可用其他更合理的方法进行估计。

一般情况下，坏账百分比根据企业以往的经验，按赊销金额中平均发生坏账损失的比率加以计算确定。估计坏账百分比的计算公式为：

$$估计坏账百分比=\frac{估计坏账}{估计赊销金额}\times100\%$$

【例3-16】甲企业2020年全年赊销金额为1 200 000元，坏账百分比按以前5年的资料计算确定。以前5年平均赊销金额为800 000元，估计坏账损失12 000元。则：

$$估计坏账百分比=\frac{12\,000}{800\,000}\times100\%=1.5\%$$

年末提取的坏账准备为：

1 200 000×1.5%=18 000(元)

该企业的账务处理如下。

借：信用减值损失——计提的坏账准备   18 000

    贷：坏账准备   18 000

备抵法弥补了直接转销法的不足，符合权责发生制及配比原则的要求。它一方面将预计不能收回的应收款项作为坏账及时计入当期损益，避免企业虚增利润；另一方面在资产负债表上列示应收款项净额，避免虚列资产，能更真实地反映企业的财务状况，有利于加快企业资金周转，提高经济效益。

第三章习题

第四章

存　货

【学习目标】

1. 了解存货的性质与分类;
2. 理解委托加工存货和周转材料的计价方法的核算;
3. 掌握原材料和商品的计价方法与核算;
4. 掌握期末存货的计价与核算。

【学习重点】

1. 存货的计价;
2. 原材料按实际成本法的核算;
3. 原材料按计划成本法的核算;
4. 周转材料、委托加工物资和库存商品的核算;
5. 存货清查及期末计价的核算。

【学习难点】

1. 原材料按计划成本法的核算;
2. 委托加工物资的核算;
3. 存货的清查及期末计价的核算。

【任务导入】

任务资料： 东方公司为增值税一般纳税人，采用计划成本对存货进行核算。2020 年 9 月"原材料"账户期初余额为 1 000 000 元，"材料成本差异"账户期初借方余额为 20 000 元，该公司 9 月发生以下业务。

(1) 4 日，购入原材料一批，取得增值税专用发票上注明的价款为 200 000 元，增值税税额为 26 000 元，运费 20 000 元，增值税 1 800 元，款项已经支付。该批材料的计划成本为 250 000 元，材料已经验收入库。

(2) 15 日，购入材料一批，材料已经验收入库，但发票等结算凭证尚未收到，货款尚未支付。该批材料的计划成本为 70 000 元。

(3) 月末，根据"发料凭证汇总表"，共发出甲材料 800 000 元，其中，产品生产领用 500 000 元，车间一般消耗领用 80 000 元，企业管理部门领用 20 000 元，在建设备安装工程领用 200 000 元。

任务目标：

(1) 计算 2020 年 9 月甲材料成本差异率。

(2) 根据上述资料编制东方公司有关的会计分录。

第一节　存　货　概　述

一、存货的性质与分类

(一)存货的性质

存货是指企业在正常生产经营过程中持有以备出售的产成品或商品，或者为了出售仍然处在生产过程中的在产品，或者将在生产过程或提供劳务过程中耗用的材料、物料等。简而言之，存货是指为了消耗或耗用的物品。

(二)存货的特点

(1) 存货在流动资产中占有比重最大。
(2) 价值一次性全部转移成本，并在销售收入实现中得到补偿。
(3) 在生产经营过程中处于不断耗用、销售、重置之中，流动性较强。
(4) 存货品种繁多。

(三)存货的分类

存货的一般分类如下。

1. 原材料

原材料是指用于制造产品并构成产品实体或有助于产品形成，或服务于制造过程，或与在产品配套出售的各种库存商品，包括原料及主要材料、辅助材料、外购半成品、修理用配件、包装材料及燃料等。

2. 包装物

包装物是指为包装本企业的产品而储备和在销售过程中周转使用的各种容器，如桶、箱、袋、坛等。

3. 低值易耗品

低值易耗品是指使用年限较短，单位价值较低，使用时不作为固定资产核算的各种用具物品。

4. 委托加工材料

委托加工材料是指因本企业的生产设备或技术条件的限制，委托外单位进行加工的材料。

5. 在产品

在产品是指正在各个生产过程中加工或装配，尚未最后制造完工的产品。

6. 自制半成品

自制半成品是指经过一定生产过程并已检验合格交付半成品仓库，但尚未制造完成为商品产品，仍然继续加工的中间产品。

7. 产成品

产成品是指已完成全部生产过程，经检验符合规定的质量标准并已验收入库、可销售的产品。

8. 库存商品

库存商品是指商品流通企业购入的、随时用来销售的多种商品。

二、存货的范围

存货在同时满足以下条件时，才能加以确认：

(1) 该存货包含的经济利益很可能流入企业。

(2) 该存货的成本能够可靠地计量。

按照存货确认的条件，下列各项货物都属于企业存货：

(1) 已经确认为购进(如已付款等)而尚未到达入库的在途货物。

(2) 已收到货物但尚未收到销售方结算发票等的货物。

(3) 货物虽已发出，但所有权尚未转给购货方的货物。

(4) 委托其他单位代销或加工的货物。

这里要特别注意以下几种情况。

(1) 对于按销售合同、协议规定已确认销售(如已收到货款等)，而尚未发运给购货方的货物，不应作为本企业的存货。

(2) 对于接受其他单位委托代销的货物，其所有权属于委托方，应作为委托方的存货处理。但为了使受托方加强对代销货物的核算和管理，现行会计制度也要求受托方对其受托代销货物在资产负债表的存货中反映。

(3) 企业为在建工程准备的各种材料以及特种储备物资不属于存货范围，应分别在在建工程物资和其他资产中反映。

三、存货成本的确定

(一)存货应当按照成本进行初始计量

1. 存货的采购成本

存货的采购成本，包括购买价款、相关税费、运输费、装卸费、保险费以及其他可归属于存货采购成本的费用。

其中，存货的购买价款是指企业购入的材料或商品的发票账单上列明的价款，但不包括按规定可以抵扣的增值税额。存货的相关税费是指企业购买存货发生的进口关税、消费税、资源税和不能抵扣的增值税进项税额以及相应的教育费附加等应计入存货采购成本的税费。其他可归属于存货采购成本的费用是指采购成本中除上述各项以外的可归属于存货采购的费用，如在存货采购过程中发生的仓储费、包装费、运输途中的合理损耗、入库前的挑选整理费用等。运输途中的合理损耗，是指商品在运输过程中，因商品性质、自然条件及技术设备等因素，所发生的自然损耗或不可避免的损耗。例如，汽车在运输煤炭、化肥等过程中自然散落以及易挥发产品在运输过程中的自然挥发。

商品流通企业在采购商品过程中发生的运输费、装卸费、保险费以及其他可归属于存货采购成本的费用等进货费用，应当计入存货采购成本，也可以先进行归集，期末根据所购商品的存销情况进行分摊。对于已售商品的进货费用，计入当期损益；对于未售商品的进货费用，计入期末存货成本。企业采购商品的进货费用金额较小的，可以在发生时直接计入当期损益。

2. 存货的加工成本

存货的加工成本是指在存货的加工过程中发生的追加费用，包括直接人工以及按照一定方法分配的制造费用。直接人工是指企业在生产产品和提供劳务过程中发生的直接从事产品生产和劳务提供人员的职工薪酬。制造费用是指企业为生产产品和提供劳务而发生的各项间接费用。

3. 存货的其他成本

存货的其他成本是指除采购成本、加工成本以外的，使存货达到目前场所和状态所发生的其他支出。企业设计产品发生的设计费用通常应计入当期损益，但是为特定客户设计产品所发生的、可直接确定的设计费用应计入存货的成本。

(二)存货的来源不同，其成本的构成内容也不同

原材料、商品、低值易耗品等通过购买而取得的存货的成本主要由采购成本构成，产

成品、在产品、半成品等自制或需委托外单位加工完成的存货的成本由采购成本、加工成本以及使存货达到目前场所和状态所发生的其他支出构成。

存货的成本在实务中具体按以下原则确定。

(1) 购入的存货，其成本包括：买价、运杂费(包括运输费、装卸费、保险费、包装费、仓储费等)、运输途中的合理损耗、入库前的挑选整理费用(包括挑选整理中发生的工、费支出和挑选整理过程中所发生的数量损耗并扣除回收的下脚废料价值)，以及按规定应计入成本的税费和其他费用。

(2) 自制的存货，包括自制原材料、自制包装物、自制低值易耗品、自制半成品及库存商品等，其成本包括直接材料、直接人工和制造费用等的各项实际支出。

(3) 委托外单位加工完成的存货，包括加工后的原材料、包装物、低值易耗品、半成品、产成品等，其成本包括实际耗用的原材料或者半成品、加工费、装卸费、保险费、委托加工的往返运输费等费用以及按规定应计入成本的税费。

(三)下列费用不应计入存货成本，而应在其发生时计入当期损益

(1) 非正常消耗的直接材料、直接人工和制造费用，应在发生时计入当期损益，不应计入存货成本。比如，由于自然灾害而发生的直接材料、直接人工和制造费用，由于这些费用的发生无助于使该存货达到目前场所和状态，不应计入存货成本，而应确认为当期损益。

(2) 仓储费用是指企业在存货采购入库后发生的储存费用，应在发生时计入当期损益。但是，在生产过程中为达到下一个生产阶段所必需的仓储费用应计入存货成本。比如，某种酒类产品生产企业为使生产的酒达到规定的产品质量标准而必须发生的仓储费用，应计入酒的成本，而不应计入当期损益。

(3) 不能归属于使存货达到目前场所和状态的其他支出，应在发生时计入当期损益，不得计入存货成本。

第二节　原　材　料

材料的核算方法主要有两种：一是按实际成本计价核算，二是按计划成本计价核算。

一、原材料按实际成本计价核算

(一)科目设置

原材料按实际成本计价是指每种材料的收、发、结存核算均按实际成本计价，其特点是从原材料的收发凭证到明细分类账和总账的登记，全部都是按实际成本反映，并应设置下列会计科目进行核算。

1. "原材料"科目

"原材料"科目，用于核算企业库存原材料的实际成本。该科目属于资产类科目，借

方登记入库原材料的实际成本，贷方登记出库原材料的实际成本，期末借方余额反映企业库存原材料的实际成本。

该科目应按原材料的保管地点(仓库)、材料的类别、品种和规格设置材料明细账(或材料卡片)。

2. "在途物资"科目

"在途物资"科目，用于核算企业购入尚未到达或尚未验收入库的各种物资的实际成本。该科目属于资产类科目，借方登记已付款或已开出商业汇票的物资实际成本；贷方登记已验收入库物资的实际成本；期末借方余额反映企业已付款或已开出商业汇票但尚未到达或尚未验收入库的在途物资的实际成本。

该科目应按供应单位名称和物资品种设置明细账进行明细核算。

(二)账务处理

1. 收入材料的核算

企业外购原材料时，既可以从本地进货，又可以从外地进货，而且可以根据购货业务的不同特点采用不同的结算方式。由于采购地点和结算方式等因素的影响，经常会出现材料入库和付款时间不一致的情况，因此，其账务处理方法也不一样。

具体有以下三种情况。

(1) 结算凭证到达并同时将材料验收入库(料单同到)

借：原材料
　　应交税费——应交增值税(进项税额)
　　　贷：银行存款等科目

(2) 结算凭证先到，材料后入库(单到，料未到)

借：在途物资
　　应交税费——应交增值税(进项税额)
　　　贷：银行存款等科目

借：原材料
　　　贷：在途物资

(3) 材料先验收入库，结算凭证后到达(料到，单未到)

本月末先暂估入账，下月初冲回，再重新按正常程序入账。

【例4-1】A公司于2020年8月10日从B公司购入材料一批，价款为20 000元，增值税为2 600元，进货运费为1 000元(不考虑运费增值税)，装卸费为100元，保险费为100元。假设料、单到达企业的时间分为以下三种情况。

① 8月14日货款已付，材料验收入库。

② 8月14日结算凭证到达，支付全部货款；8月20日收到材料，并验收入库。

③ 8月20日收到材料，并验收入库，但未收到结算凭证，货款未付；8月31日仍未收到结算凭证，按材料价款20 000元估价入账；9月5日结算凭证到达，办理付款手续。

A 公司所做的账务处理如下。

① 第一种情况

借：原材料	21 200
应交税费——应交增值税(进项税额)	2 600
贷：银行存款	23 800

② 第二种情况

结算凭证到达，支付货款时，

借：在途物资	21 200
应交税费——应交增值税(进项税额)	2 600
贷：银行存款	23 800

收到材料入库时，

| 借：原材料 | 21 200 |
| 贷：在途物资 | 21 200 |

③ 第三种情况

8 月 20 日不做账。

8 月末，暂估入账，

| 借：原材料 | 20 000 |
| 贷：应付账款 | 20 000 |

9 月初，红字冲回，

| 借：原材料 | 20 000 |
| 贷：应付账款 | 20 000 |

9 月 5 日结算凭证到达，办理付款手续，

借：原材料	21 200
应交税费——应缴增值税(进项税额)	2 600
贷：银行存款	23 800

小规模纳税人以及购入材料不能取得增值税专用发票的企业，在购入材料时，按支付或应支付的金额，作为材料成本入账。

2. 发出材料的计价方法

在实际成本计价核算方式下，企业发出材料可以采用的计价方法包括个别计价法、先进先出法和加权平均法等。

1) 个别计价法

个别计价法是假设存货具体项目的实物流转与成本流转相一致，按照各种存货逐一辨认各批发出存货和期末存货所属的购进批别或生产批别，分别按其购入或生产时所确定的成本计算各批发出和期末存货成本的方法。在这种方法下，把每一种存货的实际成本作为计算发出存货成本和期末存货成本的基础。

个别计价法的成本计算准确，符合实际情况，但在存货收发频繁的情况下，其发出成本分辨的工作量大。因此，这种方法通常适用于一般不能替代使用的存货、为特定项目专门购入或制造的存货以及提供的劳务，如珠宝、名画等贵重物品。

2) 先进先出法

先进先出法是假定先购进的材料先发出，发出存货按最先收进的存货单价进行计价的一种方法。这一方法一般适用于经营业绩受库存影响较大的公司。采用先进先出法，便于日常计算发出存货及结存存货的成本，期末存货成本比较接近现行的市场价值，优点是企业不能随意挑选存货价格以调整当期利润，但当物价上涨时，用早期较低的成本与现行收入相配比，会高估企业当期利润，反之，则低估当期利润。

【例4-2】A 公司 2020 年 8 月甲材料的收发记录，如表 4-1 所示。

表 4-1　甲材料明细账简易记录

2020 年 8 月　　　　　　　　　　　　　　　　　　单位：元

月	日	摘　要	数量/公斤	单　价	金　额
8	1	期初余额	300	50	15 000
	10	购入	900	60	54 000
	11	发出	800		
	18	购入	600	70	42 000
	20	发出	800		
	23	购入	200	80	16 000

A 公司采用先进先出法计算如下：

本月发出存货成本=(300×50+500×60)+(400×60+400×70)=97 000(元)

月末库存成本=200×70+200×80=30 000(元)

A 公司 2020 年 8 月采用先进先出法登记甲材料明细账，如表 4-2 所示。

表 4-2　存货明细账(1)

存货类别：　　　　　　　　　　　　　　　　　　　计量单位：公斤

存货编号：　　　　　　　　　　　　　　　　　　　最高存量：

存货名称及规格：甲材料　　　　　　　　　　　　　最低存货：

2020 年		摘要	收　入			发　出			结　存		
月	日		数量	单价	金额	数量	单价	金额	数量	单价	金额
8	1	余额							300	50	15 000
	10	购入	900	60	54 000				300	50	15 000
									900	60	54 000
	11	发出				300	50	15 000			
						500	60	30 000	400	60	24 000
	18	购入	600	70	42 000				400	60	24 000
									600	70	42 000
	20	发出				400	60	2 400			
						400	70	2 800	200	70	14 000

续表

2020年		摘要	收　入			发　出			结　存		
月	日		数量	单价	金额	数量	单价	金额	数量	单价	金额
	23	购入	200	80	16 000				200	70	14 000
									200	80	16 000
	31	合计	1 700	—	112 000	1 600	—	97 000	200	70	14 000
									200	80	16 000

3）月末一次加权平均法

加权平均法是指以月初数量和本月收入存货数量作为权数，于月末一次计算加权平均单位成本，据以确定发出存货和期末存货成本的计价方法。这种方法适用于企业存储在同一地点，性能形态相同的大量存货的计价核算。这种方法发出存货的全部计算工作集中在月末进行，平时不能从账上反映发出和结存的单价及金额，不利于加强对存货的管理。

加权平均的计算公式：

$$加权平均单位成本=\frac{月初结存材料实际成本+本月收入材料成本}{月初结存材料数量+本月收入材料数量}$$

发出材料成本=发出材料数量×加权平均单位成本

期末结存材料成本=期末结存材料数量×加权平均单位成本

【例4-3】承例4-2，假设A公司采用月末一次加权平均法核算存货，2020年8月甲材料发出成本计算如下：

加权平均单位成本=(15 000+54 000+42 000+16 000)÷(300+900+600+200)=63.5(元)

本月发出存货成本=(800+800)×63.5=101 600(元)

月末结存存货成本=400×63.5=25 400(元)

A公司2020年8月采用月末一次加权平均法登记甲材料明细账，如表4-3所示。

4）移动加权平均法

移动加权平均法是指以每次进货的成本加上原有结存存货的成本的合计额，除以每次进货数量加上原有结存存货的数量的合计数，据以计算加权平均单位成本，作为在下次进货前各次发出存货成本依据的一种方法。计算公式如下：

$$存货单位成本=\frac{原有结存存货成本+本次进货成本}{原有结存存货数量+本次进货数量}$$

本次发出存货成本=本次发出存货数量×本次发货前存货的单位成本

本月月末结存存货成本=月末结存存货的数量×本月月末存货单位成本

或：

本月月末结存存货成本=月初结存存货成本+本月收入存货成本-本月发出存货成本

采用移动加权平均法能够使企业管理层及时了解存货的结存情况，计算的平均单位成本以及发出和结存的存货成本比较客观。但由于每次收货都要计算一次平均单位成本，计算工作量较大，对收发货比较频繁的企业不太适用。

表4-3 存货明细账(2)

存货类别：　　　　　　　　　　　　　　　　　　　　计量单位：公斤

存货编号：　　　　　　　　　　　　　　　　　　　　最高存量：

存货名称及规格：甲材料　　　　　　　　　　　　　　最低存货：

2020年		摘 要	收 入			发 出			结 存		
月	日		数量	单价	金额	数量	单价	金额	数量	单价	金额
8	1	余额							300	50	15 000
	10	购入	900	60	54 000				1 200		
	11	发出				800			400		
	18	购入	600	70	42 000				1 000		
	20	发出				800			200		
	23	购入	200	80	16 000				400		
	31	合计	1 700	—	112 000	1 600	63.5	101 600	400	63.5	25 400

【例4-4】承例4-2，假设A公司采用移动加权平均法核算存货，2020年8月甲材料发出成本计算如下：

8月10日购入存货的平均单位成本=(300×50+900×60)÷(300+900)=57.5(元)

8月18日购入存货的平均单位成本=(400×57.5+600×70)÷(400+600)=65(元)

8月23日购入存货的平均单位成本=(200×65+200×80)÷(200+200)=72.5(元)

本次发出存货成本=本次发出存货数量×本次发货前存货的单位成本：

8月11日发出存货成本=800×57.5=46 000(元)

8月20日发出存货成本=800×65=52 000(元)

本月月末结存存货成本=月末结存存货的数量×本月月末存货单位成本

　　　　　　　　　　=400×72.5=29 000(元)

或：

本月月末结存存货成本=月初结存存货成本+本月收入存货成本−本月发出存货成本

　　　　　　　　　　=15 000+112 000−98 000=29 000(元)

A公司2020年8月采用移动加权平均法登记甲材料明细账，如表4-4所示。

表4-4 存货明细账(3)

存货类别：　　　　　　　　　　　　　　　　　　　　计量单位：公斤

存货编号：　　　　　　　　　　　　　　　　　　　　最高存量：

存货名称及规格：甲材料　　　　　　　　　　　　　　最低存货：

2020年		摘 要	收 入			发 出			结 存		
月	日		数量	单价	金额	数量	单价	金额	数量	单价	金额
8	1	余额							300	50	15 000
	10	购入	900	60	54 000				1 200	57.5	69 000
	11	发出				800	57.5	46 000	400	57.5	23 000

续表

| 2020年 | | 摘　要 | 收　入 | | | 发　出 | | | 结　存 | | |
月	日		数量	单价	金额	数量	单价	金额	数量	单价	金额
	18	购入	600	70	42 000				1 000	65	65 000
	20	发出				800	65	52 000	200	65	13 000
	23	购入	200	80	16 000				400	72.5	29 000
	31	合计	1 700	—	112 000	1 600	63.5	98 000	400	72.5	29 000

3. 发出材料的核算

企业生产单位及有关部门领用的材料具有种类多、收发业务频繁等特点，为了简化核算，平时一般只是随时登记材料明细账，以便及时反映各种材料的购进、发出及结存情况。月末根据"领料单"或"限额领料单"中有关领料单位、部门等加以分类，编制"发料凭证汇总表"据以编制记账凭证，登记入账。

原材料发出的会计分录如下。

借：生产成本(生产车间生产产品领用)
　　制造费用(生产车间一般性消耗领用)
　　管理费用(管理部门领用)
　　销售费用(销售部门领用)
　　其他业务成本(销售原材料)
　　在建工程(工程领用)
　　贷：原材料

4. 原材料盘盈盘亏和毁损

1) 原材料盘盈的核算

发生原材料的盘盈，应及时办入账手续，根据存货盘点报告表上所列示的盘盈数，调整存货账户的实存数，即借记"原材料"账户，贷记"待处理财产损溢——待处理流动资产损溢"账户，其盘盈的存货，通常是由企业日常收发计量或计算上的差错所造成的盘盈，报经有关部门批准后，可冲减管理费用，即借记"待处理财产损溢——待处理流动资产损溢"账户，贷记"管理费用"等账户。

2) 原材料盘亏和毁损的核算

尚待查明原因和需要报经批准才能转销的损失，应先转入"待处理财产损溢"科目核算，待查明原因再分别处理：属于应由供应单位、运输机构、保险公司或其他过失人负责赔偿的损失，记入"应收账款""其他应收款"等科目；属于自然灾害等非常原因造成的损失，应当扣除残料价值和过失人、保险公司赔偿后的净损失，记入"营业外支出——非常损失"科目；属于无法收回的其他损失，记入"管理费用"科目。

二、原材料按计划成本计价核算

原材料按计划成本计价方法进行收发核算，所有收发凭证按材料的计划成本计价；总账及明细分类账，按计划成本登记；材料的实际成本与计划成本的差异，通过"材料成本差异"科目进行核算。

(一)科目设置

1. "原材料"科目

该科目核算企业材料的计划成本，借方登记增加的原材料计划成本，贷方登记减少的原材料计划成本，期末余额表示库存原材料计划成本。

2. "材料采购"科目

该科目核算企业购入材料、商品等的采购成本，属于资产类科目，借方登记外购物资的实际成本和结转实际成本小于计划成本的节约差异，贷方登记验收入库物资的计划成本和结转实际成本大于计划成本的超支差异。

期末余额在借方，反映已经收到发票账单付款或已开出、承兑商业汇票，但物资尚未到达或尚未验收入库的在途物资。该科目应按供应单位和物资品种设置明细账，进行明细核算。

3. "材料成本差异"科目

这是采用计划成本进行材料日常核算的企业设置和使用的科目。该科目用来核算企业各种材料实际成本与计划成本的差异。这是一个调整科目，借方登记入库材料实际成本大于计划成本的差异(超支差)以及领用、发出或报废的各种材料的节约差异；贷方登记入库材料实际成本小于计划成本的差异(节约差)以及领用、发出或报废的各种材料的超支差异。期末余额在借方，反映库存材料的超支差异；若在贷方，反映库存材料的节约差异。

(二)账务处理

在按计划成本计价时，材料核算的主要内容同样包括收入材料和发出材料两部分，其具体账务处理方法如下。

1. 收入材料

原材料按计划成本计价核算，对于企业购入原材料，必须通过"材料采购"科目进行核算，其核算内容包括三个方面：一是反映材料采购成本的发生；二是按计划成本反映材料验收入库；三是结转入库材料的成本差异。

1) 材料采购成本的发生

借：材料采购

　　　应交税费——应交增值税(进项税额)

　　　贷：银行存款等科目

2) 按计划成本反映材料验收入库

为简化日常核算工作，企业平时可不进行材料入库和结转材料成本差异的总分类核算，待到月终时，通过编制"收料凭证汇总表"，汇总进行总分类核算。"收料凭证汇总表"应以仓库转来的收料凭证为依据，区分不同材料类别和付款与否等情况进行汇总，并据以进行账务处理。

借：原材料
　　贷：材料采购
借：材料成本差异
　　贷：材料采购
借：材料采购
　　贷：材料成本差异

【例4-5】A公司为增值税一般纳税人，增值税税率为13%。材料按计划成本核算。材料计划单位成本为80元/千克。2020年8月16日，该公司从B公司购入甲材料7 500千克，增值税专用发票上注明的材料价款为615 000元，增值税为79 950元。企业已用银行存款支付材料价款及增值税。材料已验收入库。该企业的账务处理如下。

(1) 借：材料采购　　　　　　　　　　　　　　　615 000
　　　　应交税费——应交增值税(进项税额)　　　79 950
　　　　贷：银行存款　　　　　　　　　　　　　　　　694 950
(2) 借：原材料　　　　　　　　　　　　　　　　600 000
　　　　贷：材料采购　　　　　　　　　　　　　　　　600 000
(3) 借：材料成本差异　　　　　　　　　　　　　15 000
　　　　贷：材料采购　　　　　　　　　　　　　　　　15 000

2. 发出材料

在计划成本计价核算方式下，企业应于月末根据本月所发出材料的用途，按计划成本分别借记相应的科目，同时调整发出材料的计划成本应负担的成本差异。发出材料的账务处理如下。

(1) 借：生产成本(生产车间产品领用)
　　　　制造费用(生产车间一般耗用领用)
　　　　管理费用(管理部门领用)
　　　　贷：原材料(计划成本)
(2) 借：生产成本
　　　　制造费用
　　　　管理费用
　　　　贷：材料成本差异(超支差费用)
(3) 借：材料成本差异(节约差费用)
　　　　贷：生产成本
　　　　　　制造费用
　　　　　　管理费用

发出材料结转差异额的计算公式如下：

材料成本差异额=材料实际成本-材料计划成本

$$材料成本差异率=\frac{月初结存材料成本差异+本月收入材料成本差异}{月初结存材料计划成本+本月收入材料计划成本}\times100\%$$

发出材料应负担成本差异=发出材料计划成本×材料成本差异率

期末结存材料成本差异=期末结存材料计划成本×材料成本差异率

注意，材料成本差异额为正数，表示超支差异；为负数，表示节约差异。

【例 4-6】 A 公司月初库存材料的计划成本余额为 273 600 元，节约差异为 2 840 元；本月外购材料的计划成本为 39 200 元，实际采购成本为 39 800 元，超支差异为 600 元；自制材料的成本为 12 400 元，实际成本为 11 388 元，节约差为 1 012 元。本月发出存货的计划成本为 71 600 元。

本月材料成本差异率=(-2 840+600-1 012)÷(273 600+39 200+12 400)×100%=-1%

本月发出材料应分配的成本差异=71600×(-1%)=-716(元)

月末库存材料应留存成本差异=253 600×(-1%)=-2 536(元)

月末库存材料=273 500+39 200+12 400-71 600=253 600(元)

三、按实际成本计价与按计划成本计价的比较

按实际成本计价时，所计算的材料成本相对来说较准确，而且对于中小型企业来说核算工作较为简单，但对于材料种类较多、收发业务频繁的大企业，采用实际成本进行材料的日常核算工作量较大。

按计划成本计价时，能比较有效地避免按实际成本计价的不足，但由于材料成本差异一般只能按材料大类计算，所以会影响材料计算的准确性。这种计价方法适用于材料收发业务频繁且具备材料计划成本资料的大型企业。

第三节　商品存货

商品存货是指商品流通企业为了转手出售而购入的存货，包括库存商品、加工商品、出租商品、分期收款发出商品等。商品流通企业商品存货的核算方法可以分为毛利率法和金额核算法两大类。本节主要讲述大型批发和零售商业企业商品存货的核算方法。

一、毛利率法

(一)概述

毛利率法的基本原理是：以各个会计期间的毛利率大致相同为假设前提，根据毛利率和已销商品售价估计本期商品销售成本，进而估计期末存货价值，或根据毛利率和期末存货售价估计期末存货成本，进而估计销售商品成本。

(二)科目设置

1.“在途物资”科目

前面已讲述，这里不再重复。

2. "库存商品"科目

该科目用于核算企业库存商品的实际成本，属于资产类科目，借方登记库存商品的实际成本，贷方登记出库商品的实际成本，期末借方余额反映企业库存商品的实际成本。该科目应按库存商品的保存地点(仓库)、类别、品种和规格设置明细账。

(三)账务处理

1. 收入商品

与前述收入材料的核算方法基本相同，不再重复叙述。

2. 发出商品

发出商品的账务处理如下。

借：主营业务成本

　　贷：库存商品

用毛利率法计算本期销售成本和期末存货成本，在商业企业较为常见，特别是商业批发企业。同时，采用这种方法，商品销售成本按商品大类销售额计算，在大类商品账上结转成本，计算手续简单。

毛利率法的计算公式如下：

本月商品销售成本=本月销售净额×(1-上季毛利率)

期末结存商品成本=期初结存商品成本+本期购进商品成本-本期销售商品成本

$$毛利率=\frac{销售毛利}{销售净额}×100\%$$

销售净额=商品销售收入-销售退回与折让

销售毛利=销售净额-销售成本

【例4-7】某商业企业采用毛利率法，2020年5月初存货成本为2 400万元，本月购货成本为1 500万元，销售收入4 550万元，上季毛利率24%，求5月末成本。

5月销售成本=4 550×(1-24%)=3 458(万元)

5月末成本=2 400+1 500-3 458=442(万元)

二、售价金额核算法

(一)概述

售价金额核算法是对库存商品的进销存只按商品的售价金额进行核算的一种方法。基本内容包括以下几个方面：

(1) 库存商品按售价记账；

(2) 设置"商品进销差价"科目；

(3) 建立实物负责制；

(4) 建立健全实地盘点制度；

(5) 适用于经营日用工业品的大型零售企业。

(二)科目设置

1. "在途物资"科目

该科目结构与材料的核算相同,这里不再重复。

2. "库存商品"科目

"库存商品"科目用于核算企业库存商品的售价。该科目属于资产类科目,借方登记入库商品的售价,贷方登记出库商品的售价,期末借方余额反映企业库存商品的售价。该科目应按商品实物负责人(商品柜组)设置明细账进行明细核算。

3. "商品进销差价"科目

该科目是"库存商品"的调整科目,用来核算和监督库存商品售价与进价之间的差额。贷方登记入库商品及盘盈商品的售价与进价之间的差额;借方登记已销商品应分摊的进销差价及非销售付出和盘亏的进销差价;余额在贷方,反映期末库存商品的进销差价。该科目的明细核算与库存商品一致,均按实物负责人(商品柜组)设置明细账进行明细核算。

(三)账务处理

1. 收入商品

企业收到结算凭证和发货票等单据支付货款或开出经承兑的商业汇票时,其账务处理与工业企业外购材料的核算方法基本相同,但商品验收入库的账务处理则不相同。商品入库时的会计分录如下。

借:库存商品
　　应交税费——应交增值税(进项税额)
　　贷:银行存款
　　　　商品进销差价

2. 发出商品

商业零售企业对每天发生的商品销售业务,一方面要反映销售收入的实现和销售款项送存银行,另一方面要按售价结转商品销售成本。

【例 4-8】某零售商店 7 月 15 日的商品销售收入(含税)为 67 800 元,销售款已于当日送存银行。编制会计分录如下。

(1) 销售商品取得收入时

借:银行存款　　　　　　　　　　　　　　　67 800
　　贷:主营业务收入　　　　　　　　　　　　　　67 800

(2) 同时结转商品销售成本

借:主营业务成本　　　　　　　　　　　　　67 800
　　贷:库存商品——某柜组　　　　　　　　　　67 800

应当指出,按含税价格作为商品销售收入和结转商品销售成本,是虚增了"收入"和"成本"。应把"主营业务收入"中包含的销项税分解出来,转到"应交税费"科目;同时,把已销商品应分摊的进销差价从"商品进销差价"科目转到"主营业务成本"科目，才能反映商品销售收入真正的"收入"和"成本"。但是，如果平时每天都进行价税分解和分摊进销差价的账务处理，会使核算工作量增加很多，所以，实际工作中，一般是把这两项工作集中在月末一次进行。

(1) 月末，从全月含税销售收入中分解出销项税额，其计算公式如下：

$$不含税销售收入 = \frac{含税销售收入}{1+增值税税率}$$

销项税额 = 不含税销售收入 × 增值税税率

【例4-9】某零售商店 7 月的销售收入总额(含税)共 1 695 000 元，月终，从销售收入中分解出销项税额。编制会计分录如下：

$$不含税销售收入 = \frac{1\,695\,000}{1+13\%} = 1\,500\,000(元)$$

销项税额 = 1 500 000 × 13% = 195 000(元)

借：主营业务收入   195 000

    贷：应交税费——应交增值税(销项税额)   195 000

(2) 已销商品进销差价的计算和结转。

由于"库存商品"科目是按售价核算的，平时商品销售成本先按售价结转，到月末企业还必须采用一定的方法计算已销商品的进销差价，将其从"商品进销差价"科目中转出，同时调整"主营业务成本"科目。

差价率的计算公式如下：

$$差价率 = \frac{期初库存商品进销差价 + 本期购入商品进销差价}{期初库存商品售价 + 本期购入商品售价} \times 100\%$$

本期已销商品应分摊的进销差价 = 本月商品销售收入 × 差价率

本期销售商品的成本 = 本期商品销售收入 - 本期已销商品应分摊的商品进销差价

期末结存商品的成本 = 期初库存商品的进价成本 + 本期购进商品的进价成本

                         - 本期销售商品的成本

【例4-10】某商场 2020 年 7 月期初库存商品的进价成本为 100 万元，售价总额为 110 万元，本月购进该商品的进价成本为 75 万元，售价总额为 90 万元，本月销售收入为 120 万元。有关计算如下：

$$进销差价率 = \frac{10+15}{110+90} \times 100\% = 12.5\%$$

本月已销商品应分摊的进销差价 = 120 × 12.5% = 15(万元)

本期销售商品的实际成本 = 120 - 15 = 105(万元)

期末结存商品的实际成本 = 100 + 75 - 105 = 70(万元)

该商店的账务处理如下。

借：商品进销差价   15

    贷：主营业务成本   15

第四节　委托加工物资

一、委托加工物资概述

在企业的生产经营活动中，往往会因为企业自身工艺设备条件的限制或出于降低成本等方面的考虑，需要将一些物资，如材料、半成品等委托外单位进行加工，制造成具有另一种性能和用途的物资，这种委托外单位加工的物资，就是委托加工物资。委托加工物资虽然存放在外单位，但其所有权属委托企业，加工完成后要收回。加工完成收回的物资不仅实物形态、性能会发生变化，而且其价值也会发生变化。

委托加工物资的实际成本包括：发出加工材料或半成品的实际成本、支付的加工费用及加工物资的往返运杂费、应负担的相关税金等。企业进行委托加工的核算，就是要正确地反映和监督这些成本的发生，做好加工物资的发出、收回及加工费等款项的结算工作，以保证加工物资的安全完整和成本计算的准确。

二、科目设置

企业应设置"委托加工物资"科目，用来核算企业委托外单位加工的各种物资的实际成本。该科目属于资产类科目，借方登记发出加工物资的实际成本、支付的加工费、应负担的运杂费和应记入委托物资成本的税金等；贷方登记加工完成收回物资和退回剩余物资的实际成本；期末借方余额反映企业委托外单位加工但尚未加工完成物资的实际成本和发出加工物资的运杂费等。

三、账务处理

委托加工物资的核算内容如下：

(1) 发出委托加工物资。

(2) 支付加工费用及应负担的运杂费。

(3) 缴纳消费税。

(4) 加工完成物资验收入库和退回剩余物资。

需要说明的是，如果委托加工物资属于应纳消费税的应税消费品，应由受托方在向委托方交货时代收代缴消费税。委托方缴纳消费税时，应区分不同情况处理：

(1) 凡属加工物资收回后直接用于销售的，应将受托方代收代缴的消费税计入委托加工物资的成本，借记"委托加工物资"科目，贷记"银行存款"等科目。

(2) 凡属加工物资收回后用于连续生产应税消费品的，所纳税款按规定准予抵扣以后销售环节应缴纳的消费税，借记"应交税费——应交消费税"科目，贷记"银行存款"等科目。

【例 4-11】A 公司发出甲材料一批，委托 B 公司加工成乙材料(属于应税消费品)。甲材料的实际成本为 100 000 元，支付的加工费为 15 000 元，来回运杂费为 2 000 元，增值税为 1 950 元，消费税为 13 000 元，款项已用银行存款支付。材料已加工完毕验收入库(以后用于继续生产应税消费品)。A 公司编制会计分录如下。

(1) 发出委托加工材料

借：委托加工物资——B 公司   100 000

  贷：原材料——甲材料   100 000

(2) 支付加工费、运杂费和税金

借：委托加工物资——B 公司   17 000

  应交税费——应交增值税(进项税额) 1 950

     ——应交消费税   13 000

  贷：银行存款   31 950

(3) 材料加工完毕验收入库

借：原材料——乙材料   117 000

  贷：委托加工物资——B 公司   117 000

企业应按加工合同和受托加工单位设置"委托加工物资"明细账，反映加工单位名称，加工合同号数，发出加工物资的名称、数量、发生的加工费用和运杂费，退回剩余物资的数量、实际成本以及加工完成物资的实际成本等资料。

第五节　周 转 材 料

对于企业在正常生产经营过程中多次使用的、逐渐转移其价值但仍保持原有形态、不确认为固定资产的周转材料等存货，如包装物和低值易耗品，可以采用一次转销法、分次摊销法进行摊销。

一、低值易耗品

(一)低值易耗品的概念、特点和种类

低值易耗品是指不能作为固定资产的各种用具物品，如加工、管理用具、玻璃器皿以及在经营过程中周转使用的包装容器等。

低值易耗品的性质属于劳动资料，它可以参加多次生产周转而不改变其原有的实物形态，价值随着实物的不断磨损逐渐地转移到成本、费用中；在使用过程中需要进行维修，报废时有一定的残值。从这些方面看，低值易耗品与固定资产是相同的。但低值易耗品又具有品种多、数量大、价值较低、使用年限较短、容易损坏及收发频繁等特点，这又不同于固定资产，而与原材料有些类似。

在实际工作中，为了简化管理和核算工作，将低值易耗品列入流动资产的存货类，其购入、库存的管理和核算与原材料基本相同，但对其在使用中转移或损耗的价值则采用了摊销的方法摊入成本、费用中。

低值易耗品按用途分为一般工具、专用工具、替换工具、管理用具及劳动保护用品等几大类。

(二)低值易耗品的核算

1. 科目设置

低值易耗品实际成本的组成内容与原材料相同。企业应设置"周转材料——低值易耗品"科目，用于核算企业库存低值易耗品的实际成本或计划成本。该科目属于资产类科目，借方登记验收入库低值易耗品的成本，贷方登记发出低值易耗品的成本，期末借方余额反映企业库存未用低值易耗品的成本。该科目应按低值易耗品的类别、品种、规格进行数量和金额的明细账核算。

2. 账务处理

1) 取得低值易耗品

低值易耗品采购、入库的核算，不论是按实际成本计价还是按计划成本计价，均与原材料的账务处理基本相同。

【例 4-12】A 公司购入专用工具一批，取得增值税专用发票，买价为 80 000 元，增值税为 10 400 元，以银行存款支付货款。

借：周转材料——低值易耗品 　　　　　　　　80 000
　　应交税费——应交增值税(进项税额) 　　　　10 400
　　　贷：银行存款 　　　　　　　　　　　　　　　　　　90 400

2) 低值易耗品摊销的核算

低值易耗品从仓库领用发出直到报废以前，可在生产过程中反复使用，其损耗的价值需要采用一定的摊销方法分期计入成本、费用。低值易耗品摊销的方法有以下两种。

(1) 一次摊销法，是指在领用低值易耗品时，就将其价值一次全部计入当期的成本、费用中的摊销方法。这种摊销方法核算简单，但若领用的低值易耗品价值较大，会使当期成本、费用增高，不利于成本费用的均衡性。这种方法主要适用于一次领用数量不多、价值较低、使用期限较短或者容易破损的低值易耗品的摊销。

【例 4-13】A 公司生产车间领用专用工具一批，计划成本为 1 300 元；厂部管理部门领用办公用品一批，计划成本为 1 100 元，当月材料成本差异为 2%。A 公司编制会计分录如下。

借：制造费用 　　　　　　　　　　　　　　　1 300
　　管理费用 　　　　　　　　　　　　　　　　1 100
　　　贷：周转材料——低值易耗品 　　　　　　　　　2 400
分摊材料成本差异，
借：制造费用 　　　　　　　　　　　　　　　　26
　　管理费用 　　　　　　　　　　　　　　　　22
　　　贷：材料成本差异——低值易耗品 　　　　　　　　48

低值易耗品报废时，将其残料价值冲减当月低值易耗品的摊销额，借记"原材料"等科目，贷记"制造费用""管理费用"等科目。

(2) 分次摊销法，是指低值易耗品在领用时摊销其账面价值的单次平均摊销额。该方法适用于可供反复使用的低值易耗品。在采用分次摊销法的情况下，需要单独设置"周转材料——低值易耗品——在用""周转材料——低值易耗品——在库""周转材料——低值易耗品——摊销"明细科目。

【例4-14】A公司基本生产车间领用专用工具一批，实际成本为10 000元，采用分次摊销法进行摊销。该专用工具估计使用次数为2次。A公司编制会计分录如下。

① 领用专用工具

借：周转材料——低值易耗品——在用　　　　　10 000
　　　贷：周转材料——低值易耗品——在库　　　　　　　　10 000

② 第一次领用时摊销其价值的一半

借：制造费用　　　　　　　　　　　　　　　 5 000
　　　贷：周转材料——低值易耗品——摊销　　　　　　　　 5 000

③ 第二次领用时摊销其价值的一半

借：制造费用　　　　　　　　　　　　　　　 5 000
　　　贷：周转材料——低值易耗品——摊销　　　　　　　　 5 000

④ 同时注销账面记录

借：周转材料——低值易耗品——摊销　　　　　10 000
　　　贷：周转材料——低值易耗品——在用　　　　　　　　10 000

在本例中，由于采用实际成本核算，需要说明：一是在领用低值易耗品时，应在"周转材料——低值易耗品"明细科目中进行结转，由"在库"转为"在用"；二是在第二次摊销低值易耗品时，由于已经全部摊销完毕，因此，需要将"周转材料——低值易耗品"明细科目中的"摊销"明细科目与"在用"明细科目的借方余额互相抵销，从而结平"周转材料——低值易耗品"明细科目的余额，使其余额为0。

二、包装物

(一)包装物的概念和核算范围

包装物是指企业在生产过程中为了包装本企业商品而储备的各种包装容器，如桶、箱、瓶、坛、袋等。

包装物的范围如下：

(1) 生产过程中用于包装产品作为产品组成部分的包装物。

(2) 随同商品出售而不单独计价的包装物。

(3) 随同商品出售而单独计价的包装物。

(4) 出租或出借给购买单位使用的包装物。

(二)包装物的核算

1. 科目设置

为了反映和监督包装物的收发、领退和保管情况，企业应设置"周转材料——包装物"科目，用于核算企业库存的各种包装物的实际成本或计划成本。该科目属于资产类科目，借方登记验收入库包装物的成本，贷方登记发出包装物的成本，期末借方余额反映企业库存用包装物的成本。

包装物采用计划成本核算的企业，还应将发出包装物的计划成本调整为实际成本。包装物收发等应分摊的成本差异，应通过"材料成本差异"科目核算。

2. 账务处理

1) 包装物收入的核算

包装物入库(包括外购、自制、委托加工完成等)的核算，不论是按实际成本计价还是按计划成本计价，均与原材料收入的核算基本相同。

【例 4-15】A 公司从外部购入一批包装箱，取得增值税专用发票，买价为 5 000 元，增值税税额为 650 元，价款以银行存款支付。

借：周转材料——包装物   5 000
  应交税费——应交增值税(进项税额) 650
  贷：银行存款   5 650

2) 包装物发出的核算

企业发出包装物的核算应按发出包装物的不同途径分别进行不同的处理。

(1) 生产过程中领用包装物的核算。生产过程中领用的包装物，在包装产品后，就成为产品的一部分，因此，应将包装物的成本计入产品的生产成本。应按领用包装物的实际成本(或计划成本，下同)计入产品生产成本，借记"生产成本"科目，贷记"周转材料——包装物"科目。

【例 4-16】A 公司生产车间为包装产品，领用包装物一批，计划成本为 3 500 元，材料成本差异率为 1%。A 公司编制会计分录如下。

借：生产成本——基本生产成本   3 535
  贷：周转材料——包装物   3 500
    材料成本差异——包装物   35

(2) 随同商品出售但不单独计价的包装物的核算。随同商品出售但不单独计价的包装物，其发出主要是为了确保销售商品的质量或提供较为良好的销售服务，因此，应将这部分包装物的成本作为企业发生的销售费用处理。应于包装物发出时，借记"销售费用"科目，贷记"周转材料——包装物"科目。

【例 4-17】A 公司在商品销售过程中领用包装物一批，计划成本为 2 300 元，材料成本差异率为 1%，该批包装物随同商品出售而不单独计价。A 公司编制会计分录如下。

借：销售费用   2 323
  贷：周转材料——包装物   2 300
    材料成本差异——包装物   23

(3) 随同商品出售并单独计价包装物的核算。包装物随同商品出售并单独计价，实际上就是出售包装物，其账务处理与出售原材料相同。出售包装物取得的收入记入"其他业务收入"科目，出售包装物的成本记入"其他业务成本"科目。

【例 4-18】A 公司在商品销售过程中领用包装物一批，实际成本为 4 000 元，该批包装物随同商品出售，单独计算售价为 4 800 元，应收取的增值税税额为 624 元，款项已收到。A 公司编制会计分录如下。

取得出售包装物收入时，

借：银行存款　　　　　　　　　　　　　　　　　5 424

　　贷：其他业务收入——材料销售　　　　　　　　　　4 800

　　　　应交税费——应交增值税(销项税额)　　　　　　　624

结转出售包装物时，

借：其他业务成本——材料销售　　　　　　　　　　4 000

　　贷：周转材料——包装物　　　　　　　　　　　　4 000

(4) 包装物出租出借的核算。企业对于一些可周转使用的包装物，一般采用出租或出借的方式提供给客户使用，并要求客户用完后归还。出租包装物可以取得租金收入，作为企业的其他业务收入，与之对应的出租包装物成本及修理费用，应作为租金收入的减项列入企业的其他业务成本。

企业出借包装物，因不向客户收取费用，没有业务收入，所以出借包装物的成本及修理费用作为企业的销售费用处理。企业为了督促客户能按时归还包装物，不论采用出租还是出借方式，一般都收取包装物押金，包装物押金应通过"其他应付款"科目核算。

【例 4-19】A 公司销售商品时，出租包装箱 10 个，每个成本 50 元，押金按每个 60 元收取，存入银行。本月收回包装物，收取包装箱租金 226 元(其中增值税 26 元)，从押金中扣除，其余以现金退回。包装物价值于领用时一次摊销。A 公司编制会计分录如下。

① 结转发出包装物的成本

借：其他业务成本　　　　　　　　　　　　　　　　500

　　贷：周转材料——包装物　　　　　　　　　　　　500

② 收到押金

借：银行存款　　　　　　　　　　　　　　　　　　600

　　贷：其他应付款——存入保证金——某单位　　　　600

③ 退还押金并扣除租金

借：其他应付款——存入保证金——某单位　　　　　600

　　贷：其他业务收入——包装物出租　　　　　　　　200

　　　　应交税费——应交增值税(销项税额)　　　　　　26

　　　　银行存款　　　　　　　　　　　　　　　　　374

【例 4-20】A 公司销售商品时，随产品销售出借铁桶 20 只，每只成本 20 元，押金按每只 25 元收取，存入银行。铁桶按时收回，押金退还。A 公司编制会计分录如下。

① 领用出借铁桶时

借：销售费用　　　　　　　　　　　　　　　　　　400

　　贷：周转材料——包装物　　　　　　　　　　　　400

② 收到押金时

借：银行存款　　　　　　　　　　　　　　　　　　500

　　贷：其他应付款——存入保证金——某单位　　　　500

③ 退还押金时

借：其他应付款——存入保证金——某单位　　　　　500

　　贷：银行存款　　　　　　　　　　　　　　　　　500

第六节　存货的期末计价

一、存货的期末计价概述

按照最新会计准则规定，企业对期末存货的计价方法应采用成本与可变现净值孰低法。采用成本与可变现净值孰低法计价，就是当存货的可变净值低于成本时，把其差额作为一项损失从存货价值中抵销，列入当期损益，使存货账面价值表现为可变现净值；当存货的可变现净值高于成本时，并不把其差额作为一项收益调增存货价值，存货的账面价值仍表现为历史成本。所以，这种计价方法是一种计算期末存货价值的稳健方法。

成本与可变现净值孰低法是指对期末存货按照成本与可变现净值两者之中较低者计价的方法。即当成本低于可变现净值时，存货按成本计价；当可变现净值低于成本时，存货按可变现净值计价。

成本与可变现净值孰低法中的"成本"是指存货的历史成本，即按前面所介绍的以历史成本为基础的存货计价方法计算的期末存货价值；"可变现净值"是指企业在正常经营过程中，以估计售价减去估计完工成本以及销售所必需的估计费用的价值。在估计可变现净值时，还应当考虑持有存货的其他因素。

二、成本与可变现净值比较的基本方法

(一)单项比较法

单项比较法是指对存货中每一种存货的成本和可变现净值逐项进行比较，每项存货均取较低者再确定存货的期末价值。

(二)分类比较法

分类比较法是指按存货类别比较其成本和可变现净值，每类存货取其较低者来确定存货的期末价值。

(三)总额比较法

总额比较法是指按全部存货的总成本与可变现净值总额进行比较，以较低者作为期末全部存货的价值。

我国现行会计制度规定，存货跌价准备应按单个存货项目的成本与可变现净值计量，如果某些存货具有类似用途并与在同一地区生产和销售的产品系列相关，且实际难以将其与该产品系列的其他项目区分开来进行估价，可以合并计量成本与可变现净值；对于数量繁多、单价较低的存货，可以按存货类别计量成本与可变现净值。

三、科目设置

(一)"存货跌价准备"科目

在备抵法下，企业应设置"存货跌价准备"科目，用于核算企业提取的存货跌价准备。该科目属于资产类科目，贷方登记存货可变现净值低于成本的差额，借方登记已计提跌价准备的存货价值以后又得以恢复的金额和其他原因冲减已计提跌价准备的金额，该科目贷方余额反映企业已提取的存货跌价准备。

"存货跌价准备"科目是有关存货科目的抵减调整科目，有关存货科目的期末借方余额减去"存货跌价准备"科目的期末贷方余额，即为期末存货的价值。

(二)"资产减值损失"科目

该科目核算企业计提各项减值准备所形成的损失，属于损益类科目。借方登记提取各项准备金而增加的损失，贷方登记冲减或冲销准备金而减少的损失，期末应将该科目余额转入"本年利润"科目，结转后该科目无余额。该科目应按资产减值损失的项目进行明细核算。

四、账务处理

期末存货采用成本与可变现净值孰低法计价，如果成本低于可变现净值，则不需要做账务处理，因为存货账上原来就是按历史成本反映的；如果可变现净值低于成本，其差额为存货跌价损失，应进行有关的账务处理，把期末存货调整为按可变现净值反映。现行会计制度规定企业应采用备抵法进行账务处理。

当企业存在下列情况之一时，应当计提存货跌价准备。

(1) 市价持续下跌，并且在可预见的未来无回升的希望。

(2) 企业使用该项原材料生产的产品成本大于产品的销售价格。

(3) 企业因产品更新换代，原有库存原材料已不适应新产品的需要，而该原材料的市场价格又低于其账面成本。

(4) 因企业所提供的商品或劳务过时或消费者偏好改变而使市场的需求发生变化，导致市场价格逐渐下跌。

(5) 其他足以证明该项存货实质上已经发生减值的情形。

企业在每一会计期末计提存货跌价准备时，首先要比较期末存货的成本与可变现净值，计算出计提的跌价准备数额，然后与"存货跌价准备"科目的余额比较，若应计提数大于已计提数，应予补提，表明前已计提跌价准备的存货价值以后得以部分恢复，应按恢复部分的数额，冲减已计提数；若已计提跌价准备的存货价值以后全部恢复，其冲减的跌价准备金额应以"存货跌价准备"科目的余额冲减至零为限。

当企业存在以下一项或若干情况时，应将存货账面价值全部转入当期损益：

(1) 已霉烂变质存货。

(2) 已过期且无转让价值的存货。

(3) 生产中已不再需要，并且已无使用价值和转让价值的存货。

(4) 其他足以证明已无使用价值和转让价值的存货。

企业当期发生上述情况时，应按存货的账面价值，借记"资产减值损失"科目；按已计提的存货跌价准备，借记"存货跌价准备"科目；按存货的账面余额，贷记"库存商品"等科目。

(1) 企业计提存货跌价准备时

借：资产减值损失

     贷：存货跌价准备

(2) 企业将存货账面价值全部转入当期损益时

借：资产减值损失

    存货跌价准备

     贷：库存商品

企业计提了存货跌价准备，如果其中有部分存货已经销售，则企业在结转成本时，应同时结转对其已计提的存货跌价准备。发出存货结转存货跌价准备的，借记"存货跌价准备"科目，贷记"主营业务成本""生产成本"等科目。

【例 4-21】A 公司采用成本与可变现净值孰低法进行期末存货的核算，并运用备抵法进行相应的账务处理。假设企业在 2016 年年末开始计提存货跌价准备，有关年度某商品存货的资料如表 4-5 所示。

表 4-5 存货资料

单位：元

日 期	历史成本	可变现净值
2016 年 12 月 31 日	150 000	146 800
2017 年 12 月 31 日	186 700	183 100
2018 年 12 月 31 日	153 000	150 150
2019 年 12 月 31 日	130 000	129 000
2020 年 12 月 31 日	168 300	172 000

其中：2019 年 6 月 30 日，对 15 000 元已过期且无转让价值的商品作出处理。

A 公司账务处理如下。

2016 年年末，应计提的存货跌价准备为：

150 000-146 800=3 200(元)

编制会计分录如下。

借：资产减值损失——计提的存货跌价准备   3 200

     贷：存货跌价准备   3 200

2017 年年末，应计提的存货跌价准备为：

186 700-183 100=3 600(元)

应补提的存货跌价准备为：

3 600-3 200=400(元)

编制会计分录如下。

借：资产减值损失——计提的存货跌价准备　　　　　　　400

　　贷：存货跌价准备　　　　　　　　　　　　　　　　　　　400

2018 年年末，应计提的存货跌价准备为：

153 000-150 150=2 850(元)

应冲销已计提的存货跌价准备为：

3 600-2 850=750(元)

编制会计分录如下。

借：存货跌价准备　　　　　　　　　　　　　　　　750

　　贷：资产减值损失——计提的存货跌价准备　　　　　　750

2019 年 6 月 30 日，对已过期且无转让价值的商品作出处理。编制会计分录如下。

借：资产减值准备——计提的存货跌价准备　　　12 150

　　存货跌价准备　　　　　　　　　　　　　　　2 850

　　贷：库存商品　　　　　　　　　　　　　　　　　　15 000

2019 年年末，应计提的存货跌价准备为：

130 000-129 000=1 000(元)

编制会计分录如下。

借：资产减值损失——计提的存货跌价准备　　　1 000

　　贷：存货跌价准备　　　　　　　　　　　　　　　　1 000

2020 年年末，因为可变现净值大于成本，所以应冲销已计提的存货跌价准备为 1 000 元。编制会计分录如下。

借：存货跌价准备　　　　　　　　　　　　　　　1 000

　　贷：资产减值损失——计提的存货跌价准备　　　　　1 000

在资产负债表中，"存货"项目按照减去存货跌价准备后的净额反映。

第四章习题

第五章

金融资产

【学习目标】

1. 了解金融资产的含义和分类；
2. 掌握交易性金融资产的核算；
3. 掌握债权投资的核算；
4. 掌握其他债权投资的核算；
5. 掌握其他权益工具投资的核算。

【学习重点】

1. 交易性金融资产的账务处理；
2. 债权投资的账务处理；
3. 其他债权投资的账务处理；
4. 其他权益工具投资的账务处理。

【学习难点】

1. 交易性金融资产公允价值变动的账务处理；
2. 债权投资利息调整的账务处理。

【任务导入】

任务资料：甲公司 2020 年 5 月 10 日以 240 万元购入乙公司股票 30 万股，并作为交易性金融资产，另支付手续费 5 万元，增值税税率为 6%；6 月 30 日该股票每股市价为 7.5 元；8 月 10 日乙公司宣告分派现金股利，每股 0.2 元；8 月 20 日甲公司收到分派的现金股利；至 12 月 31 日，甲公司仍持有该交易性金融资产，期末每股市价 8.5 元。2021 年 1 月 5 日甲公司以 250 万元出售该交易性金融资产。假定甲公司每年 6 月 30 日和 12 月 31 日对外提供财务报告。

任务目标：编制甲公司与交易性金融资产业务相关的会计分录。

第一节 金融资产概述

一、金融资产的概念

金融资产，是指企业持有的现金、其他方的权益工具以及符合下列条件之一的资产。

(1) 从其他方收取的现金或其他金融资产的合同权利。如企业的银行存款、应收账款、应收票据和贷款等均属于金融资产。而预付账款因其产生的经济利益是商品或者服务，不是收取现金或其他金融资产的权利，因而预付账款不是金融资产。

(2) 在潜在有利条件下，与其他方交换金融资产或金融负债的合同权利。如企业持有的看涨或看跌期权等。

(3) 近来须用或可用企业自身权益工具进行结算的非衍生工具合同，且企业根据该合同将收到可变数量的自身权益工具。

(4) 将来须用或可用企业自身权益工具进行结算的衍生工具合同，但以固定数量的自身权益工具交换固定金额的现金或其他金融资产的衍生工具合同除外。其中，企业自身权益工具不包括应当按照《企业会计准则第 37 号——金融工具列报》分类为权益工具的可回售工具或发行方仅在清算时才有义务向另一方按比例交付其净资产的金融工具，也不包括本身就要求在未来收取或交付企业自身权益工具的合同。

由此可见，金融资产主要包括库存现金、银行存款、应收账款、应收票据、贷款、垫款、其他应收款、应收利息、债券投资、股权投资等。本章中金融资产不包括货币资金、长期股权投资，货币资金相关内容已在第二章讲述，长期股权投资相关内容将在第六章讲述。

二、金融资产的分类

1. 以摊余成本计量的金融资产

如果企业管理该金融资产的业务模式是以收取合同现金流量为目标，而且该金融资产的合同条款规定，在特定日期产生的现金流量，仅以对本金和以未偿付本金金额为基础的利息的支付，则这部分金融资产分类为以摊余成本计量的金融资产。

企业应当设置"银行存款""其他货币资金""买入返售金融资产""应收票据""应收账款""债券投资"等账户核算此类金融资产。

2. 以公允价值计量且其变动计入其他综合收益的金融资产

如果企业管理该金融资产的业务模式既以收取合同现金流量为目标又以出售该金融资产为目标，而且该金融资产的合同条款规定，在特定日期产生的现金流量，仅为对本金和以偿付本金金额为基础的利息的支付，那么这部分金融资产应当分类为以公允价值计量且变动计入其他综合收益的金融资产。有些债券投资就具有这样的双重目标，比如，企业持有的普通债券的合同现金流量是得到收回本金及按约定利率在合同期内按时收取固定利率或浮动利率。为了与"以摊余成本计量的金融资产"中的债权投资区分开，企业应当设置"其他债权投资"账户核算。

3. 以公允价值计量且其变动计入当期损益的金融资产

除去上述 1 类和 2 类之外的金融资产，企业应当将其分类为以公允价值计量且变动计入当期损益的金融资产。

企业应当设置"交易性金融资产"账户核算以公允价值计量且其变动计入当期损益的金融资产。

第二节　交易性金融资产

一、交易性金融资产概述

以公允价值计量且其变动计入当期损益的金融资产称为"交易性金融资产"。它是指企业为了近期内出售而持有的金融资产，如企业以赚取差价为目的从二级市场购入的股票、债券、基金等。

企业应当设置"交易性金融资产""公允价值变动损益""投资收益"等科目，核算交易性金融资产的取得、收取现金股利或利息、处置等交易或事项。

"交易性金融资产"科目核算企业为交易目的所持有的债券投资、股票投资、基金投资等交易性金融资产的公允价值。该科目属于资产类科目，借方登记取得的交易性金融资产的成本，以及资产负债表日其公允价值高于账面余额的差额等；贷方登记资产负债表日其公允价值低于账面余额的差额，以及企业出售交易性金融资产时结转的成本和公允价值变动损益；余额在借方，表示期末交易性金融资产的公允价值。其明细账分别按"成本"和"公允价值变动"设置。

"公允价值变动损益"科目核算企业交易性金融资产等的公允价值变动而形成的应计入当期损益的利得或损失。"公允价值变动损益"科目借方登记资产负债表日企业持有的交易性金融资产公允价值低于账面余额的差额；贷方登记资产负债表日企业持有的交易性金融资产公允价值高于账面余额的差额；期末，应将本科目余额转入"本年利润"科目，结转后该科目无余额。

"投资收益"科目核算企业持有交易性金融资产等期间取得的投资收益以及处置交易

性资产等实现的投资收益或投资损失。该科目属于损益类，借方登记企业出售交易性金融资产等发生的投资损失；贷方登记企业出售交易性金融资产等实现的投资收益；期末，应将本科目余额转入"本年利润"科目，结转后本科目无余额。按投资项目进行明细核算。

二、交易性金融资产的取得

企业取得交易性金融资产时，应按其公允价值计入交易性金融资产成本。如果购买价格中包括已宣告发放但尚未发放的现金股利或已到付息期但尚未领取的债权利息，单独确认为应收项目，记入"应收利息"或"应收股利"账户。支付的交易费用(如印花税、手续费、佣金等)应当在发生时计入当期损益，冲减投资收益。

【例 5-1】2020 年 1 月 5 日，南方公司从二级市场购入 A 公司发行的债券 408 000 元(含已到付息期但尚未支取的债券利息 8 000 元)，另支付交易手续费及印花税等 6 000 元，取得增值税专用发票上注明的增值税税额为 360 元，款项以存入证券公司投资款付讫。该债券面值 400 000 元，剩余期限为 2 年，票面年利率为 4%，每半年付息一次，南方公司将其划分为交易性金融资产。购入时，应进行的会计处理如下。

借：交易性金融资产——成本　　　　　　　　400 000
　　应收利息　　　　　　　　　　　　　　　　8 000
　　投资收益　　　　　　　　　　　　　　　　6 000
　　应交税费——应交增值税(进项税额)　　　　 360
　　贷：其他货币资金——存出投资款　　　　　　　　　414 360

三、交易性金融资产持有期间股利、利息的处理

持有交易性金融资产期间被投资单位宣告发放现金股利时，应确认为投资收益，并作应收股利处理；对于收到的属于取得交易性金融资产支付价款中包含的已宣告发放的现金股利，应直接冲减应收股利。

在资产负债表日确认的分期付息债券利息，应将其作为投资收益处理，同时，确认应收利息；对于收到的属于取得交易性金融资产支付价款中包含的已宣告发放的债券利息，应直接冲减应收利息。

【例 5-2】资料承例 5-1。2020 年 2 月 5 日，南方公司收到该债券 2019 年下半年利息 8 000 元，存入银行。会计处理如下。

借：其他货币资金——存出投资款　　　　　　8 000
　　贷：应收利息　　　　　　　　　　　　　　　　8 000

四、交易性金融资产的期末计价

交易性金融资产在资产负债表日应按当日各项交易性金融资产的公允价值计价，并对交易性金融资产账面价值进行调整。

资产负债表日，交易性金融资产的公允价值高于其账面余额时，应按二者之间的差额，调增交易性金融资产的账面余额，同时确认公允价值上升的收益，借记"交易性金融资

产——公允价值变动"科目,贷记"公允价值变动损益"科目;交易性金融资产的公允价值低于其账面余额时,应按二者之间的差额,调减交易性金融资产的账面余额,同时确认公允价值下跌的损失,借记"公允价值变动损益"科目,贷记"交易性金融资产——公允价值变动"科目。

【例5-3】资料承例5-1。2020年6月30日,南方公司持有A公司债券的公允价值为460 000元(不含利息),债券变动收益为60 000元。该日确认的债券投资收益为8 000元,并于次月10日收讫。南方公司的会计处理如下。

(1) 确认债券公允价值变动

借:交易性金融资产——公允价值变动　　　　　　　　60 000

　　贷:公允价值变动损益　　　　　　　　　　　　　　　　60 000

同时,确认债券投资收益,

借:应收利息　　　　　　　　　　　　　　　　　　　8 000

　　贷:投资收益　　　　　　　　　　　　　　　　　　　　8 000

(2) 次月收到半年利息

借:其他货币资金——存出投资款　　　　　　　　　　8 000

　　贷:应收利息　　　　　　　　　　　　　　　　　　　　8 000

【例5-4】资料承例5-1。2020年12月31日,南方公司持有债券的公允价值为440 000元(不含利息)。该日确认的债券投资收益为8 000元,并于2021年1月10日收讫。南方公司的会计处理如下。

(1) 2020年12月31日确认债券公允价值变动

借:公允价值变动损益　　　　　　　　　　　　　　　20 000

　　贷:交易性金融资产——公允价值变动　　　　　　　　　20 000

同时,确认债券投资收益,

借:应收利息　　　　　　　　　　　　　　　　　　　8 000

　　贷:投资收益　　　　　　　　　　　　　　　　　　　　8 000

(2) 2021年1月10日收到利息

借:银行存款　　　　　　　　　　　　　　　　　　　8 000

　　贷:应收利息　　　　　　　　　　　　　　　　　　　　8 000

五、交易性金融资产出售

交易性金融资产出售时,根据收到的价款增加银行存款,同时注销交易性金融资产的账面余额,如有差额计入投资收益。由于原计入公允价值变动的损益已经实现,应作为投资收益处理,并应将已计入该项交易性金融资产的公允价值变动转出。

出售交易性金融资产时,应按实际收到的处置价款,借记"其他货币资金"科目,按该交易性金融资产的初始成本,贷记"交易性金融资产——成本"科目,按该项交易性金融资产的公允价值变动,贷记或借记"交易性金融资产——公允价值变动"科目,按其差额,贷记或借记"投资收益"科目。

【例5-5】资料承例5-1至例5-4。2021年3月31日,南方公司将该债券出售,取得价款 472 000 元(含一季度利息 4 000 元)。南方公司的会计处理如下。

(1) 确认 2021 年 1 月至 3 月的利息

借：应收利息　　　　　　　　　　　　　　　　4 000

　　贷：投资收益　　　　　　　　　　　　　　　　　　4 000

(2) 出售债券

借：其他货币资金——存出投资款　　　　　　　472 000

　　贷：交易性金融资产——成本　　　　　　　　　　400 000

　　　　　　　　　　　——公允价值变动　　　　　　40 000

　　　　投资收益　　　　　　　　　　　　　　　　28 000

　　　　应收利息　　　　　　　　　　　　　　　　 4 000

(3) 转让金融资产应交增值税

金融产品转让按照出价扣除买入价(不需要扣除已经宣告尚未发放的现金股利和已到付息期尚未领取的利息)后的余额作为销售额计算增值税，即转让金融产品按盈亏相抵后的余额作为销售额。若相抵后出现负差，可结转下一纳税期与下期转让金融商品的销售额互抵，但年末时仍出现负差的，不结转下一会计年度。

转让金融资产当月月末，如产生转让收益，则按应纳税额借记"投资收益"账户，贷记"应交税费——转让金融商品应交增值税"账户；如产生转让损失，则按照可结转下月抵扣税额，借记"应交税费——转让金融商品应交增值税"账户，贷记"投资收益"账户。

年末，如果"应交税费——转让金融商品应交增值税"账户有借方余额，说明年度的金融商品转让损失无法弥补，且本年度的金融资产转让损失不可转入下年度继续抵减转让金融资产的收益，因此，应将"应交税费——转让金融商品应交增值税"账户的余额转出，则借记"投资收益"账户，贷记"应交税费——转让金融商品应交增值税"账户。

【例 5-6】资料承例 5-1 至例 5-5，计算该项业务转让金融商品应交增值税。

转让金融商品应交的增值税=(472 000-408 000)÷(1+6%)×6%=3 622.64

借：投资收益　　　　　　　　　　　　　　　　3 622.64

　　贷：应交税费——转让金融商品应交增值税　　　　　3 622.64

第三节　债　权　投　资

一、债权投资概述

债权投资，是指到期日固定、回收金额固定或可确定，且企业有明确意图和能力持有至到期的非衍生金融资产。通常情况下，企业持有的在活跃市场上有公开报价的有固定利率的国债、浮动利率的企业债券、金融债券等，可以划分为债权投资。债权投资通常具有长期性质，但期限较短，符合持有至到期条件的，也可以将其划分为债权投资。

债权投资具有如下特征。

(1) 到期日固定、回收金额固定或可确定。指相关合同明确了投资者在确定的期间内获得或应收取现金流量(如投资利息和本金等)的金额和时间。

(2) 有明确意图持有至到期。指投资者在取得投资时意图就是明确的，除非遇到一些企业所不能控制、预期不会重复发生且难以合理预计的独立事件，否则将持有至到期。

(3) 有能力持有至到期。指企业有足够的财力资源，并不受外部因素影响将投资持有至到期。

企业将某项金融资产划分为债权投资后，则一般不能随意地改变其管理该项金融资产的业务模式，如果改变，就应当按照规定对该项已确认的债权投资进行重分类。

二、债权投资的会计处理

为了核算持有债权投资的取得、计息、处置等业务，企业应设置"债权投资"科目，该科目属于资产类科目。企业应当按照持有的债权投资的类别和品种，分别设置"成本""利息调整""应计利息"等科目进行明细核算。

"成本"明细科目用来核算企业购入债权投资的面值，购入时记入借方，收回、出售时记入贷方，余额在借方，反映债权投资的面值。

"利息调整"明细科目用来核算资产负债表日按票面利率计算确定的应收未收利息与按债权投资摊余成本和实际利率计算确定的利息收入差额。此外，取得债权投资时支付的交易费用以及在购买时产生的溢折价等也在本科目核算。

"应计利息"明细科目用来核算到期一次还本付息的债券在资产负债表日按面值和票面利率计算的应收利息，贷方登记收回的利息，余额在借方，反映应收而未收的利息。

此外，如果为分期付息、到期一次还本的债权投资，则应按票面利率计算确定的应收未收利息，记入"应收利息"科目。

债权投资的会计处理，着重于该金融资产的持有者打算"持有至到期"，未到期前通常不会出售或重分类。因此，持债权投资的会计处理主要解决该金融资产实际利率的计算、摊余成本的确定、持有至到期的收益确认及将其处置时损益的处理。

(1) 企业取得债权投资，应按该投资的面值，借记"债权投资——成本(面值)"科目；按支付的价款中包含的已到付息期但尚未领取的利息，借记"应收利息"科目；按实际支付的金额，贷记"银行存款"等科目；按其差额，借记或贷记"债权投资——利息调整"科目。

(2) 资产负债表日，债权投资为分期付息、到期一次还本的债券，应按票面利率计算确定的应收未收利息，借记"应收利息"科目；按债权投资摊余成本和实际利率计算确定的利息收入，贷记"投资收益"科目；按其差额，借记或贷记"债权投资——利息调整"科目。

债权投资为一次还本付息的债券，应于资产负债表日按票面利率计算确定的应收未收利息，借记"债权投资——应计利息"科目；按债权投资摊余成本和实际利率确定的利息收入，贷记"投资收益"科目；按其差额，借记或贷记"债权投资——利息调整"科目。

(3) 出售债权投资，应按实际收到的金额，借记"银行存款"科目；贷记"债权投资——成本、利息调整、应计利息"科目；按其差额，贷记或借记"投资收益"科目。已计提减值准备的，还应同时结转减值准备。

【例 5-7】A 公司于 2020 年 1 月 1 日从证券市场购入甲公司于 2019 年 1 月 1 日发行的

债券，该 4 年期债券票面利率为 4%，每年 1 月 5 日支付上年度的利息，到期日为 2023 年 1 月 1 日，到期日一次归还本金和最后一次利息。A 公司购入债券的面值为 1 000 万元，实际支付价款为 992.77 万元，另支付相关费用 20 万元。A 公司购入后将其划分为债权投资。购入债券的实际利率为 5%，现假定按年计提利息。A 公司从 2020 年 1 月 1 日至 2023 年 1 月 1 日的会计处理如下(以万元为单位)。

应收利息=面值×票面利率

投资收益=债券期初摊余成本×实际利率

债权投资——利息调整，即"应收利息"和"投资收益"的差额。

(1) 2020 年 1 月 1 日取得投资时

借：债权投资——成本   1 000

    应收利息   40

    贷：银行存款   1 012.77

        债权投资——利息调整   27.23

(2) 2020 年 1 月 5 日收取利息时

借：银行存款   40

    贷：应收利息   40

(3) 2020 年 12 月 31 日计息时

应收利息=1 000×4%=40(万元)

债权投资的账面余额=1 000-27.23=972.77(万元)

应确认的投资收益=972.77×5%=48.64(万元)

债权投资——利息调整=48.64-40=8.64(万元)

借：应收利息   40

    债权投资——利息调整   8.64

    贷：投资收益   48.64

(4) 2021 年 1 月 5 日收到利息时

借：银行存款   40

    贷：应收利息   40

(5) 2021 年 12 月 31 日计息时

应收利息=1 000×4%=40(万元)

期初摊余成本=972.77+8.64=981.41(万元)

应确认的投资收益=981.41×5%=49.07(万元)

债权投资——利息调整=49.07-40=9.07(万元)

借：应收利息   40

    债权投资——利息调整   9.07

    贷：投资收益   49.07

(6) 2022 年 1 月 5 日收息时

借：银行存款   40

    贷：应收利息   40

(7)　2022 年 12 月 31 日计息时

应收利息=1 000×4%=40(万元)

期初摊余成本=981.41+9.07=990.48(万元)

应确认的投资收益=990.48×5%=49.52(万元)

债权投资——利息调整=49.52-40=9.52(万元)

或者到期 27.23-8.64-9.07=9.52(万元)

借：应收利息 40

　　债权投资——利息调整 9.52

　　贷：投资收益 49.52

(8)　2023 年 1 月 1 日收回本金和利息

借：银行存款 1 040

　　贷：债权投资——成本 1 000

　　　　应收利息 40

第四节　其他债权投资

一、其他债权投资概述

其他债权投资，是指以公允价值计量且其变动计入其他综合收益的金融资产(债券投资)。企业购入债券，如果同时具备以下两个条件，则应作为其他债权投资：①以收取合同现金流量和出售金融资产为目标；②该金融资产的合同条款规定，在特定日期产生的现金流量，仅是本金和利息(即以未偿付本金金额为基础计算的利息)。

二、其他债权投资的会计处理

企业应设置"其他债权投资"账户，该账户属于资产类账户，核算企业以公允价值计量且其变动计入其他综合收益的金融资产(债券投资)，企业应设置"成本""利息调整""公允价值变动"明细账户进行明细核算。

1. 其他债权投资的初始计量

企业购入以公允价值计量且其变动计入其他综合收益的金融资产(债券投资)，按照该金融资产的公允价值与相关交易费用之和作为初始确认金额。企业取得金融资产支付的价款中包含的已到付息期但尚未发放的债券利息，应当单独确认为应收项目。

企业购进作为其他债权投资时，按债券面值和交易费用，借记"其他债权投资——成本"账户，购入时支付的交易费用，取得增值税专用发票的，应将可以抵扣的增值税记入"应交税费——应交增值税(进项税额)"账户，支付的价款中包含的已到付息期但尚未发放的债券利息，记入"应收利息"账户。按实际支付的价款，贷记"其他货币资金"等账户，差额记入"其他债权投资——利息调整"账户。

2. 其他债权投资的后续计量

持有期间，其他债权投资，企业除了获得的利得和损失，除减值损失(利得)或汇兑损益之外，均计入其他综合收益，直至该金融资产终止确认或被重分类。采用实际利率法计算的金融资产的利息应当计入当期损益。该金融资产计入各期损益的金额应当与按摊余成本计量而计入各期损益的金额相等。

当该金融资产终止确认时，之前计入其他综合收益的累计利得或损失应当从其他综合收益中转出，计入当期损益。

资产负债表日，其他债权投资公允价值发生变动，应记入"其他综合收益"账户，当公允价值上升时，借记"其他债权投资——公允价值变动"账户，贷记"其他综合收益——其他债权投资公允价值变动"账户，当公允价值下降时，则做相反的会计分录。

3. 其他债权投资处置

企业持有其他债权投资期间，确认债券利息收入时，应借记"应收利息"账户，贷记"投资收益"账户，实际收到时，应借记"其他货币资金"等账户，贷记"应收利息"账户。

企业出售其他债权投资时按实际收到的价款借记"其他货币资金"等账户，按其他债权投资的账面价值，贷记"其他债权投资——成本""其他债权投资——公允价值变动""其他债权投资——利息调整"账户，实际价款与账面价值的差额，借记或贷记"投资收益"账户；同时，将计入其他综合收益的累计利得或损失，从其他综合收益中转出，计入当期收益，借记或贷记"其他综合收益——其他债权投资公允价值变动"账户，贷记或借记"投资收益"账户；同时要计算转让金融商品应交增值税，其账务处理与转让交易性金融资产应交增值税处理相同。

【例 5-8】2020 年 1 月 1 日，南方公司支付价款 1 000 万元(含交易费)从活跃市场购入甲公司 5 年期债券，面值 1 250 万元，票面利率 4.72%，按年支付利息(即每年 59 万元)，本金最后一次支付。合同约定，甲公司在遇到特定情况时可以将债券赎回，且不需要为提前赎回支付额外款项，南方公司按其业务管理模式和合同现金流量特征，将其划分为以公允价值计量且其变动计入其他综合收益的金融资产。不考虑所得税等因素(该债券实际利率为 10%)。

(1) 2020 年 12 月 31 日，甲公司债券的公允价值为 1 200 万元(不含利息)。

(2) 2021 年 12 月 31 日，甲公司债券的公允价值为 1 260 万元(不含利息)。

(3) 2022 年 12 月 31 日，甲公司债券的公允价值为 1 280 万元(不含利息)。

(4) 2023 年 1 月 10 日，南方公司将甲公司债券全部出售，实际得到价款 1 300 万元。

南方公司的账务处理如下。

(1) 2020 年 1 月 1 日购入债券时

借：其他债权投资——成本	12 500 000	
贷：其他货币资金——存出投资款		10 000 000
其他债权投资——利息调整		2 500 000

(2) 2020 年 12 月 31 日，确认利息收入，收到债券利息、公允价值变动时

借：应收利息 590 000
　　其他债权投资——利息调整 410 000
　　　　贷：投资收益 1 000 000
　借：银行存款 590 000
　　　　贷：应收利息 590 000
借：其他债权投资——公允价值变动 1 590 000
　　　贷：其他综合收益——其他债权投资公允价值变动 1 590 000

(3) 2021 年 12 月 31 日，确认实际利息收入，收到票面利息等

借：应收利息 590 000
　　其他债权投资——利息调整 450 000
　　　　贷：投资收益 1 040 000
借：银行存款 590 000
　　　　贷：应收利息 590 000
借：其他债权投资——公允价值变动 150 000
　　　贷：其他综合收益——其他债权投资公允价值变动 150 000

(4) 2022 年 12 月 31 日，确认实际利息收入，收到票面利息等

借：应收利息 590 000
　　其他债权投资——利息调整 500 000
　　　　贷：投资收益 1 090 000
借：银行存款 590 000
　　　　贷：应收利息 590 000
借：其他综合收益——其他债权投资公允价值变动 300 000
　　　贷：其他债权投资——公允价值变动 300 000

(5) 2023 年 1 月 10 日，确认出售损益时

借：其他债权投资——利息调整 1 140 000
　　　　贷：投资收益 1 140 000
借：其他货币资金——存出投资款 13 000 000
　　投资收益 940 000
　　　贷：其他债权投资——成本 12 500 000
　　　　　　　　——公允价值变动 1 440 000
借：其他综合收益——其他债权投资公允价值变动 1 440 000
　　　　贷：投资收益 1 440 000

计算转让金融商品应交增值税时，
应交增值税=(13 000 000−12 500 000)÷(1+6%)×6%=28 301.89(元)
借：投资收益 28 301.89
　　　贷：应交税费——转让金融商品应交增值税 28 301.89

第五节　其他权益工具投资

一、其他权益工具投资概述

其他权益工具投资，是指企业指定为以公允价值计量，且其变动计入其他综合收益的非交易性权益工具投资(如股权投资)。企业投资其他上市公司股票或者非上市公司股权的，不属于交易性资产，也不属于长期股权投资的，应作为其他权益工具投资。

一般地，权益工具投资(股权投资)的合同现金流量评估一般不符合基本借贷安排，因此，只能将权益工具投资(股权投资)分类为以公允价值计量且其变动计入当期损益的金融资产，即"交易性金融资产"账户；但企业购入的非交易性权益工具(股权投资)，可以将其指定为公允价值计量且其变动计入其他综合收益的金融资产，即"其他权益工具投资"账户。

企业对于其他权益工具投资，按规定确认股权收入。企业将非交易性权益工具已经指定为公允价值计量，且其变动计入其他综合收益的非交易性权益工具投资(股权投资)，则不得撤销。

二、其他权益工具投资核算

企业应设置"其他权益工具投资"账户，该账户属于资产类账户，核算企业以公允价值计量，且其变动计入其他综合收益的非交易性权益工具投资(股权投资)，该账户设置"成本""公允价值变动"明细账户进行核算。

三、其他权益工具投资初始计量

其他权益工具投资初始计量时，其他权益工具投资应按公允价值与交易费用之和计量，所支付价款中含有已宣告但尚未发放的现金股利，应单独确认为应收项目。企业购进其他权益工具投资时，按公允价值与交易费用之和借记"其他权益工具投资"账户，支付价款中含有已宣告但尚未发放的现金股利，记入"应收股利"账户，购买时支付的交易费用，取得增值税专用发票的，应将可以抵扣的增值税记入"应交税费——应交增值税(进项税额)"账户，按实际支付的价款，贷记"其他货币资金"等账户。

四、其他权益工具投资后续计量

持有期间，其他权益工具投资，企业除了获得的股利(明确代表投资成本部分收回的股利除外)计入当期损益外，其他相关利得和损失均应计入其他综合收益。当其终止确认时，之前计入其他综合收益的累计利得或损失，从其他综合收益中转出，计入留存收益。

企业持有其他权益工具投资期间，确认股利收入时，应借记"应收股利"账户，贷记"投资收益"账户；实际收到时，应借记"其他货币资金"等账户，贷记"应收股利"账户。

资产负债表日，其他权益工具投资公允价值发生变动，应记入"其他综合收益"账户，当公允价值上升时，借记"其他权益工具投资——公允价值变动"账户，贷记"其他综合收益——其他权益工具投资公允价值变动"账户，当公允价值下降时，则做相反的会计分录。

五、其他权益工具投资处置

企业出售其他权益工具投资时按实际收到的价款借记"其他货币资金"等账户，按其他权益工具投资的账面价值，贷记"其他权益工具投资——成本""其他权益工具投资——公允价值变动"账户，实际价款与账面价值的差额，借记或贷记"盈余公积(10%部分)""利润分配——未分配利润"账户；同时，将以前计入其他综合收益的累计利得或损失转出，计入留存收益，借记或贷记"其他综合收益——其他权益工具投资公允价值变动"账户，贷记或借记"盈余公积""利润分配——未分配利润"账户；同时要计算转让金融商品应交增值税，其账务处理与转让交易性金融资产应交增值税处理相同。

【例5-9】2020年5月13日，南方公司支付价款2 024.24万元，其中交易费用4万元，增值税0.24万元，该企业已宣告发放现金股利20万元，购入乙公司发行股票100万股，占乙公司有表决权股份的0.5%。南方公司将其指定为以公允价值计量且其变动计入其他综合收益的非交易性权益工具投资。

2020年5月16日，南方公司收到乙公司发放的现金股利20万元。

2020年6月30日，该股票的市价为每股20.2元。

2020年12月31日，南方公司仍持有股票，市价为每股19.3元。

2021年5月9日，乙公司宣告发放现金股利4 000万元。2021年5月13日，南方公司收到现金股利。

2021年5月20日，南方公司以每股21元价格将股票全部转让。

南方公司账务处理如下。

(1) 2020年5月13日，购入股票

借：其他权益工具投资——成本　　　　　　　　　　20 040 000

　　应收股利　　　　　　　　　　　　　　　　　　　200 000

　　应交税费——应交增值税(进项税额)　　　　　　　　2 400

　　　贷：其他货币资金——存出投资款　　　　　　　　　　20 242 400

(2) 2020年5月10日，收到现金股利

借：其他货币资金——存出投资款　　　　　　　　　　200 000

　　　贷：应收股利　　　　　　　　　　　　　　　　　　200 000

(3) 2020年6月30日，确认股票价格变动

借：其他权益工具投资——公允价值变动　　　　　　　160 000

　　　贷：其他综合收益——其他权益工具投资公允价值变动　　160 000

(4) 2020年12月31日，确认股票价格变动

借：其他综合收益——其他权益工具投资公允价值变动　　900 000

　　　贷：其他权益工具投资——公允价值变动　　　　　　　　900 000

(5) 2021年5月9日，确认现金股利

借：应收股利　　　　　　　　　　　　　　　　　　　200 000
　　贷：投资收益　　　　　　　　　　　　　　　　　　　　200 000

(6) 2021年5月20日，出售股票

　借：其他货币资金——存出投资款　　　　　　　　　21 000 000
　　　其他权益工具投资——公允价值变动　　　　　　　740 000
　　　贷：其他权益工具投资——成本　　　　　　　　　　20 040 000
　　　　　盈余公积——法定盈余公积　　　　　　　　　　　170 000
　　　　　利润分配——未分配利润　　　　　　　　　　　1 530 000

同时，

借：盈余公积　　　　　　　　　　　　　　　　　　　　74 000
　　利润分配——未分配利润　　　　　　　　　　　　　666 000
　　贷：其他综合收益——其他权益工具投资公允价值变动　　740 000

计算转让金融商品应交增值税时，

应交增值税=(21 000 000-20 040 000)÷(1+6%)×6%=54 339.62(元)

借：投资收益　　　　　　　　　　　　　　　　　　54 339.62
　　贷：应交税费——转让金融商品应交增值税　　　　　　　54 339.62

第五章习题

第六章

长期股权投资

【学习目标】

1. 了解长期股权投资的含义;
2. 掌握长期股权投资成本法的核算;
3. 掌握长期股权投资权益法的核算。

【学习重点】

1. 长期股权投资成本法与权益法的适用范围;
2. 长期股权投资成本法的账务处理;
3. 长期股权投资权益法的账务处理;
4. 长期股权投资减值的账务处理;
5. 长期股权投资处置的账务处理。

【学习难点】

1. 长期股权投资权益法的账务处理;
2. 长期股权投资处置的账务处理。

【任务导入】

任务资料： 2020 年 1 月 20 日甲公司以每股 6 元购入乙公司股票 500 万股并准备长期持有，占乙公司股份的 30%。另外支付相关税费 50 万元，增值税税率为 6%，增值税 3 万元。2020 年 12 月 31 日，乙公司所有者权益的账面价值(与其公允价值不存在差异)10 000 万元。2020 年乙公司实现净利润 1 000 万元。甲公司按持股比例确认投资收益 300 万元。2021 年 4 月 15 日，乙公司宣告发放现金股利，每 10 股派 3 元，甲公司可分派到 150 万元。2021 年 4 月 20 日，甲公司收到乙公司分派的现金股利。

任务目标： 编制甲公司长期股权投资业务相关的会计分录。

第一节　长期股权投资概述

一、长期股权投资的概念

长期股权投资，是指投资企业对被投资单位实施控制、重大影响的权益性投资，以及对其合伙企业的权益性投资。具体包括以下三种情况。

1. 投资企业能够对被投资单位实施控制的长期股权投资

控制，是指有权决定一个企业的财务和经营政策，并能据以从该企业的经营活动中获取利益。控制一般存在于下列情况。

(1) 投资企业直接拥有被投资单位 50%以上的表决权资本。

(2) 投资企业虽然直接拥有被投资单位 50%以下的表决权资本，但具有实质控制权。投资企业对被投资单位是否具有实质控制权，可以通过以下一种或一种以上情形来断定：

① 通过与其他投资者的协议，投资企业拥有被投资单位 50%以上表决权资本的控制权。例如，A 公司拥有 B 公司 40%的表决权资本，C 公司拥有 B 公司 30%的表决权资本，D 公司拥有 B 公司 30%的表决权资本。A 公司与 C 公司达成协议，C 公司在 B 公司的权益由 A 公司代表。在这种情况下，A 公司实质上拥有 B 公司 70%表决权资本的控制权，表明 A 公司实质上控制 B 公司。

② 根据章程或协议，投资企业拥有控制被投资单位的财务和经营政策。例如，A 公司拥有 B 公司 45%的表决权资本，同时，根据协议 B 公司的生产经营决策由 A 公司控制。

③ 有权任免被投资单位董事会等类似权力机构的多数成员。这种情况是指，虽然投资企业只拥有被投资单位 50%或以下表决权资本，但根据章程、协议等，其有权任免董事会的董事，从而达到实质上控制的目的。

④ 在董事会或类似权力机构的会议上有半数以上投票权。这种情况是指，虽然投资企业只拥有被投资单位 50%或以下表决权资本，但能够控制被投资单位董事会等类似权力机构的会议，从而能够控制其财务和经营决策，达到实质上的控制。

2. 投资企业对被投资单位具有重大影响的权益性投资

重大影响，是指投资企业对一个企业的财务和经营政策有参与决策的权力，但并不能够控制或者与其他方一起共同控制这些政策的制定。投资企业能够对被投资单位施加重大影响的,被投资单位为其联营企业。当投资企业直接拥有被投资单位 20%～50%的表决权资本时,一般认为对被投资单位具有重大影响。此外,虽然投资企业只直接拥有被投资单位 20%以下的表决权资本,但符合下列五种情况之一的,也应确认为对被投资单位具有重大影响。

(1) 在被投资单位的董事会或类似的权力机构中派有代表。

在这种情况下,由于在被投资单位的董事会或类似的权力机构中派有代表,并享有相应的实质性的参与决策权,因而投资企业可以通过该代表参与被投资单位政策的制定,从而达到对该被投资单位施加重大影响的目的。

(2) 参与被投资单位的政策制定过程。

在这种情况下,由于投资企业可以参与被投资单位的政策制定过程,在制定政策的过程中可以为其自身利益而提出建议和意见,由此投资企业可以对该投资单位施加重大影响。

(3) 向被投资单位派出管理人员。

在这种情况下,投资企业向被投资单位派出管理人员,所派出的管理人员有权力并负责被投资单位的财务和经营活动,使得投资企业能对被投资单位施加重大影响。

(4) 依赖投资企业的技术资料。

在这种情况下,由于被投资单位的生产经营需要依赖对方的技术或技术资料,从而表明投资企业对被投资单位具有重大影响。

(5) 其他足以证明投资企业对被投资单位具有重大影响的情形。

在确定能否对被投资单位实施控制或重大影响时,应当考虑投资企业和其他方持有的被投资单位当期可转换公司债券、当期可执行认股权证等潜在表决权因素。

3. 企业与其他合营一方对被投资单位实施共同控制的权益性投资

共同控制,是指投资企业按照合同约定对某项经济活动所共有的控制,其仅在与该项经济活动相关的重要财务和经营决策需要分享控制权的投资方一致同意时存在。投资企业与其他方能够对被投资单位实施共同控制的,被投资单位为其合营企业。

二、长期股权投资的核算方法

长期股权投资的核算方法有成本法和权益法两种,具体见表 6-1。

表 6-1　长期股权投资的核算方法

投资企业与被投资企业的关系	投资比例	被投资方是投资方的	核算方法
控制	>50%	子公司	成本法
重大影响	20%～50%(含 50%)	联营企业	权益法
共同控制	两方时,各占 50%;多方时,各方占 0～50%	合营企业	权益法

第二节　长期股权投资的成本法

一、成本法的概念及其适用范围

成本法，是指投资按成本计价的方法。长期股权投资成本法的核算适用下列条件：投资企业能够对被投资单位实施控制的长期股权投资。

二、成本法核算的特点

采用成本法核算的长期股权投资具有以下几个特点。

(1) 初始投资或追加投资时，按初始投资或追加投资的投资成本，增加长期股权投资的账面价值。

(2) 除了投资企业追加投资、收回投资、投资减值等情况外，长期股权投资的账面价值一般不做调整。

(3) 被投资企业宣告分派利润或现金股利时，投资企业按应享有的份额，确认为当期投资收益。

三、成本法的会计处理

1. 长期股权投资成本法的账户设置

为了核算长期股权投资的增、减变动和结存情况，企业应设置"长期股权投资"账户。该账户属于资产类账户，借方登记长期股权投资的初始成本及增加额，贷方登记长期股权投资的转让及减少额；期末余额在借方，反映企业持有的长期股权投资的价值。本账户可按被投资单位设置明细账户进行核算。

2. 长期股权投资成本法的初始计量

企业的长期股权投资，可以通过企业合并和非企业合并形式取得。企业合并，是指将两个或两个以上单独的企业合并形成一个报告主体的交易或事项。按合并方式分为控股合并、吸收合并和新设合并；按是否在同一控制下分为同一控制下的企业合并和非同一控制下的企业合并。

除企业合并形成的长期股权投资外，企业还可以通过以支付现金、非现金资产(发行权益性债券、投资者投入、债务重组、非货币性资产交换)等非企业合并方式取得长期股权投资。

企业以支付现金取得的长期股权投资，应当按照实际支付的购买价款作为初始投资成本，包括购买过程中支付的直接相关手续费、税金及其他必要支出。所支付价款中包含的被投资单位已经宣告但是尚未发放的现金股利或者利润应作为应收项目核算，不构成取得长期股权投资的成本。

企业取得长期股权投资时，应按确定的初始投资成本，借记"长期股权投资"，贷记"其他货币资金——存出投资款"，实际价款中包括已宣告但尚未发放的现金股利和利润，借记"应收股利"。

【例6-1】2020年1月1日，A公司以6 200 000元购入B公司股票(已宣告但尚未发放的现金股利200 000元)，另支付手续费30 000元，增值税专用发票注明增值税税率为6%，增值税1 800元。A公司的账务处理如下。

借：长期股权投资——B公司　　　　　　　6 030 000

　　应收股利　　　　　　　　　　　　　　　200 000

　　应交税费——应交增值税(进项税额)　　　　1 800

　　贷：其他货币资金——存出投资款　　　　　　　6 231 800

3. 长期股投资持有期间被投资单位宣告分派现金股利或利润

成本法下，持有期间被投资单位宣告分派现金股利或利润，企业应按享有的部分确认投资收益，借记"应收股利"账户，贷记"投资收益"账户。如果收到的股利为购入时的应收股利，应冲减应收股利。

【例6-2】2020年1月1日，A公司以5 000 000元购入C公司股票60%股权，另支付手续费20 000元，增值税专用发票注明增值税税率为6%，增值税1 200元。C公司于2021年5月2日宣告分派2020年度的现金股利400 000元，5月10日收到C公司发放的现金股利240 000元。A公司的账务处理如下。

(1) 2020年1月1日取得长期股权投资时

借：长期股权投资——C公司　　　　　　　5 020 000

　　应交税费——应交增值税(进项税额)　　　　1 200

　　贷：其他货币资金——存出投资款　　　　　　　5 021 000

(2) 2021年5月2日，C公司宣告分派上年股利时

借：应收股利　　　　　　　　　　　　　　240 000

　　贷：投资收益　　　　　　　　　　　　　　　240 000

(3) 5月10日收到C公司发放的现金股利时

借：其他货币资金——存出投资款　　　　　240 000

　　贷：应收股利　　　　　　　　　　　　　　　240 000

第三节　长期股权投资核算的权益法

一、权益法的概念及其适用范围

权益法，是指投资以初始投资成本计量后，在投资持有期间根据投资企业享有被投资单位所有者权益份额的变动对投资的账面价值进行调整的方法。

长期股权投资的权益法适用于以下两种情况。

(1) 投资企业对被投资单位具有共同控制的长期股权投资，即企业对其合营企业的长期股权投资。

(2) 企业对被投资单位具有重大影响的长期股权投资，即企业对其联营企业的长期股权投资。

二、权益法的会计处理

(一)长期股权投资取得时的处理

取得长期股权投资时，长期股权投资的初始投资成本大于投资时应享有被投资单位可辨认净资产公允价值份额的，该部分差额系投资企业在购入该项投资过程中通过购买作价体现出的与所取得股权份额相对应的商誉，无须进行调整，而是构成长期股权投资的成本，借记"长期股权投资——成本"账户，贷记"银行存款"等账户。

长期股权投资的初始投资成本小于投资时应享有被投资单位可辨认净资产公允价值份额的，该部分差额可以看作被投资单位的股东给予投资企业的让步，或是出于其他方面的考虑，被投资单位的原有股东无偿赠予投资企业的价值，因而应确认为当期收益，同时调整长期股权投资的成本，借记"长期股权投资——成本"账户，贷记"银行存款"等账户，并按其差额，贷记"营业外收入"账户。

【例 6-3】A 公司于 2020 年 1 月 1 日取得 B 企业发行的股票 3 000 万元，准备长期持有，占 B 企业 30%的股份，购买该股票时发生有关税费 50 万元，款项用银行存款支付。取得投资时 B 企业所有者权益的账面价值为 10 000 万元(假定被投资单位各项可辨认资产、负债的公允价值与其账面价值相同)。

初始投资成本：

购买价款	30 000 000
相关税费	500 000
借：长期股权投资——成本	30 500 000
贷：银行存款	30 500 000

在本例中，长期股权投资的初始投资成本 30 500 000 元大于投资时享有被投资单位可辨认净资产公允价值 30 000 000 元(100 000 000×30%)，其差额 500 000 元不调整长期股权投资的账面价值。

若本例中取得时被投资单位可辨认净资产的公允价值为 12 000 万元，A 企业按持股比例 30%计算确定应享有 3 600 万元，则初始投资成本与应享有被投资单位可辨认净资产公允价值份额之间的差额 550 万元应计入投资当期的营业外收入，A 公司的会计处理如下：

借：长期股权投资——成本	36 000 000
贷：银行存款	30 500 000
营业外收入	5 500 000

(二)持有期间被投资单位实现净利润或发生净亏损

投资企业取得长期股权投资后，应当按照应享有或应分担的被投资单位实现净利润或发生净亏损的份额，确认投资损益并调整长期股权投资的账面价值。投资企业根据被投资单位实现的净利润计算应享有的份额时，借记"长期股权投资——损益调整"科目，贷记"投资收益"科目。被投资单位发生净亏损做相反的会计分录,但以本科目的账面价值减记至零为限,借记"投资收益"科目,贷记"长期股权投资——损益调整"科目。

被投资单位以后宣告发放现金股利或利润时,企业计算应分得的部分,借记"应收股利"科目,贷记"长期股权投资——损益调整"账户。投资企业收到被投资单位宣告发放的股票股利,不进行账务处理,但应在备查簿中登记。

【例6-4】承例6-3,2020年B企业实现净利润1 000万元,A企业按照持股比例确认投资收益300万元。2021年5月10日,B企业宣告分派现金股利,A企业可分派到150万元。2021年6月10日,A企业收到B企业分派的现金股利。A企业的账务处理如下。

(1) A企业确认B企业实现的投资收益时

借:长期股权投资——损益调整　　　　　　　3 000 000

　　贷:投资收益　　　　　　　　　　　　　　　　　3 000 000

(2) B企业宣告分派现金股利时

借:应收股利　　　　　　　　　　　　　　　1 500 000

　　贷:长期股权投资——损益调整　　　　　　　　　1 500 000

(3) 收到B企业分派的现金股利时

借:银行存款　　　　　　　　　　　　　　　1 500 000

　　贷:应收股利　　　　　　　　　　　　　　　　　1 500 000

(三)持有期间被投资企业其他综合收益变动

持有期间,被投资单位确认的其他综合收益变动也会影响被投资单位所有者权益的总额,进而影响投资企业应享有被投资单位所有者权益的份额。因此,当被投资企业其他综合收益变动时,投资企业应当按照应归属于本企业的部分,借记或贷记"长期股权投资——其他综合收益"账户,贷记或借记"其他综合收益"账户。

当被投资企业其他综合收益增加时,借记"长期股权投资——其他综合收益"账户,贷记"其他综合收益"账户。反之,当被投资企业其他综合收益减少时,则做相反分录。

【例6-5】承例6-3,2020年B企业其他综合收益增加了300万元,A企业按照持股比例确认相应的其他综合收益90万元。A公司的账务处理如下。

借:长期股权投资——其他综合收益　　　　　900 000

　　贷:其他综合收益　　　　　　　　　　　　　　900 000

(四)持有期间被投资单位所有者权益的其他变动

企业对于被投资单位除净损益、其他综合收益以及利润分配以外所有者权益的其他变动,在持股比例不变的情况下,按照持股比例计算应享有的份额,调整长期股权投资的账面价值,同时增加或减少资本公积(其他资本公积),借记或贷记"长期股权投资——其他权益变动"账户,贷记或借记"资本公积——其他资本公积"账户。

【例6-6】承例6-3,2020年B企业资本公积增加了400万元,A企业按照持股比例确认相应的资本公积120万元。A公司的账务处理如下。

借:长期股权投资——其他权益变动　　　　　1 200 000

　　贷:资本公积——其他资本公积　　　　　　　　1 200 000

持股比例变动但仍须按照权益法核算的，投资企业按照新的持股比例计算应享有被投资单位净资产的份额与长期股权投资原账面余额之间的差额，并确认为当期投资损益，借记或贷记"长期股权投资——其他权益变动"账户，贷记或借记"投资收益"账户。

第四节　长期股权投资的减值和处置

一、长期股权投资的减值

(一)长期股权投资减值的确认

长期股权投资在按照规定核算账面价值的基础上，如果在资产负债表日存在可能发生减值的迹象，应当计提减值准备。

企业对子公司、合营企业以及联营企业的长期股权投资，应当按照《企业会计准则第8号——资产减值》的规定确定其可回收金额(根据资产的公允价值减去处置费用后的净额与资产预计未来现金流量的现值两者之间较高者确定)，其可收回金额低于账面价值的，确认应计提的减值准备。

(二)长期股权投资减值的账务处理

企业应设置"长期股权投资减值准备"账户，该账户贷方登记企业计提的长期股权投资减值准备，借方登记处置长期股权投资时，结转已计提的长期股权投资减值准备，期末余额在贷方，表示已计提但尚未转销的长期股权投资减值准备。本账户可按投资单位进行明细核算。

企业按应减记的金额，借记"资产减值损失——计提的长期股权投资减值准备"账户，贷记"长期股权投资减值准备"账户。

【例6-7】承前例，B公司发生巨额亏损，2020年年末A公司对B公司的投资预计可收回金额为7 500万元，长期股权投资的账面价值为8 000万元，A公司计提减值准备。A企业的会计处理如下。

借：资产减值损失——计提的长期股权投资减值准备　　　5 000 000
　　贷：长期股权投资减值准备　　　　　　　　　　　　　　　5 000 000

二、长期股权投资的处置

企业处置长期股权投资时，其账面价值与实际取得价款的差额，应当计入当期损益，并且应同时转销原已经计提的资产减值准备。采用权益法核算的长期股权投资，除进行上述处理外，还应将原计入资本公积或其他综合收益的金额，在处置该项投资的时候，同时结转，将与所出售股权相对应的部分资本公积或其他综合收益再转入当期损益。

企业处置长期股权投资时，应按实际收到的金额借记"其他货币资金——存出投资款"等账户，按其账面余额贷记"长期股权投资"账户；按尚未领取的现金股利或利润贷记"应收股利"账户；按其差额贷记或借记"投资收益"账户。已经计提减值准备的，还应同时结转减值准备，借记"长期股权投资减值准备"账户。

计算转让长期股权投资应交增值税时，与转让交易性金融资产处理相同。

采用权益法核算长期股权投资，原计入其他综合收益或资本公积——其他资本公积中的金额，在处置时应进行结转，将与所出售股权相对应的部分，在处置时自其他综合收益或资本公积转入当期损益，借记或贷记"其他综合收益""资本公积——其他资本公积"账户，贷记或借记"投资收益"账户。

【例6-8】承例6-3、例6-4、例6-5，2021年2月1日，A企业出售所持有B企业的全部股票，取得价款3 500万元。A企业的会计处理如下。

借：其他货币资金——存出投资款　　　　　35 000 000
　　贷：长期股权投资——成本　　　　　　　　30 500 000
　　　　　　　　　　　——损益调整　　　　　 1 500 000
　　　　　　　　　　　——其他权益变动　　　 1 200 000
　　　　　　　　　　　——其他综合收益　　　　 900 000
　　　　投资收益　　　　　　　　　　　　　　 900 000

同时，转销原计入其他综合收益、资本公积的金额，

借：其他综合收益　　　　　　　　　　　　　900 000
　　资本公积——其他资本公积　　　　　　 1 200 000
　　贷：投资收益　　　　　　　　　　　　　　 2 100 000

计算转让金融商品应交增值税时，

应交增值税=(35 000 000−30 500 000)÷(1+6%)×6%=25 471.69(元)

借：投资收益　　　　　　　　　　　　　　25 471.69
　　贷：应交税费——转让金融商品应交增值税　　 25 471.69

第六章习题

第七章

固定资产

【学习目标】

1. 了解固定资产的特征及其分类;
2. 掌握固定资产取得的会计核算;
3. 掌握固定资产折旧的会计核算;
4. 掌握固定资产后续支出的会计核算;
5. 掌握固定资产的处置和期末清查的会计核算。

【学习重点】

1. 固定资产取得的核算;
2. 固定资产折旧的核算;
3. 固定资产后续支出的核算;
4. 固定资产出售、报废、处置的核算。

【学习难点】

1. 固定资产取得的核算;
2. 固定资产出售、报废、处置的核算。

【任务导入】

任务资料： 甲公司 2020 年 5 月 10 日购入一台需安装的设备，取得增值税专用发票上注明的价款为 200 000 元，增值税为 26 000 元，款项以银行存款支付。该设备购入后当即交付安装，安装过程中领用生产用材料一批，成本为 28 000 元，发生安装人员工资 5 000 元，银行存款支付其他费用 2 000 元，5 月 31 日设备安装完毕投入生产车间使用。

任务目标： 编制甲公司取得固定资产相关的会计分录。

第一节　固定资产概述

企业在生产经营过程中，离不开各种各样的有形和无形资产，如流动资产、固定资产、无形资产，有的企业还拥有生物资产等其他资产。其中，固定资产是企业从事生产经营活动不可缺少的重要劳动资料，生产性固定资产(如机器设备、生产工具等)是生产的重要因素——劳动手段，直接影响产品的质量及生产的发展；管理性的固定资产(如办公楼、交通工具等)是管理的重要工具，直接影响工作效率和管理水平。因此，固定资产是企业中一项非常重要的能给企业带来经济利益的经济资源。

一、固定资产的概念

根据企业会计准则的规定，固定资产是指同时具有下列特征的有形资产：

(1) 为生产商品、提供劳务、出租或进行经营管理而持有的。

(2) 使用寿命超过一个会计年度。

未作为固定资产管理的工具、器具等，作为"周转材料——低值易耗品"核算。

从固定资产的概念看，固定资产具有以下三个特征。

1. 为生产商品、提供劳务、出租或经营管理而持有的

只有为了用于生产商品或提供劳务、出租他人，或为了经营管理目的而持有的具有实物形态的企业资产，才是企业的固定资产。因此，凡不是服务于企业经营目的的任何有形资产都不是企业的固定资产。例如，企业长期持有的大型机器设备如果是为了日后销售，而不是为生产经营活动服务，就只能列为存货，而不能作为企业的固定资产。

2. 使用寿命超过一个会计年度

使用寿命是指企业使用固定资产的预计期间，或者该固定资产所能生产产品或提供劳务的数量。按照费用配比原则，某项支出应在该项支出的有效服务期内费用化，并与相关联的收入进行配比。这样任何效用短于一个会计年度的支出，即使数额较大，也会被费用化或作为流动资产。由于固定资产的服务期限超过一个会计期间，因此，用于固定资产的支出不能一次性地在一个会计期间里完全费用化，而只能逐渐地、分次地收回。这是对固定资产计提折旧的前提条件。固定资产属于长期耐用资产，使用寿命至少超过一个会计年度，其实物形态不会因为使用而发生变化或显著损耗。这也是与存货的区别。

3. 固定资产是有形资产

固定资产是以实体存在的,这就与企业的无形资产不同。例如,专利权、商标权、土地使用权等,尽管是为生产经营目的而持有的,使用年限较长,单位价值也很高,但由于其不具备实物形态,故不属于固定资产的范畴。

由于企业的经营内容、经营规模等各不相同,固定资产的标准也不可能强求一致,各企业应根据会计准则中规定的固定资产的标准结合本企业的具体情况加以确定。

二、固定资产的确认条件

某一资产项目,如果要作为固定资产加以确认,首先需要符合资产的定义,其次还要同时满足下列两个条件。

1. 与该固定资产有关的经济利益很可能流入企业

在会计实务中,判断固定资产包含的经济利益很可能流入企业,主要是依据与该固定资产所有权相关的风险和报酬是否转移到了企业。通常,取得固定资产的所有权是判断与固定资产所有权相关的风险和报酬转移到企业的一个重要标志。凡是所有权已属于企业的固定资产,无论企业是否收到或持有该固定资产,均应作为企业的固定资产;反之,如果没有取得所有权,即使存放在企业,也不能作为企业的固定资产。有时,企业虽然不能取得固定资产的所有权,但是,与固定资产所有权相关的风险和报酬实质上已转移给企业,此时,企业能够控制该项固定资产所包含的经济利益流入企业。比如,融资租入固定资产,企业虽然不拥有固定资产的所有权,但与固定资产所有权相关的风险和报酬实质上已转移到企业(承租方),此时,企业能控制该固定资产所包含的经济利益,因此,符合固定资产确认的第一个条件。

2. 该固定资产的成本能够可靠地计量

作为企业资产的重要组成部分,要确认固定资产,企业取得该固定资产所发生的支出必须能够可靠地计量。企业在确定固定资产成本时,有时需要根据所获得的最新资料进行合理的估计。如果企业能够合理地估计出固定资产的成本,则视同固定资产的成本能够可靠地计量。例如,对于已达到预定可使用状态的固定资产,在尚未办理竣工决算前,企业需要根据工程预算、工程造价或者工程实际发生的成本等资料,按暂估价确定固定资产的成本,待办理竣工决算手续后再做调整。

三、固定资产的分类

(一)按固定资产经济用途分类

按固定资产经济用途分类,可分为生产经营用固定资产和非生产经营用固定资产。

(1) 生产经营用固定资产,是指直接服务于企业生产、经营过程的各种固定资产。如生产经营用的房屋、建筑物、机器、设备、器具、工具等。

(2) 非生产经营用固定资产,是指不直接服务于生产、经营过程的各种固定资产。如职工宿舍、食堂、浴室、理发室等使用的房屋、设备和其他固定资产等。

按照固定资产的经济用途分类，可以归类反映和监督企业生产经营用固定资产和非生产经营用固定资产之间，以及生产经营用各类固定资产之间的组成和变化情况，借以考核和分析企业固定资产的利用情况，促使企业合理地配备固定资产，充分发挥其效用。

(二)按固定资产使用情况分类

按固定资产使用情况分类，可分为使用中固定资产、未使用固定资产和不需用固定资产。

(1) 使用中固定资产，是指正在使用中的经营性和非经营性固定资产。由于季节性经营或大修理等原因，暂时停止使用的固定资产仍属于企业使用中的固定资产；企业出租(指经营性租赁)给其他单位使用的固定资产和内部替换使用的固定资产也属于使用中的固定资产。

(2) 未使用固定资产，是指已完工或已购建的尚未正式使用的新增固定资产以及因进行改建、扩建等原因暂停使用的固定资产。如企业购建的尚未正式使用的固定资产、经营任务变更停止使用的固定资产以及主要的备用设备等。

(3) 不需用固定资产，是指本企业多余或不适用的固定资产。

按照固定资产使用情况分类，有利于反映企业固定资产的使用情况及其比例关系，便于分析固定资产的利用效率，挖掘固定资产的使用潜力，促使企业合理地使用固定资产。

(三)综合分类

按固定资产的经济用途和使用情况等综合分类，可把企业的固定资产分为以下七大类：

(1) 生产经营用固定资产。

(2) 非生产经营用固定资产。

(3) 租出固定资产，是指企业以经营租赁方式出租给外单位使用的固定资产。

(4) 不需用固定资产。

(5) 未使用固定资产。

(6) 土地，是指过去已经估价并单独入账的土地。因征地而支付的补偿费，应计入与土地有关的房屋、建筑物的价值内，不单独作为土地价值入账。企业取得的土地使用权，应作为无形资产管理，不作为固定资产管理。

(7) 融资租入固定资产，是指企业以融资租赁方式租入的固定资产，在租赁期内，应视同自有固定资产进行管理。

第二节　固定资产取得的核算

固定资产的取得来源方式不同，主要有外购、自行建造、投资者投入、融资租入、盘盈等。不同来源取得的固定资产，其会计处理方法也不尽相同。

固定资产应通过"固定资产"科目核算，该科目属于资产类科目，借方反映固定资产的增加额；贷方反映固定资产的减少额；余额在借方，表示企业现有的固定资产原值。为了反映固定资产的明细资料，企业应设置"固定资产登记簿"和"固定资产卡片"，按固定资产类别、使用部门等进行明细核算。对经营租入的固定资产，应另设"固定资产备查簿"进行登记，不在本科目核算。

企业进行的固定资产新建工程、改建工程、扩建工程和外购需要安装的固定资产，应通过"在建工程"科目核算，工程完工经验收交付使用时再转入"固定资产"科目。"在建工程"科目属于资产类科目，借方反映发生的各项实际支出，贷方反映工程完工结转的实际成本，借方余额表示企业尚未完工的基建工程发生的各项实际支出。该科目应按基建项目的类别设置明细科目，进行明细核算。

企业为在建工程准备的物资，应设置"工程物资"总账科目，核算各项工程物资实际成本的增减变动和结存情况。

一、外购的固定资产

企业作为一般纳税人，外购固定资产的成本，包括购买价款，相关税费，以及使固定资产达到预定可使用状态前所发生的可归属于该项资产的运输费、装卸费、安装费和专业人员服务费等。取得增值税专用发票、海关完税证明或公路发票等增值税凭证，并经税务机关认证可以抵扣的，应按专用发票上注明的增值税进项税额，借记"应交税费——应交增值税(进项税额)"账户，贷记"银行存款""应付账款"等账户。

企业作为小规模纳税人，购入固定资产发生的增值税进项税额应计入固定资产成本，借记"固定资产"或"在建工程"账户，不通过"应交税费——应交增值税(进项税额)"账户核算。

企业以一笔款项购入多项没有单独标价的固定资产，应将各项资产单独确认为固定资产，并按各项固定资产公允价值的比例对总成本进行分配，分别确定各项固定资产的成本。

企业购入的固定资产包括不需要安装的固定资产和需要安装的固定资产。购入不需要安装的固定资产，借记"固定资产"账户，贷记"银行存款"等账户；购入需要安装的固定资产，先记入"在建工程"账户，安装完毕交付使用时再转入"固定资产"账户。

(一)购入不需要安装的固定资产

【例7-1】2020年3月12日，甲股份有限公司购入一台不需要安装就可投入使用的设备，取得的增值税专用发票上注明的设备价款为800 000元，增值税进项税额为104 000元，发生的运杂费为5 000元，以银行存款转账支付。假定不考虑其他相关税费。甲公司的账务处理如下。

借：固定资产 805 000
　　应交税费——应交增值税(进项税额) 104 000
　　贷：银行存款 909 000

(二)购入需要安装的固定资产

【例7-2】2020年2月13日，甲公司购入一台需要安装的机器设备，取得的增值税专用发票上注明的设备价款为200 000元，增值税税额为26 000元，支付的运输费为3 000元，款项已通过银行支付；安装设备时，领用原材料一批，账面余额为 20 000 元，未计提存货跌价准备，应付安装工人工资为 4 000 元，假定不考虑其他相关税费。甲公司的账务处理如下：

(1) 支付设备价款、增值税、运输费合计为 229 000 元

借：在建工程   203 000
    应交税费——应交增值税(进项税额)   26 000
    贷：银行存款   229 000

(2) 领用本公司原材料、支付安装工人工资费等费用合计为 24 000 元

借：在建工程   24 000
    贷：原材料   20 000
        应付职工薪酬   4 000

(3) 设备安装完毕达到预定可使用状态

借：固定资产   227 000
    贷：在建工程   227 000

【例 7-3】2020 年 7 月 1 日，甲公司向乙公司(为增值税一般纳税人)一次购进三台不同型号且具有不同生产能力的设备 A、B、C，取得增值税专用发票上注明的价款为 100 000 000 元，增值税额为 13 000 000 元，另支付包装费 750 000 元，增值税额 45 000 元，全部以银行存款转账支付。假设设备 A、B、C 的公允价值分别为 45 000 000 元、38 500 000 元和 16 500 000 元。甲公司为一般纳税人，应编制会计分录如下。

(1) 确定计入固定资产成本的金额，包括买价、包装费：

应计入固定资产的成本=100 000 000+750 000=100 750 000(元)

① 确定设备 A、B、C 的价值分配比例。

A 设备应分配的固定资产价值比例=45 000 000÷(45 000 000+38 500 000+16 500 000)×100%
=45%

B 设备应分配的固定资产价值比例=38 500 000÷(45 000 000+38 500 000+16 500 000)×100%
=38.5%

C 设备应分配的固定资产价值比例=16 500 000÷(45 000 000+38 500 000+16 500 000)×100%
=16.5%

② 确定设备 A、B、C 各自的成本。

A 设备的成本=100 750 000×45%=45 337 500(元)

B 设备的成本=100 750 000×38.5%=38 788 750(元)

C 设备的成本=100 750 000×16.5%=16 623 750(元)

(2) 甲公司应编制如下会计分录。

借：固定资产——A 设备   45 337 500
            ——B 设备   38 788 750
            ——C 设备   16 623 750
    应交税费——应交增值税(进项税额)   13 045 000
    贷：银行存款   113 795 000

【例 7-4】甲公司为小规模纳税人，2020 年 5 月 10 日用银行存款购入一台需要安装的

设备,增值税专用发票上注明的价款为 100 000 元,增值税额为 13 000 元,支付安装费 20 000 元,增值税额为 1 800 元。甲公司应编制如下会计分录。

(1) 购入进行安装时

借:在建工程   113 000
  贷:银行存款   113 000

(2) 支付安装费时

借:在建工程   21 800
  贷:银行存款   21 800

(3) 设备安装完毕交付使用时

借:固定资产   134 800
  贷:在建工程   134 800

本例中,由于甲公司是小规模纳税人,按照现行增值税制度规定,其购入固定资产发生的增值税进项税额合计为 14 800 元,不得从销项税额中抵扣,而应计入固定资产成本,记入"在建工程"科目的借方。

二、自行建造的固定资产

自行建造的固定资产,按建造该项资产达到预定可使用状态前所发生的必要支出,作为入账价值。这里所讲的"建造该项资产达到预定可使用状态前所发生的必要支出",包括工程用物资成本、人工成本、应予以资本化的固定资产借款费用、交纳的相关税金以及应分摊的其他间接费用等。企业为在建工程准备的各种物资,应当按照实际支付的买价、运输费、保险费等相关费用,作为实际成本,并按照各种专项物资的种类进行明细核算。

(一)自营方式建造固定资产

企业自营工程主要通过"工程物资"和"在建工程"科目进行核算。

企业自营的基建工程领用工程物资,按实际成本借记"在建工程"账户,贷记"工程物资"账户。基建工程领用本企业原材料时,借记"在建工程"账户,贷记"原材料"账户。基建工程领用本企业的产品时,借记"在建工程"账户,贷记"库存商品"账户,基建工程应负担的职工工资和辅助生产部门提供的水、电等劳务,应借记"在建工程"账户,贷记"应付职工薪酬""生产成本——辅助生产成本""银行存款"账户。自营工程完工交付使用时,企业应计算各项交付使用固定资产的成本,编制交付使用固定资产明细表,并借记"固定资产"账户,贷记"在建工程"账户。

【例 7-5】某企业自行建造一栋生产用的厂房,建造期间发生下列经济业务,根据经济业务编制会计分录。

(1) 购入为工程准备的物资一批,买价为 200 000 元,增值税 26 000 元,运费 600 元,以银行存款支付。

借:工程物资   200 600
  应交税费——应交增值税(进项税额) 26 000
  贷:银行存款   226 600

(2) 工程领用工程物资 200 600 元。

借：在建工程——厂房　　　　　　　　　　　200 600
　　贷：工程物资　　　　　　　　　　　　　　　　　　200 600

(3) 支付在建工程人员工资 20 000 元。

借：在建工程——厂房　　　　　　　　　　　　20 000
　　贷：应付职工薪酬　　　　　　　　　　　　　　　　　20 000

(4) 建造生产用厂房工程完工，达到预定可使用状态并交付使用。

借：固定资产——厂房　　　　　　　　　　　220 600
　　贷：在建工程——厂房　　　　　　　　　　　　　　220 600

(二)出包方式建造固定资产

企业通过出包工程方式建造的固定资产，其工程价款作为工程成本，通过"在建工程"科目核算。企业按合理估计的发包工程进度和合同规定向建筑承包商结算进度款项时，由对方开具增值税专用发票，增值税专用发票上注明的价款，借记"在建工程"科目，增值税专用发票上注明的增值税进项税额，借记"应交税费——应交增值税(进项税额)"科目，贷记"银行存款"科目；工程完成时按合同规定补付工程款时，借记"在建工程"科目，贷记"银行存款"科目；工程达到预定可使用状态交付使用时，按其成本，借记"固定资产"科目，贷记"在建工程"科目。

【例 7-6】2020 年 3 月 1 日，甲公司将一幢新建厂房出包给丙公司承建，2020 年 4 月 1 日按合理估计的发包工程进度和合同规定向承包单位结算工程进度款并取得丙公司开具的增值税专用发票，注明工程款 500 000 元，税率为 9%，增值税额 45 000 元。2021 年 4 月 1 日，工程达到预定可使用状态后，收到承包单位的有关工程结算单据和增值税专用发票，补付工程款 700 000 元，增值税 63 000 元，以银行存款转账支付。工程达到预定可使用状态后验收并交付使用。甲公司的账务处理如下。

(1) 2020 年 4 月 1 日，按合理估计的发包工程进度和合同规定结算进度款时

借：在建工程　　　　　　　　　　　　　　500 000
　　应交税费——应交增值税(进项税额)　　　45 000
　　贷：银行存款　　　　　　　　　　　　　　　　545 000

(2) 2021 年 4 月 1 日，甲公司补付工程价款时

借：在建工程　　　　　　　　　　　　　　700 000
　　应交税费——应交增值税(进项税额)　　　63 000
　　贷：银行存款　　　　　　　　　　　　　　　　763 000

(3) 工程达到预定可使用状态时

借：固定资产　　　　　　　　　　　　　1 200 000
　　贷：在建工程　　　　　　　　　　　　　　　1 200 000

三、投资者投入的固定资产

企业对投资者投资转入的机器设备等固定资产，在办理了固定资产移交手续之后，按

投资合同或协议约定的价值作为固定资产的入账价值，借记"固定资产"科目；按投资各方确认的价值在其注册资本中所占的份额，确认为实收资本或股本，贷记"实收资本"或"股本"科目，按投资各方确认的价值与确认为实收资本或股本的差额，确认为资本公积，贷记"资本公积——资本溢价(股本溢价)"科目。

【例 7-7】某企业接受乙公司投入设备一台，合同约定的价值为 300 000 元。企业账务处理如下。

借：固定资产　　　　　　　　　　　　　　　300 000
　　贷：实收资本　　　　　　　　　　　　　　　300 000

四、融资租赁租入的固定资产

融资租赁，是指在实质上转移了与资产所有权有关的全部风险和报酬的租赁。所有权最终可能转移，也可能不转移。在租赁业务中，风险和报酬的转移与所有权的转移并不一定是相同的，租赁期届满后，如果承租人购买了租赁资产，则租赁资产所有权转移给承租人，否则，租赁资产所有权一般不转移给承租人。在判断租赁类型时，不应以租赁资产所有权是否转移给承租人为标准。

企业采用融资租赁方式租入的固定资产，虽然从法律形式上资产的所有权在租赁期间仍然属于出租人，但由于资产租赁期基本上包括了资产的有效使用年限，承租企业实质上获得了租赁资产所提供的主要经济利益，同时承担与资产所有权有关的风险，因此，承租企业应将融资租入固定资产作为一项固定资产入账，同时确认相应的负债，并采用与自有应折旧资产相一致的折旧政策计提折旧。

第三节　固定资产的折旧

一、固定资产折旧的性质

固定资产的折旧，是指在固定资产使用寿命内，按照确定的方法对应计折旧额进行系统分摊。应计折旧额，是指应当计提折旧的固定资产的原价扣除其预计净残值后的金额，已计提减值准备的固定资产，还应当扣除已计提的固定资产减值准备累计金额。

从本质上讲，折旧是一种费用，是固定资产在使用过程中由于逐渐损耗而减少的那部分价值。固定资产损耗分有形损耗和无形损耗两种。有形损耗是指固定资产由于使用和自然力的影响而引起的使用价值和价值的损失；无形损耗是指固定资产由于科学技术进步而引起的价值上的损失。根据配比原则，对固定资产损耗的价值，应在固定资产的预计使用寿命内，以计提折旧的方式计入各期成本费用，从各期营业收入中逐步得到补偿。

二、固定资产折旧的范围

按照《企业会计准则第 4 号——固定资产》的规定，除以下情况外，企业应对所有固定资产计提折旧。

(1) 已提足折旧仍继续使用的固定资产。

(2) 按照规定单独估价作为固定资产入账的土地。

在确定固定资产计提折旧时，应注意的是：

(1) 固定资产提足折旧后，仍继续使用的，不再计提折旧。

(2) 提前报废的固定资产，不再补提折旧。

(3) 已达到预定可使用状态的固定资产，如果尚未办理竣工决算的，应按照估计价值确定其成本，并计提折旧；待办理了竣工决算手续后，再按照实际成本调整原来的暂估价值，但不需要调整原已计提的折旧额。

企业一般应根据月初计提折旧固定资产账面原值和月折旧率，按月计提折旧。当月增加的固定资产，当月不提折旧；当月减少的固定资产，当月照提折旧。

三、影响固定资产折旧的因素

1. 固定资产的原值

固定资产的原值，是指企业计提固定资产折旧时的基数，即固定资产取得时的入账价值。

2. 固定资产的预计净残值

固定资产的预计净残值，是指假定固定资产预计使用寿命已满并处于使用寿命终了时的预期状态，企业目前从该项资产处置中获得的扣除预计处置费用后的金额。

3. 固定资产的使用寿命

固定资产的使用寿命，是指固定资产预期使用的年限。

4. 固定资产减值准备

固定资产减值准备，是指固定资产已计提的固定资产减值准备累计金额。

四、固定资产折旧的方法

根据企业会计准则的规定，企业应当根据与固定资产有关的经济利益的预期实现方式，合理选择固定资产折旧方法。可选用的折旧方法包括年限平均法、工作量法、双倍余额递减法和年数总和法。折旧方法一经选定，不得随意变更。如需变更，应当在附注中予以说明。

(一)年限平均法

年限平均法是指将固定资产的可折旧金额均衡地分摊于固定资产使用年限内的一种方法。这种方法假定固定资产的可折旧金额是依使用年限均匀损耗，因此，使用年限内各期的折旧金额相等。它主要适用于固定资产各期的负荷程度基本相同，各期应分摊的折旧费也基本相同的情况。计算公式如下：

固定资产的年折旧额=(固定资产原值-预计净残值)÷预计使用年限

固定资产月折旧额=固定资产年折旧额÷12

实际工作中，为了便于计算固定资产的折旧，通常以折旧率来反映固定资产在单位时间的折旧程度，每月应计提的折旧额，一般是根据固定资产原值乘以月折旧率计算得到。折旧率，也就是一定期间内固定资产折旧额对固定资产原值的比率，计算公式为：

年折旧率=固定资产年折旧额÷固定资产原值×100%

年折旧率=(1-预计净残值率)÷固定资产预计使用年限×100%

月折旧率=年折旧率÷12

【例 7-8】　丙公司有一厂房原价为 500 000 元，预计使用年限为 20 年，预计净残值率为 2%；假设丙公司没有为该厂房计提减值准备，则该厂房的折旧率和折旧额的计算如下：

年折旧率=(1-2%)÷20×100%=4.9%

月折旧率=4.9%÷12×100%=0.41%

月折旧额=500 000×0.41%=2 050(元)

(二)工作量法

工作量法是根据固定资产的实际工作量计提固定资产折旧的一种方法。它和年限平均法同属直线法。但是，它是假定固定资产在使用年限内依工作量均匀损耗，按工作量计提折旧。在一定期间内固定资产的工作量越多，计提的折旧也就越多。所以，固定资产在使用年限内的各会计期间的工作量不同，计提的折旧也就不同。该法适用于损耗程度与完成工作量成正比关系的固定资产或在使用年限内不能均衡使用的固定资产。计算公式为：

单位工作量折旧额=(固定资产原值-预计净残值)÷预计总工作量

某项固定资产月折旧额=单位工作量折旧额×当月实际完成的工作量

【例 7-9】某股份有限公司的一辆货运卡车账面原值为 800 000 元，预计总行驶里程为 10 000 000 公里，预计净残值率为 4%。2020 年 7 月共行驶 50 000 公里。本月计提折旧额如下：

单位行驶里程折旧额=800 000×(1-4%)÷10 000 000=0.0768(元/公里)

本月折旧额=50 000×0.0768=3 840(元)

(三)双倍余额递减法

双倍余额递减法，是在不考虑固定资产预计净残值的情况下，根据每年年初固定资产净值和双倍的直线法折旧率计算固定资产折旧额的一种方法。计算公式为：

年折旧率=2÷预计使用年限×100%

月折旧率=年折旧率÷12

月折旧额=固定资产账面净值×月折旧率

由于双倍余额递减法不考虑固定资产的残值收入，因此，在采用这种方法时必须注意不能使固定资产的账面余额降低到其预计净残值以下。在我国会计实务中，实行双倍余额递减法计提固定资产折旧时，应当在固定资产使用年限到期前两年以内，将固定资产账面余额扣除预计净残值后的余额平均摊销。

【例 7-10】乙公司有一台机器设备原价为 600 000 元，预计使用寿命为 5 年，预计净残值率为4%；假设乙公司没有为该机器设备计提减值准备。按双倍余额递减法计算各年折旧额如表7-1所示。

表7-1　双倍余额递减法折旧表

单位：元

年　　度	账面原值	折旧率/%	当年折旧	累计折旧	期末账面净值
1	600 000	40	240 000	240 000	360 000
2	600 000	40	144 000	384 000	216 000
3	600 000	40	86 400	470 400	129 600
4	600 000	40	52 800	523 200	76 800
5	600 000	40	52 800	576 000	24 000

每年折旧额计算如下：

年折旧率=2÷5×100%=40%

第1年应计提的折旧额=600 000×40%=240 000(元)

第2年应计提的折旧额=(600 000-240 000)×40%=144 000(元)

第3年应计提的折旧额=(360 000-144 000)×40%= 86 400(元)

从第4年起改按年限平均法(直线法)计提折旧：

第4、第5年应计提的折旧额=(129 600-600 000×4%)÷2=52 800(元)

(四)年数总和法

年数总和法又称年限合计法，是以固定资产的原值减去预计净残值后的净额为基数，乘以一个逐年递减的分数计算每年的折旧额，这个分数的分子代表固定资产尚可使用的年数，分母代表使用年数的逐年数字合计。这种方法的特点：计算折旧的基数是固定不变的，折旧率依固定资产尚可使用年限确定，各年折旧率呈递减趋势，依此计算的折旧额也呈递减趋势。计算公式如下：

年折旧率=尚可使用年限÷预计使用的年数总和

月折旧率=年折旧率÷12

月折旧额=(固定资产原值-预计净残值)×月折旧率

【例 7-11】沿用上例，乙公司如果采用年数总和法计提折旧，计算的各年的折旧额如表7-2所示。

表7-2　年数总和法折旧表

单位：元

年　　度	账面原值	折旧率	当年折旧	累计折旧	期末账面净值
1	600 000	5/15	192 000	192 000	408 000
2	600 000	4/15	153 600	345 600	254 400
3	600 000	3/15	115 200	460 800	139 200
4	600 000	2/15	76 800	537 600	38 400
5	600 000	1/15	38 400	576 000	24 000

每年折旧额计算如下：

第 1 年应计提的折旧额=(600 000-24 000)×5÷15=192 000(元)

第 2 年应计提的折旧额=(600 000-24 000)×4÷15=153 600(元)

第 3 年应计提的折旧额=(600 000-24 000)×3÷15=115 200(元)

第 4 年应计提的折旧额=(600 000-24 000)×2÷15=76 800(元)

第 5 年应计提的折旧额=(600 000-24 000)×1÷15=38 400(元)

五、固定资产折旧的账务处理

企业计提的固定资产折旧，应根据固定资产用途，分别计入相关资产的生产成本或当期费用。具体来说，企业在实际计提固定资产折旧时，应当按月提取折旧，并根据用途，借记"制造费用""销售费用""管理费用"等科目，贷记"累计折旧"科目。比如，企业自行建造固定资产过程中所使用的固定资产，其计提折旧应计入在建工程的成本，并最终形成另一项资产的成本；企业基本生产车间所使用的固定资产，其计提折旧应计入制造费用，并最终计入所生产的产品成本；企业管理部门所使用的固定资产，其计提折旧应计入管理费用；企业销售部门所使用的固定资产，其计提折旧应计入销售费用；企业的未使用、不需用固定资产，其计提折旧应计入管理费用。

【例 7-12】某企业采用年限平均法提取固定资产折旧。2020 年 5 月根据"固定资产折旧计算表"，确定的各车间及管理部门应分配的折旧额为：A 车间 30 000 元，B 车间 24 000元，C 车间 30 000 元，厂部管理部门 6 000 元。企业的会计处理如下。

```
借：制造费用——A 车间            30 000
           ——B 车间            24 000
           ——C 车间            30 000
    管理费用                     6 000
    贷：累计折旧                           90 000
```

第四节　固定资产的后续支出

企业的固定资产投入使用后，为了适应新技术发展的需要，或者为维护或提高固定资产的使用效能，往往需要对现有固定资产进行维护、改建、扩建或者改良，为此所发生的支出即为固定资产的后续支出。

一、资本化的固定资产后续支出

企业在生产经营活动过程中，通过对厂房进行改建、扩建而使其更加坚固耐用，延长了厂房等固定资产的使用寿命；企业通过对设备的改建，提高了其单位时间内产品的产出数量，提高了机器设备等固定资产的生产能力；企业通过对车床的改良，大大提高了其生产产品的精确度，实现了企业产品的价格竞争力等。

根据企业会计准则的规定，在对固定资产发生后续支出的过程中，如果后续支出满足固定资产的确认条件，则应当计入固定资产账面价值。

在对固定资产发生了资本化的后续支出时，企业应将该固定资产的原价、已计提的累计折旧和减值准备转销，将固定资产的账面价值转入在建工程，固定资产发生的可资本化的后续支出，通过"在建工程"科目核算。在固定资产发生的后续支出完工并达到预定可使用状态时，应在后续支出资本化的固定资产账面价值不超过其可收回金额的范围内，从"在建工程"科目转入；后续支出资本化后的固定资产账面价值超过其可收回金额的差额，计入当期营业外支出。

在具体实务中，企业对固定资产进行更新改造时，应将更新改造的固定资产账面价值转入在建工程，并在此基础上核算经更新改造后的固定资产原价。处于更新改造过程而停止使用的固定资产因已转入在建工程，因此不计提折旧，待更新改造项目达到预定可使用状态转为固定资产后，再按重新确定的折旧和该项固定资产尚可使用年限计提折旧，因进行大修理而停用的固定资产，应当照提折旧，计提的折旧应计入相关成本费用。

【例 7-13】某商业贸易公司决定将其营业大厅的旧式电梯更换为一部新型电梯以方便顾客。旧电梯成本为 160 000 元，未单独确认为固定资产。2020 年 1 月，开始改良工程，该贸易公司支付新电梯增值税专用发票上注明的价款为 200 000 元，增值税额为 26 000 元，另以银行存款支付安装费用 20 000 元，增值税 1 800 元，旧电梯回收价格为 80 000 元，款项尚未收到。营业厅原始成本为 1 440 000 元，截至改良工程开始时，已累计折旧 335 200 元。该贸易公司改良工程的会计处理如下。

(1) 将营业厅的账面价值转入在建工程

借：在建工程　　　　　　　　　　　　　　　1 104 800
　　累计折旧　　　　　　　　　　　　　　　　335 200
　　　贷：固定资产　　　　　　　　　　　　　　　　　1 440 000

(2) 转销旧电梯的账面价值

旧电梯的账面价值=160 000−160 000÷1 440 000×335 200

　　　　　　　　=160 000−37 244

　　　　　　　　=122 756(元)

借：其他应收款　　　　　　　　　　　　　　　80 000
　　营业外支出　　　　　　　　　　　　　　　42 756
　　　贷：在建工程　　　　　　　　　　　　　　　　　122 756

(3) 购入新电梯

借：工程物资　　　　　　　　　　　　　　　200 000
　　应交税费——应交增值税(进项税额)　　　 26 000
　　　贷：银行存款　　　　　　　　　　　　　　　　　226 000

(4) 安装新电梯

借：在建工程　　　　　　　　　　　　　　　200 000
　　　贷：工程物资　　　　　　　　　　　　　　　　　200 000

(5) 支付安装费用

借：在建工程　　　　　　　　　　　　　　　 20 000
　　应交税费——应交增值税(进项税额)　　　　1 800
　　　贷：银行存款　　　　　　　　　　　　　　　　　 21 800

(6) 电梯投入使用

借：固定资产   1 202 044

  贷：在建工程   1 202 044

二、费用化的固定资产后续支出

一般情况下，固定资产投入使用之后，由于固定资产磨损、各组成部分耐用程度不同，可能导致固定资产的局部损坏，为了维护固定资产的正常运转和使用，充分发挥其使用效能，企业将对固定资产进行必要的维护，发生固定资产维护支出只是确保固定资产的正常工作状况，没有满足固定资产的确认条件。因此，应在发生时一次性直接计入当期费用，不再通过预提或者待摊的方式进行核算。

企业生产车间(部门)和行政管理部门的固定资产发生不可资本化后续支出，比如，固定资产日常修理费用及其可抵扣的增值税进项税额，应借记"管理费用""应交税费——应交增值税(进项税额)"科目，贷记"银行存款"等科目；企业专设销售机构的固定资产不可资本化后续支出，比如，固定资产日常修理费用及其可抵扣的增值税进项税额，应借记"销售费用""应交税费——应交增值税(进项税额)"科目，贷记"银行存款"等科目。

【例7-14】甲公司为增值税一般纳税人，2020年9月1日，甲公司对现有的一台生产车间设备进行日常修理，发生维修费并取得增值税专用发票，注明修理费 20 000 元，税率为13%，增值税 2 600 元。甲公司的会计处理如下。

借：管理费用   20 000

  应交税费——应交增值税(进项税额) 2 600

  贷：银行存款   22 600

第五节　固定资产的处置和清查

一、固定资产的处置

固定资产处置是指由于各种原因使企业固定资产需退出生产过程所做的处理活动。固定资产的处置主要包括出售、转让、报废和毁损、对外投资转出、非货币性资产交换、债务重组等。

固定资产在处置过程中会发生收益或损失，称为处置损益。它以处置固定资产所取得的各项收入与固定资产的账面价值、发生的清理费之间的差额来确定。其中，处置固定资产的收入包括出售价款、残料变价收入、保险及过失人赔款等各项收入；清理费用包括处置固定资产时发生的拆卸、搬运、整理等各项费用。

企业因出售、报废、毁损等原因减少的固定资产，要通过"固定资产清理"科目核算。"固定资产清理"科目是计价对比科目，用来核算企业因出售、报废和毁损等原因转入清理的固定资产净值以及在清理过程中所发生的清理费用和清理收入。其借方反映转入清理的固定资产净值、发生的清理费，贷方反映清理固定资产的变价收入和应由保险公司或过失人承担的损失等，进行固定资产清理，要按规定程序办理报废、转让手续，如实反映和严格监督固定资产的清理过程，做好固定资产的清理核算工作。固定资产清理的会计核算分以下几个步骤进行。

第一步，固定资产转入清理。企业出售、报废、毁损的固定资产转入清理时，应按清理固定资产的净值，借记"固定资产清理"科目，按已提的折旧，借记"累计折旧"科目，按已计提的减值准备，借记"固定资产清理"科目，按固定资产的原价，贷记"固定资产"科目。

第二步，发生的清理费用。固定资产清理过程中发生的清理费用及其可抵扣的增值税进项税额(如支付清理人员的工资等)也应记入"固定资产清理"科目，按实际发生的清理费用，借记"固定资产清理""应交税费——应交增值税(进项税额)"科目，贷记"银行存款"等科目。

第三步，出售收入和残料等的处理。企业收回出售固定资产的价款和税款，借记"银行存款"科目，按增值税专用发票注明的价款贷记"固定资产清理"科目，按增值税专用发票注明的增值税销项税额，贷记"应交税费——应交增值税(销项税额)"科目。残料入库，按残料价值等，借记"原材料"等科目，贷记"固定资产清理"科目。

第四步，保险赔偿的处理。企业计算收到的应由保险公司或过失人赔偿的报废、毁损固定资产的损失，应冲减清理支出，借记"银行存款"或"其他应收款"科目，贷记"固定资产清理"科目。

第五步，清理净损益的处理。固定资产清理后发生的净收益或净损失，应区分不同情况进行账务处理。

(1) 因固定资产已丧失使用功能或因自然灾害发生毁损等原因而报废清理产生的利得或损失应计入营业外收支。属于生产经营期间报废清理产生的处理净损失，借记"营业外支出——非流动资产处置损失"(正常原因)或"营业外支出——非常损失"(非正常原因)科目，贷记"固定资产清理"科目；如为净收益，借记"固定资产清理"科目，贷记"营业外收入——非流动资产处置利得"科目。

(2) 因出售、转让等原因产生的固定资产处置利得或损失应计入资产处置收益。确认处置净损失，借记"资产处置损益"科目，贷记"固定资产清理"科目；如为净收入，借记"固定资产清理"科目，贷记"资产处置损益"科目。

【例 7-15】甲公司为一般纳税人，出售一台设备，该设备原价为 100 000 元，已提折旧 40 000 元，实际售价 80 000 元，增值税 10 400 元，已通过银行收回价款。公司应编制的会计分录如下。

(1) 将出售的固定资产转入清理时

借：固定资产清理	60 000	
累计折旧	40 000	
贷：固定资产		100 000

(2) 收到出售固定资产价款和税款时

借：银行存款	90 400	
贷：固定资产清理		80 000
应交税费——应交增值税(销项税额)		10 400

(3) 结转出售固定资产发生的净收益时

借：固定资产清理 20 000

贷：资产处置损益 20 000

【例 7-16】甲公司为增值税一般纳税人，出售一座建筑物，该建筑物原价为 2 000 000 元，已提折旧 1 500 000 元，未提减值准备。实际售价 1 200 000 元，增值税税率为 9%，增值税额 108 000 元，已通过银行收回价款。甲公司应编制的会计分录如下。

(1) 将出售的固定资产转入清理时

借：固定资产清理 500 000

累计折旧 1 500 000

贷：固定资产 2 000 000

(2) 收到出售固定资产价款和税款时

借：银行存款 1 308 000

贷：固定资产清理 1 200 000

应交税费——应交增值税(销项税额) 108 000

(3) 结转出售固定资产发生的净收益时

借：固定资产清理 700 000

贷：资产处置损益 700 000

【例 7-17】丙公司为增值税一般纳税人，因遭受台风袭击毁损一座仓库，该仓库原价为 4 000 000 元，已提折旧 1 000 000 元，未提减值准备。其残料估计价值 50 000 元，残料已经办理入库。发生清理费用并取得增值税专用发票，注明装卸费 20 000 元，增值税额 1 800 元，全部款项已用银行存款支付。收到保险公司赔款 1 500 000 元，存入银行。假定不考虑其他相关税费。丙公司应编制的会计分录如下。

(1) 将毁损仓库转入清理时

借：固定资产清理 3 000 000

累计折旧 1 000 000

贷：固定资产 4 000 000

(2) 残料入库时

借：原材料 50 000

贷：固定资产清理 50 000

(3) 支付清理费用时

借：固定资产清理 20 000

应交税费——应交增值税(进项税额) 1 800

贷：银行存款 21 800

(4) 确认并收到保险公司赔款时

借：其他应收款 1 500 000

贷：固定资产清理 1 500 000

借：银行存款 1 500 000

贷：其他应收款 1 500 000

(5) 结转毁损固定资产发生的净损失时

借：营业外支出   1 470 000

    贷：固定资产清理   1 470 000

二、固定资产的清查

(一)固定资产清查的程序

为了保证固定资产的安全完整和固定资产核算的真实性，企业应定期或者至少于每年年末对固定资产进行全面的清查。清查采用实地盘点方式，以做到固定资产卡片一致，账实相符。对盘盈、盘亏、毁损的固定资产，应当查明原因，写出书面报告，并根据企业的管理权限，经股东大会、董事会或经理(厂长)会议或类似机构批准后，在期末结账前处理完毕。固定资产盘点清查的具体程序如下。

(1) 盘点前，一方面将所有固定资产进行整理，区分资产的所有权归属，将不属于企业的固定资产排除在盘点范围之外；另一方面将所有权归属于企业的固定资产的业务全部入账。盘点前要准备好列明所有待查固定资产的编号、名称、规格和存放的盘点清册。

(2) 盘点时，在盘点清册上逐一登记待查固定资产的数量、实有数量以及两者之间的差额。

(3) 盘点后，对账实不符的固定资产进行核查，查明不符的原因，分清责任，将盘点结果登记在盘点报告单中。

企业在进行固定资产盘点时，不仅要对固定资产的数量进行账实核对，还要对固定资产的价值进行评价，进而判断是否存在固定资产减值。

(二)固定资产的盘盈

在财产清查中盘盈的固定资产，根据《企业会计准则第 28 号——会计政策、会计估计变更和差错更正》的规定，应当作为重要的前期差错进行会计处理。企业在财产清查中盘盈的固定资产，在按管理权限批准处理前，应先通过"以前年度损益调整"科目核算。

盘盈的固定资产，应按重置成本确定其入账价值，借记"固定资产"科目，贷记"以前年度损益调整"科目；由于以前年度损益调整而增加的所得税费用，借记"以前年度损益调整"科目，贷记"应交税费——应交所得税"科目；将以前年度损益调整科目余额转入留存收益时，借记"以前年度损益调整"科目，贷记"盈余公积""利润分配——未分配利润"科目。

【例 7-18】甲公司为增值税一般纳税人，在财产清查中，发现一台仪器没有在账簿中记录。该仪器重置成本为 30 000 元。假定该公司按净利润的 10%提取法定盈余公积，不考虑相关税费及其他因素影响。甲公司的账务处理如下。

(1) 盘盈固定资产时

借：固定资产   30 000

    贷：以前年度损益调整   30 000

(2) 结转为留存收益时

借：以前年度损益调整   30 000

贷：盈余公积		3 000
利润分配——未分配利润		27 000

(三)固定资产的盘亏

企业在财产清查中盘亏的固定资产，按盘亏固定资产的账面价值，借记"待处理财产损溢"科目，按已计提的累计折旧，借记"累计折旧"科目，按已计提的减值准备，借记"固定资产减值准备"科目，按固定资产的原价，贷记"固定资产"科目。按管理权限报经批准后处理时，按可收回的保险赔偿或过失人赔偿，借记"其他应收款"科目，按应计入营业外支出的金额，借记"营业外支出——盘亏损失"科目，贷记"待处理财产损溢——待处理固定资产损溢"科目。

【例7-19】乙公司进行财产清查时发现短缺一台笔记本电脑，原价为10 000元，已计提折旧7 000元。乙公司的账务处理如下。

(1) 盘亏固定资产时

借：待处理财产损溢——待处理固定资产损溢	3 000	
累计折旧	7 000	
贷：固定资产		10 000

(2) 报经批准转销时

借：营业外支出——盘亏损失	3 000	
贷：待处理财产损溢——待处理固定资产损溢		3 000

第六节　固定资产的期末计价

一、固定资产可收回金额的含义

为了客观、真实、正确地反映期末固定资产的实际价值，企业在编制资产负债表时，应合理地确定固定资产的期末价值。同时，固定资产在使用过程中，由于存在有形损耗(如自然磨损等)和无形损耗(如技术陈旧等)以及其他原因，导致其可收回金额低于其账面价值，这种情况即为固定资产减值。

可收回金额是指资产的销售净价与预期从该资产的持续使用和使用寿命结束时的处置中，形成的现金流量的现值两者之中的较高者。销售净值是指资产的销售价格，减去处置资产所发生的相关税费后的金额。会计期末，企业应当对可收回金额低于账面价值的部分予以预计，确认固定资产减值损失。

二、固定资产减值的判断标准

企业应于期末对固定资产进行检查，如果存在下列几种情况，应当计算固定资产的可收回金额，以确定固定资产是否发生减值。如果固定资产发生减值，应当计提相应的固定资产减值准备。

(1) 固定资产市价大幅度下跌，其幅度大大高于因时间推移或正常使用而预计的下跌，并且预计在近期内不可能恢复；

(2) 企业所处经营环境，如技术、市场、经济或法律环境，或者商品营销市场在当期发生或在近期发生重大变化，并对企业产生负面影响；

(3) 同期市场利率等大幅度提高，进而很可能影响企业计算固定资产可收回金额的折现率，并导致固定资产可收回金额大幅度降低；

(4) 固定资产陈旧过时或发生实体损坏，将大大影响固定资产的生产能力，如生产出大量不合格产品等，从而降低固定资产产生未来经济利益的能力，进而表明其可收回金额将降低，此时，固定资产就有可能发生减值；

(5) 固定资产预计使用方式发生重大不利变化，如企业计划终止或重组该资产所属的经营业务，提前处置资产等情形，从而对企业产生负面影响；

(6) 其他有可能表明资产已发生减值的情况。

在实际工作中，出现上述迹象，企业应在综合考虑各方面因素的基础上，作出职业判断。

三、固定资产减值的账务处理

固定资产在资产负债表日存在可能发生减值的迹象时，其可收回金额低于账面价值的，企业应当将该固定资产的账面价值减记至可收回金额，减记的金额确认为减值损失，计入当期损益，同时计提相应的资产减值准备，借记"资产减值损失——计提的固定资产减值准备"科目，贷记"固定资产减值准备"科目。需要强调的是，根据《企业会计准则第 8 号——资产减值》的规定，固定资产减值损失一经确认，在以后会计期间不得转回。

【例 7-20】2020 年 12 月 31 日，A 公司的一条生产线由于技术的原因，该机器的可收回金额为 560 万元，账面价值为 770 万元，以前年度未对该生产线计提减值准备。A 公司的账务处理如下。

借：资产减值损失——计提的固定资产减值准备　　2 100 000
　　贷：固定资产减值准备　　　　　　　　　　　　　　　　　2 100 000

第七章习题

第八章

无形资产及其他资产

【学习目标】

1. 了解无形资产的概念和特性;
2. 了解无形资产的分类;
3. 掌握无形资产的会计核算;
4. 了解其他资产的特征;
5. 掌握其他资产的会计核算。

【学习重点】

1. 无形资产的计价;
2. 无形资产取得的核算;
3. 无形资产出售的核算。

【学习难点】

1. 无形资产取得的核算;
2. 无形资产出售的核算。

【任务导入】

任务资料: 甲公司 2018 年 1 月 1 日购入一项商标的所有权,取得增值税专用发票上注明的价款为 60 000 元,增值税为 3 600 元。该专利有限期为 8 年。假定甲企业每月摊销一次,2020 年 1 月 15 日,甲企业将该商标出售,售价 50 000 元,增值税税率为 6%,款项已存入银行。

任务目标: 编制甲公司与该无形资产相关的会计分录。

第一节 无 形 资 产

一、无形资产概述

(一)无形资产的概念及特征

无形资产,是指企业拥有或者控制的没有实物形态的可辨认非货币性资产。无形资产具有以下几个特征。

1. 无形资产不具有实物形态

无形资产区别于固定资产和存货等其他资产的显著特征是其没有实物形态,摸不着、看不见,但却具有极大的潜在价值。通常表现为某种权利、技术或获取超额利润的综合能力,如土地使用权、非专利技术等。

2. 无形资产属于非货币性长期资产。

银行存款、应收账款、应收票据等货币性资产,虽然也没有实物形态,但它们与无形资产有着本质的区别。货币性资产的共同特点是直接表现为固定的货币数额,或在将来有收到一定货币数额的要求权;而无形资产的价值是不确定的,企业为取得其所发生的支出属于资本性支出。

3. 无形资产所提供的未来经济利益具有高度的不确定性

无形资产能否为企业提供未来的经济利益以及提供多大的未来经济利益在很大程度上要受到企业外部因素的影响,如技术进步、市场需求变化、同行业竞争等,使得其预期的获利能力具有高度的不确定性,可能分布在从零到很大金额的范围内。同时,无形资产通常都不能单独获利,需要借助于有形资产才能发挥其作用,因而企业的收益中究竟有多少来自无形资产是很难辨认的。此外,无形资产的取得成本与其能为企业带来的未来经济利益之间并无内在联系,因而很难对其未来的获利能力作出合理估计。

4. 无形资产是为企业使用而非出售的资产

企业持有无形资产的目的不是出售,而是生产经营,即利用无形资产来提供商品、提供劳务、出租给他人或为企业经营管理服务。

(二)无形资产的确认条件

某一资产项目，如果要作为无形资产加以确认，要同时满足以下两个条件。

1. 与该无形资产有关的经济利益很可能流入企业

作为无形资产确认的项目，必须具备其所产生的经济利益很可能流入企业这一条件。通常情况下，无形资产产生的未来经济利益可能包括在销售商品、提供劳务的收入当中，或者体现在企业使用该项无形资产而减少或节约了成本，或者体现在获得的其他利益当中。例如，生产加工企业在生产工序中使用了某种知识产权，降低了未来生产成本。

企业应能够控制无形资产所产生的经济利益，即企业拥有无形资产的法定所有权，或企业与他人签订了协议，使得企业的相关权利受到法律的保护。

2. 该无形资产的成本能够可靠地计量

在判断无形资产产生的经济利益是否很可能流入企业时，企业管理部门应对无形资产在预计使用年限内存在的各种因素作出稳健的估计。例如，高科技人才的知识能给企业创造经济利益，但难以准确、合理辨认，所发生的支出更是难以计量，因而无法作为企业的无形资产加以确认。再如，企业自创商誉以及内部产生的品牌、报刊名等，因其成本无法可靠计量，也不能作为企业的无形资产。

二、无形资产的内容与分类

(一)无形资产的内容

无形资产可分为专利权、非专利技术、商标权、著作权、土地使用权、特许权等。

1. 专利权

专利权是指专利发明人经过专利申请获得批准，从而得到法律保护的，对某一产品的设计、造型、配方、结构、制造工艺或程序等拥有的专门权利。我国专利法规定：专利权分为发明专利和实用新型及外观设计专利两种，自申请日起计算，发明专利的期限为 15 年，实用新型及外观设计专利的期限为 5 年。发明者在取得专利权后，在有效期限内将享有专利的独占权。

2. 非专利技术

非专利技术，也称专有技术。它是指专利未经申请的没有公开的专门技术、工艺规程、经验和产品设计等。非专利技术由于未经法定机关按法律程序批准和认可，所以不受法律保护。非专利技术没有法律上的有效年限，但事实上具有专利权的效用。

3. 商标权

商标权是商标所有者将某类指定的产品或商品上使用的特定名称或图案，依法注册登记后，取得的受法律保护的独家使用权利。商标权的内容包括独占使用权和禁止使用权。商标是用来辨认特定商品和劳务的标记，代表着企业的一种信誉，从而具有相应的经济价值。根据我国商标法规定，注册商标的有效期限为 10 年，期满可依法延长。

4. 著作权

著作权又称版权，是指作者对其创作的文学、科学和艺术作品依法享有的某些特殊权利。著作权可以转让、出售或者赠予。著作权包括发表权、署名权、修改权、保护作品完整权、使用权和获得报酬的权利等。

5. 土地使用权

土地使用权是某一企业按照法律规定所取得的在一定时期对国有土地进行开发、利用和经营的权利。根据法律规定，在我国境内的土地都属于国家或集体所有，任何单位和个人不得侵占、买卖、出租或非法转让。国家和集体可以依照法定程序对土地使用权实行有偿出让，企业也可以依照法定程序取得土地使用权，或将已取得的土地使用权依法转让。企业取得土地使用权的方式大致有：划拨取得、外购取得、投资者投入取得等。

6. 特许权

特许权，又称特许经营权，是指企业在某一地区经营或销售某种特定商品的权利或是一家企业接受另一家企业使用其商标、商号、技术秘密等权利。前者一般是由政府授权准许企业使用或在一定地区享有经营某种业务的特权，如烟草专卖权，水、电、邮电通信等专营权；后者指企业间依法签订的合同，使用另一家企业的某些权利，如连锁分店使用总店的名称等。

(二)无形资产的分类

1. 按无形资产的取得方式

按照无形资产的取得方式，无形资产可以分为外购无形资产和内部形成的无形资产。

外购无形资产，是指企业用货币资金或者以其他资产相交换，从其他科研单位或其他企业引进的无形资产；内部形成的无形资产，是指由企业所属的科研机构或职能部门研制开发出来的无形资产。

2. 按期限分类

按照是否具备确定的寿命期限，可以把无形资产分为期限确定的无形资产和期限不确定的无形资产。

期限确定的无形资产，是在法律允许的一定期限内，其占有权受法律保护的无形资产，如专利权、著作权、商标权、土地使用权、特许权等。

期限不确定的无形资产，是没有相应法律规定其有效期限，其经济寿命难以预先准确估计的无形资产，如专有技术属于此类。

三、无形资产的核算

(一)无形资产取得的核算

为了核算无形资产的取得、摊销处置等情况，企业应当设置"无形资产"科目。该科目属于资产类，借方反映取得的无形资产成本；贷方反映无形资产摊销和转出的金额；期末余额在借方，反映尚未摊销的无形资产账面余额。该科目应按无形资产的项目设置明细账，进行明细核算。

1. 外购的无形资产

外购的无形资产，其成本包括购买价款、相关税费以及直接归属于使该项资产达到预定用途所发生的其他支出。企业购入无形资产取得增值税专用发票，其增值税可以抵扣。

企业购入各项无形资产时，应按实际支出，借记"无形资产"科目，贷记"银行存款"科目。

【例 8-1】甲企业从外部某单位购入一项专利权，增值税专用发票上注明的价款为 100 000 元，税率为 6%，增值税额为 6 000 元，用银行存款付讫。甲企业的账务处理如下。

借：无形资产——专利权　　　　　　　　　　100 000

　　应交税费——应交增值税(进项税额)　　　　6 000

　　　贷：银行存款　　　　　　　　　　　　　　　　106 000

2. 自行研究开发的无形资产

企业内部研究开发的无形资产应区分为研究阶段和开发阶段。研究是指为获取并理解新的科学或技术进行的独创性的有计划的调查。研究阶段是探索性的，为进一步开发做准备，将来是否会转入开发、开发后是否会形成无形资产具有较大的不确定性。在这一阶段不会形成阶段性成果。因此，研究阶段的有关支出，在发生时应当费用化计入当期损益。开发阶段是指在进行商业化生产或使用前，将研究成果或其他知识应用于某项计划或设计，以生产出新的或具有实质性改进的材料、装置和产品等。与研究阶段相比，开发阶段在一定程度上具备了形成一项新产品或新技术的基本条件。如果能够证明开发支出符合无形资产的定义及相关确认条件，企业可将开发阶段支出确认为无形资产。

企业自行开发无形资产发生的研发支出，无论是否满足资本化条件，均应先在"研发支出"科目中归集。期末，对于不符合资本化条件的研发支出，转入当期管理费用；符合资本化条件但尚未完成的开发费用，继续保留在"研发支出"科目中，待开发项目完成达到预定用途形成无形资产时，再将其发生的实际成本转入无形资产。

【例 8-2】甲企业正在研究和开发一项新工艺，截至 2019 年 12 月 31 日以前发生各项研究、调查、试验等费用共计 200 000 元，经测试该项研发活动完成了研究阶段；从 2020 年 1 月 1 日开始进入开发阶段，共支出研发费用 300 000 元，假定符合资本化条件；2020 年 6 月 30 日，该项研发活动结束，形成一项非专利技术。甲企业的账务处理如下。

(1) 2019 年发生的研发支出

借：研发支出——费用化支出　　　　　　　　200 000

　　　贷：银行存款　　　　　　　　　　　　　　　　200 000

(2) 2019 年 12 月 31 日将研究阶段的支出全部转入当期损益

借：管理费用　　　　　　　　　　　　　　　200 000

　　　贷：研发支出——费用化支出　　　　　　　　　200 000

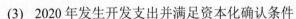

(3) 2020 年发生开发支出并满足资本化确认条件

借：研发支出——资本化支出   300 000

    贷：银行存款   300 000

(4) 2020 年 6 月 30 日，该技术研发完成并形成无形资产

借：无形资产   300 000

    贷：研发支出——资本化支出   300 000

3. 投资者投入的无形资产

投资者投入的无形资产，应当按照投资合同或协议约定的价值作为成本，但合同或协议约定价值不公允的除外。

【例 8-3】甲企业 2020 年 1 月 1 日接受某公司投资的一项专利权，该项专利权经评估后，双方确认的价值为 226 000 元。取得增值税专用发票，其中价款 200 000 元，增值税税率为 6%，增值税 26 000 元。甲企业的账务处理如下。

借：无形资产——专利权   200 000

    应交税费——应交增值税(进项税额)   26 000

    贷：实收资本   226 000

(二)无形资产的摊销

1. 无形资产摊销的概念

无形资产属于非流动资产，能在较长的时间内为企业提供经济利益。随着无形资产提供效用和获取收入潜能的递减，其原始成本也应在各个会计期间进行合理的分摊并转为费用，以便与各个会计期间的收入相互可比。由于无形资产有使用寿命有限和使用寿命不确定之分，其摊销方式也不相同。

使用寿命有限的无形资产通常有一定的有效期限，无形资产所具有价值的权利或特权总会终结或消失，但这种权利或特权也不会一现即逝，总会持续一个阶段，在这个阶段内，其价值应逐步地转移到受益期内产品价值中去。因此，使用寿命有限的无形资产的成本应当在其有效期限内合理地摊销，而使用寿命不确定的无形资产不予以摊销。对于使用寿命有限的无形资产应当自可供使用当月起开始摊销，处置当月不再摊销，即：当月增加，当月摊销；当月减少，当月停摊。

2. 无形资产的摊销方法

无形资产的摊销方法，应当反映企业预期消耗该项无形资产所产生的未来经济利益的方式，因而无形资产的摊销方法可以有多种，如直线法、加速摊销法或其他方法。无法确定可靠消耗方式的，应当采用直线法摊销。

无论采用何种摊销方法，摊销时首先应确定无形资产的应摊销金额。无形资产的应摊销金额不是最初取得时的入账价值，而是其入账价值扣除残值后的金额，已经计提无形资产减值准备的，还应扣除已经提取的减值准备金额。

使用寿命有限的无形资产，其残值应当视为零，但下列情况除外：有第三方承诺在无形资产使用寿命结束时购买该无形资产；可以根据活跃市场得到预计残值信息，并且该市场在无形资产使用寿命结束时很可能存在。

企业应设置"累计摊销"科目，该科目属于资产类科目，是"无形资产"的调整科目，贷方登记企业计提的无形资产摊销；借方登记处置无形资产转出的累计摊销，期末贷方余额，反映企业无形资产的累计摊销额，按无形资产项目设置明细账。

企业行政管理用无形资产的摊销额应当计入当期管理费用；用于生产某种产品或其他资产的无形资产摊销额应当计入所生产的产品或资产的成本；出租的无形资产摊销价值应当计入其他业务成本。

【例 8-4】甲企业本年的专利权 A 的价值为 480 000 元，摊销期为 10 年，在摊销期内平均摊销，每月摊销额为 4 000 元。甲企业的账务处理如下。

借：管理费用   4 000
  贷：累计摊销   4 000

企业应当至少于每年年度终了，对使用寿命有限的无形资产的使用寿命及未来经济利益消耗方式进行复核。无形资产的预计使用寿命及未来经济利益的预期消耗方式与以前估计不同的，应当改变摊销期限和摊销方法。

对于使用寿命不确定的无形资产，在持有期间不需要进行摊销，但应当在每个会计期间进行减值测试。其减值测试的方法按照判断资产减值的原则进行处理。

(三)无形资产的处置

无形资产的处置，主要包括无形资产的出售、出租、对外捐赠等，或者是无形资产无法给企业带来经济利益，则应将其予以终止确认并转销。

1. 无形资产的出售

企业出售无形资产时，应将所得款与该无形资产的账面价值之间的差额计入当期损益，作为利得或损失。应当注意，出售无形资产不属于企业的日常活动，不符合收入的定义，因而出售无形资产所得应以净额核算和反映。

企业会计制度规定，当企业出售无形资产时，按实际取得的转让收入，借记"银行存款"等科目，按照已计提的累计摊销，借记"累计摊销"科目，按该项无形资产已计提的减值准备，借记"无形资产减值准备"科目；按无形资产的账面余额，贷记"无形资产"科目，按照开具增值税专用发票上注明的增值税销项税额，贷记"应交税费——应交增值税(销项税额)"科目，按照实际支付的相关费用，贷记"银行存款"等科目，按其差额，贷记或借记"资产处置损益"科目。

【例 8-5】某企业将拥有的专利权出售，取得收入 80 000 元，增值税税率为 6%，增值税额 4 800 元，全部款项 84 800 元已存入银行。该专利权的成本为 100 000 元，已摊销 60 000 元，已计提的减值准备为 10 000 元。该企业的账务处理如下。

借：银行存款   84 800
  无形资产减值准备   10 000
  累计摊销   60 000
  贷：无形资产   100 000
    应交税费——应交增值税(销项税额) 4 800
    资产处置损益   50 000

2. 无形资产的出租

企业将所拥有的无形资产的使用权让渡给他人，并收取租金，在满足收入确认条件的情况下，应确认相关的收入，同时按 6% 缴纳增值税，结转其摊销成本。取得租金时，借记"银行存款"等科目，贷记"其他业务收入""应交税费——应交增值税(销项税额)"等科目；摊销出租无形资产成本并发生与该转让无形资产有关的各种费用支出时，借记"其他业务成本"科目，贷记"累计摊销"等科目。

【例 8-6】 2020 年 1 月 1 日，A 企业将一项专利权出租给 B 企业使用，该专利权账面余额为 600 万元，摊销期限为 10 年，采用直线法摊销。出租合同规定，每月租金为 6 万元。A 企业的账务处理如下。

(1) 取得租金时

借：银行存款　　　　　　　　　　　　　　　　63 600

　　贷：其他业务收入　　　　　　　　　　　　　　　60 000

　　　　应交税费——应交增值税(销项税额)　　　　　3 600

(2) 每月摊销无形资产时

借：其他业务成本　　　　　　　　　　　　　　50 000

　　贷：累计摊销　　　　　　　　　　　　　　　　50 000

3. 无形资产报废

无形资产预期不能为企业带来经济利益，就不再符合无形资产的定义，应将其报废并予以转销，其账面价值转作当期损益。转销时，按已摊销的金额，借记"累计摊销"科目；按其账面余额，贷记"无形资产"科目；按其差额，借记"营业外支出"科目；已计提减值准备的，还应同时结转减值准备。

【例 8-7】 某企业的专利权，根据市场调查，用其生产的产品已没有市场，决定予以转销。该项专利权的账面余额为 500 万元，摊销期限为 10 年，采用直线法进行摊销，已摊销了 5 年，假定该项专利权的残值为零，不考虑其他相关因素。该企业的账务处理如下。

借：累计摊销　　　　　　　　　　　　　　2 500 000

　　营业外支出——非流动资产处置损失　　　2 500 000

　　贷：无形资产——专利权　　　　　　　　　　5 000 000

(四)无形资产的减值

由于无形资产所带来的收益具有很大的不确定性，为了更好地体现谨慎性原则的要求，每年年末，企业应对无形资产的账面价值进行检查。如果出现减值迹象，应对无形资产的可收回金额进行估计。如果无形资产预计可收回金额低于其账面价值，应当计提减值准备。所谓无形资产的可收回金额，是指下列两者中的较高者：无形资产的公允价值减去处置费用后的净额；无形资产预计未来现金流量的现值。

无形资产可收回金额的计量结果表明资产的可收回金额低于其账面价值的，应当将资产的账面价值减记至可收回金额，其差额为资产减值损失，也是本期期末无形资产减值准备的余额。但并非是本期应确认的资产减值损失和应该计提的无形资产减值准备。

本期无形资产减值准备计量方法如下：

无形资产减值准备=(无形资产账面价值-无形资产可收回金额)

-无形资产减值准备期初余额

企业已确认的无形资产减值，应在"资产减值损失"和"无形资产减值准备"科目中反映。无形资产减值损失确认后，扣除减值的无形资产账面价值应在未来剩余使用寿命内，系统地予以分摊。无形资产减值损失一经确认，在以后会计期间不得转回。

【例8-8】2020年1月1日，甲公司购入一项用于产品生产的专利权，实际支付价款2 000 000元，预计使用年限为10年。2020年12月31日，该项专利权发生减值，其公允价值减去处置费用后的净额为1 440 000元，预计未来现金流量的现值为1 400 000元。甲公司的账务处理如下。

计算专利权在计提减值准备前的账面余额：

账面余额=2 000 000-2 000 000÷10=1 800 000(元)

计提专利权的减值准备：

无形资产减值准备=1 800 000-1 440 000-0=360 000(元)

借：资产减值损失　　　　　　　　　　　　360 000

　　贷：无形资产减值准备　　　　　　　　　　　　　360 000

计算剩余使用年限内专利权的年摊销额：

剩余使用年限内每年摊销额=1 440 000÷9=160 000(元)

借：制造费用——无形资产摊销　　　　　　160 000

　　贷：累计摊销　　　　　　　　　　　　　　　　160 000

对于使用寿命不确定的无形资产，应当在每个会计期间进行减值测试。如经减值测试表明已发生减值，则需要计提相应的减值准备，其账务处理为：借记"资产减值损失"科目，贷记"无形资产减值准备"科目。

第二节　其他资产

一、其他资产概述

其他资产是指除货币资金、交易性金融资产、应收及预付款项、存货、长期股权投资、固定资产、无形资产等以外的资产，如长期待摊费用等。

长期待摊费用是指企业已经支出，但摊销期限在1年以上(不含1年)的各项费用。即长期待摊费用不仅影响支付当期，还影响以后各期，因而应由支付当期和以后各受益期间共同分摊其费用支出，如以经营方式租入固定资产改良支出等。

长期待摊费用在本质上是一种费用，因数额较大，应单独核算，在费用项目的受益期限内分期平均摊销。企业应设置"长期待摊费用"总账科目，核算各项长期待摊费用的发生、摊销以及结余情况。该科目应按费用的种类设置明细账，进行明细核算，并在会计报表附注中按照费用项目披露其摊余价值、摊销期限和摊销方式等。该科目期末借方余额，反映尚未摊销的各项长期待摊费用的摊余价值。

二、其他资产的核算

企业发生的长期待摊费用，应按实际发生的金额，借记"长期待摊费用"科目，贷记有关科目。摊销时，按每期应摊销的金额，借记"制造费用""销售费用""管理费用"等科目，贷记"长期待摊费用"科目。

【例 8-9】2020 年 4 月 1 日，A 企业对其以经营租赁方式租入的办公楼进行装修，发生以下有关支出：领用生产材料 500 000 元，支付人员工资 40 000 元。2020 年 12 月 1 日，该办公楼装修完工，达到预定可使用状态并交付使用，并按租赁期 10 年进行摊销。假定不考虑其他因素，A 企业的账务处理如下。

(1) 装修领用原材料时

借：长期待摊费用 500 000

　　贷：原材料 500 000

(2) 支付工程人员工资时

借：长期待摊费用 40 000

　　贷：应付职工薪酬 40 000

(3) 每月摊销装修费用时

借：管理费用 4 500

　　贷：长期待摊费用 4 500

第八章习题

第九章

投资性房地产核算

【学习目标】

1. 理解投资性房地产的定义、特征及范围;
2. 掌握投资性房地产成本模式下的会计处理;
3. 掌握投资性房地产公允价值模式下的会计处理。

【学习重点】

1. 投资性房地产成本模式下的会计处理;
2. 投资性房地产公允价值模式下的会计处理。

【学习难点】

1. 投资性房地产成本模式下折旧或摊销的会计处理;
2. 投资性房地产公允价值模式下公允价值变动的会计处理。

【任务导入】

任务资料: 甲公司将一栋办公楼出租给乙公司,已确认为投资性房地产,采用成本模式进行后续计量。办公楼成本为 36 000 000 元,按照直线法计提折旧,使用寿命为 20 年,预计净残值为零。按照租赁合同,乙公司每月支付甲公司租金 80 000 元,租金收入增值税税率为 9%。当年 12 月,该办公楼发生减值现象,经减值测试,其可收回金额为 24 000 000 元,此时办公楼账面价值为 30 000 000 元,以前未提减值准备。租赁期满,甲公司将该办公楼出售给乙公司,合同价款 40 000 000 元,增值税税率为 9%,已提折旧 5 000 000 元。

任务目标: 编制甲公司投资性房地产相关的会计分录。

第一节 投资性房地产概述

一、投资性房地产的定义与特征

(一)投资性房地产的定义

房地产是土地和房屋及其权属的总称。在我国,土地归国家或集体所有,企业只能取得土地使用权。因此,房地产中的土地是指土地使用权。房屋是指土地上的房屋等建筑物及构筑物。

投资性房地产是指为赚取租金或资本增值,或者两者兼有而持有的房地产。

(二)投资性房地产的特征

(1) 投资性房地产是一种经营性活动。就房地产企业而言,投资性房地产是属于日常经营活动,形成的租金收入或转让增值收益确认为企业的主营业务收入;但对于大部分企业而言,属于经营性活动相关的其他经营活动,形成的租金收入或转让增值收益构成企业的其他业务收入。

(2) 投资性房地产在用途、状态、目的等方面区别于作为生产经营场所的房地产和用于销售的房地产;企业用于生产经营的房地产作为固定资产核算,房地产开发企业用于销售的房地产作为存货核算。

(3) 投资性房地产有两种后续计量模式,包括成本模式和公允价值模式。

二、投资性房地产的确认

投资性房地产只有在符合定义的前提下,同时满足下列条件,才能予以确认:

(1) 与该投资性房地产有关的经济利益很可能流入企业。

(2) 该投资性房地产的成本能够可靠地计量。

对已出租的土地使用权、已出租的建筑物,其作为投资性房地产的确认时间一般为租赁期开始日,即土地使用权、建筑物计入出租状态、开始赚取租金的日期。对持有并准备增值后转让的土地使用权,其作为投资性房地产的确认时间为企业将自用土地使用权停止自用，准备增值后转让的日期。

三、投资性房地产的范围

投资性房地产的范围限定为已出租的土地使用权、持有并准备增值后转让的土地使用权、已出租的建筑物。

(一)已出租的土地使用权

已出租的土地使用权，是指企业通过出让或转让方式取得的、以经营租赁方式出租的土地使用权。企业取得的土地使用权通常包括在一级市场上以交纳土地出让金方式取得的土地使用权，也包括在二级市场上接受企业单位转让的土地使用权。例如，甲公司与乙公司签署了土地使用权租赁协议，甲公司以年租金600万元租赁使用乙公司拥有的40万平方米土地使用权，那么，自租赁协议约定的租赁开始日起，这项土地使用权属于乙公司的投资性房地产。

(二)持有并准备增值后转让的土地使用权

持有并准备增值后转让的土地使用权，是指企业取得的、准备增值后转让的土地使用权。这类土地使用权很可能给企业带来资本增值收益，符合投资性房地产的定义。按照国家有关规定的闲置土地，不属于持有并准备增值后转让的土地使用权，也就不属于投资性房地产。

(三)已出租的建筑物

已出租的建筑物是指企业拥有产权的、以经营租赁方式出租的建筑物，包括自行建造或开发活动完成后用于出租的建筑物。例如，企业将其拥有的某栋厂房整体出租给乙公司，租赁期为4年，对于甲公司而言，自租赁期开始日起，该栋厂房属于投资性房地产。企业在判断和确认已出租的建筑物时，应当把握以下几个要点：

(1) 用于出租的建筑物是指企业拥有产权的建筑物。

(2) 已出租的建筑物是企业已经与其他方签订了租赁协议，约定以经营方式出租的建筑物。

(3) 企业将建筑物出租，按租赁协议向承租人提供的相关辅助服务在整个协议中不重大的，应当将该建筑物确认为投资性房地产。

四、不属于投资性房地产的范围

(1) 自用房地产。自用房地产是指为生产商品、提供劳务或者经营管理而持有的房地产，如企业生产经营用的厂房和办公楼属于固定资产，企业生产经营用的土地使用权属于无形资产。

(2) 作为存货的房地产。作为存货的房地产通常是指房地产开发企业在正常经营过程中销售的或为销售而正在开发的商品房和土地。这部分地产属于房地产开发企业的存货，其生产、销售构成企业的主营业务活动，产生的现金流量也与企业的其他资产密切相关。因此，具有存货性质的房地产不属于投资性房地产。

在实务中，存在某项房地产部分自用或作为存货出售、部分用于赚取租金或资本增值的情形。如某项投资性房地产不同用途的部分能够单独计量和出售的，应当分别确认为固定资产(或无形资产、存货)和投资性房地产。例如，甲房地产开发商建造了一栋商住两用楼盘，一层出租给一家大型超市，已签订经营租赁合同；其余楼层均为普通住宅，正在公开销售中。这种情况下，如果一层商铺能够单独计量和出售，应当确认为投资性房地产，其余楼层为甲房地产开发商的存货，即开发产品。

第二节　采用成本模式计量的投资性房地产核算

一、投资性房地产取得核算

投资性房地产应当按照成本进行初始计量。由于投资性房地产可以通过外购、自行建造、所有者投入、债务重组等方式取得，计量方法也不尽相同，本任务主要对外购和自行建造方式取得的投资性房地产进行阐述。成本模式的会计处理，主要涉及"投资性房地产""投资性房地产累计折旧(摊销)""投资性房地产减值准备"等科目，可比照"固定资产""无形资产""累计折旧""累计摊销""固定资产减值准备""无形资产减值准备"等相关账户进行处理。其中，"投资性房地产"账户借方登记投资性房地产的取得成本；贷方登记企业减少投资性房地产时结转的成本；期末借方余额反映投资性房地产的成本。该账户可按投资性房地产类别和项目进行明细核算。

(一)外购投资性房地产核算

对于企业外购的房地产，只有在购入房地产的同时意图对外出租或用于资本增值，才能称为外购的投资性房地产。外购投资性房地产，按照取得时的实际成本进行初始计量。取得时的成本包括购买价款、相关税费和可直接归属于该资产的其他支出。企业购入的房地产，部分用于出租(或资本增值)，部分自用，用于出租(或资本增值)的部分应当予以单独确认的，应按照不同部分的公允价值总额的比例将成本在不同部分之间进行分配。

采用成本模式计量时，企业应当按照外购的土地使用权与建筑物发生的实际成本，借记"投资性房地产"账户，贷记"银行存款"等账户。

【例 9-1】2020 年 3 月 15 日，甲公司与乙公司签订了经营租赁合同，约定自写字楼购买之日起将这栋写字楼出租给乙公司，为期 5 年。4 月 5 日，甲公司实际购入写字楼，支付价款共 10 000 000 元，已取得增值税专用发票(增值税税率为 9%)。假设不考虑其他因素，甲公司采用成本模式进行后续计量。甲公司的账务处理如下。

借：投资性房地产——写字楼　　　　　　　　10 000 000
　　应交税费——应交增值税(进项税额)　　　　　900 000
　　贷：银行存款　　　　　　　　　　　　　　　　　10 900 000

(二)自行建造投资性房地产核算

企业自行建造的房地产,只有在自行建造或开发活动完成(即达到预定可使用状态)的同时开始对外出租或用于资本增值,才能将自行建造的房地产确认为投资性房地产。自行建造投资性房地产的成本,由建造该项房地产达到预定可使用状态前发生的必要支出构成,包括土地开发费、建筑成本、安装成本、应予以资本化的借款费用、支付的其他费用和分摊的间接费用等。

在采用成本模式计量下,企业应当按照确定的成本,借记"投资性房地产"账户,贷记"在建工程"等账户。

【例9-2】2020年1月,甲公司从其他单位购入一块土地的使用权,并在这块土地上开始自行建造三栋厂房。2020年10月,甲公司预计厂房即将完工,与乙公司签订了经营租赁合同,将其中的一栋厂房租赁给乙公司使用。租赁合同约定,该厂房于完工(即达到预定可使用状态)时开始租赁。2020年11月1日,三栋厂房同时完工(达到预定可使用状态)。该块土地使用权的成本为6 000 000元;三栋厂房的实际造价均为10 000 000元,能够单独出售。假设甲公司采用成本模式计量。甲公司的账务处理如下。

土地使用权中的对应部分同时转换为投资性房地产=6 000 000×(10 000 000÷30 000 000)

$$=2\ 000\ 000(元)$$

借:投资性房地产——厂房 10 000 000
　　贷:在建工程——厂房 10 000 000
借:投资性房地产——土地使用权 2 000 000
　　贷:无形资产——土地使用权 2 000 000

二、投资性房地产后续计量核算

采用成本模式进行后续计量的投资性房地产,可以比照固定资产、无形资产的处理方式。

(一)投资性房地产计提折旧或摊销核算

企业应当按照《企业会计准则——固定资产》或《企业会计准则——无形资产》的有关规定,按期计提折旧或摊销,借记"其他业务成本"等账户,贷记"投资性房地产累计折旧(摊销)"账户。取得的租金收入,借记"银行存款"等账户,贷记"其他业务收入""应交税费——应交增值税(销项税额)"等账户。

(二)投资性房地产减值核算

投资性房地产存在减值迹象的,应当适用资产减值的有关规定,经减值测试后确定发生减值的,应当计提减值准备,借记"资产减值损失"账户,贷记"投资性房地产减值准备"账户。已经计提减值准备的投资性房地产,其减值损失在以后的会计期间不得转回。

【例9-3】甲公司将一栋办公楼出租给乙公司使用,该办公楼为2020年6月取得,已确认为投资性房地产,采用成本模式进行后续计量。假设办公楼成本为36 000 000元,按照直线法计提折旧,使用寿命为 20 年,预计净残值为零。按照租赁合同,乙公司每月支付甲公司租金 87 200 元。当年 12 月,这栋办公楼发生减值现象,经减值测试,其可收回金额为 24 000 000 元,此时办公楼的账面价值为 30 000 000 元,以前未计提减值准备。办公楼与甲公司机构不在同一市区。甲公司的账务处理如下。

(1) 每月计提折旧时

每月计提折旧额=36 000 000÷20÷12=150 000(元)

借:其他业务成本　　　　　　　　　　　　　　　150 000
　　贷:投资性房地产累计折旧　　　　　　　　　　　　　150 000

(2) 每月确认租金时

借:银行存款(其他应收款)　　　　　　　　　　　87 200
　　贷:其他业务收入　　　　　　　　　　　　　　　　　80 000
　　　　应交税费——应交增值税(销项税额)　　　　　　　7 200

(3) 年末计提减值准备时

借:资产减值损失——计提的投资性房地产减值准备　6 000 000
　　贷:投资性房地产减值准备　　　　　　　　　　　　　6 000 000

(三)内部转换形成的投资性房地产核算

企业将作为存货的房地产或将自用的建筑物转换为投资性房地产的,应当按照该项存货或建筑物等在转换日的账面价值或公允价值作为投资性房地产在转换日的成本;在转换日存货或自用建筑物等账面价值高于公允价值的差额计入公允价值变动损益,在转换日存货或自用建筑物等的账面价值低于公允价值的差额计入资本公积。

三、投资性房地产后续支出核算

(一)资本化后续支出核算

与投资性房地产有关的后续支出,满足投资性房地产确认条件的,应当计入投资性房地产成本。例如,企业为了提高投资性房地产的使用效能,往往需要对投资性房地产进行改建、扩建而使其更加坚固耐用,或者通过装修而改善其室内装潢,改扩建或装修支出满足确认条件的,应当将其资本化。企业对某项投资性房地产进行改扩建等开发且将来仍作为投资性房地产的,在再开发期间应继续将其作为投资性房地产,再开发期间不计提折旧或摊销。

【例 9-4】2020 年 3 月,甲公司与乙公司的一项厂房经营租赁合同即将到期。原价为 18 000 000 元,已提折旧 4 000 000 元。为了提高厂房的租金收入,甲公司决定在租赁期满后对厂房进行改扩建,并与丙公司签订了经营租赁合同,约定自改扩建完工时即将厂房出租给丙公司。3 月 15 日,与乙公司的租赁合同到期,厂房随即进入改扩建工程。12 月 10 日,厂房改扩建完工,共发生支出 100 000 元,即日按照租赁合同出租丙公司。假设甲公司采用成本模式计量。甲公司的账务处理如下。

(1) 2020 年 3 月 15 日,投资性房地产转入改扩建时

借:投资性房地产——厂房(在建)　　　　　　　14 000 000

投资性房地产累计折旧(摊销)　　　　　4 000 000

　　贷：投资性房地产——厂房　　　　　　　　18 000 000

(2) 2020 年 3 月 15 日至 12 月 10 日时

借：投资性房地产——厂房(在建)　　　1 000 000

　　贷：银行存款等　　　　　　　　　　　　　1 000 000

(3) 2020 年 12 月 10 日，改扩建完成时

借：投资性房地产——厂房　　　　　　15 000 000

　　贷：投资性房地产——厂房(在建)　　　　　15 000 000

(二)费用化后续支出核算

与投资性房地产有关的后续支出，不满足投资性房地产确认条件的，应当在发生时计入当期损益。例如，企业对投资性房地产进行日常维护所发生的支出。企业在发生投资性房地产费用化后续支出时，借记"其他业务成本"等账户，贷记"银行存款"等账户。

【例 9-5】甲公司对某项投资性房地产进行日常维修，发生维修支出 128 000 元，领用原材料，实际成本为 5 000 元。甲公司的账务处理如下。

借：其他业务成本　　　　　　　　　　133 000

　　贷：银行存款　　　　　　　　　　　　　　128 000

　　　　原材料　　　　　　　　　　　　　　　5 000

四、投资性房地产处置核算

当投资性房地产被处置，或者永久退出使用且预计不能从其处置中取得经济利益时，应当终止确认该项投资性房地产。企业可以通过对外出售或转让的方式处置投资性房地产取得收益。企业出售、转让、报废投资性房地产或者发生投资性房地产毁损时，应当将处置收入扣除其账面价值和相关税费后的金额计入当期损益。

采用成本模式计量下，企业处置投资性房地产时，应当按实际收到的金额，借记"银行存款"等账户，按应缴纳的增值税，贷记"应交税费——应交增值税(销项税额)""其他业务收入"账户。按该项投资性房地产的账面价值，借记"其他业务成本"账户，按其账面余额，贷记"投资性房地产"账户，按照已计提的折旧或摊销，借记"投资性房地产累计折旧(摊销)"账户，原已计提的减值准备，借记"投资性房地产减值准备"账户。

【例 9-6】甲公司将其 2019 年购入的一栋写字楼用于出租，确认为投资性房地产，采用成本模式计量。2020 年 6 月，租赁期届满后，甲公司将写字楼出售给乙公司，合同价款为 400 000 000 元，乙公司已用银行存款付清。出售时，该写字楼的成本为 340 000 000元，已提折旧 40 000 000 元。甲公司为一般纳税人，增值税税率为 9%。甲公司账务处理如下。

(1) 取得处置收入时

借：银行存款　　　　　　　　　　　　403 600 000

　　贷：其他业务收入　　　　　　　　　　　　400 000 000

　　　　应交税费——应交增值税(销项税额)　　3 600 000

(2) 结转处置成本时

借：其他业务成本   300 000 000

  投资性房地产累计折旧(摊销) 40 000 000

   贷：投资性房地产——写字楼   340 000 000

第三节　采用公允价值模式计量的投资性房地产核算

一、投资性房地产取得核算

企业外购或自行建造的采用公允价值模式计量的投资性房地产，应当按照取得时的成本进行初始计量。其实际成本的确定与采用成本模式计量的投资性房地产一致。

采用公允价值模式计量时，企业应设置"投资性房地产""公允价值变动损益"等账户进行相应核算，"投资性房地产"账户下设置"成本"和"公允价值变动"进行明细核算。"投资性房地产"账户借方登记投资性房地产的取得成本、资产负债表日其公允价值高于账面价值的差额，以及处置或转换投资性房地产时结转的公允价值变动额(下降)等；贷方等资产负债表日其公允价值低于账面价值的差额，以及处置或转换投资性房地产时结转的公允价值变动额(上升)等；期末借方余额反映企业持有的投资性房地产公允价值。

外购或自行建造时发生的实际成本，借记"投资性房地产——成本"账户，贷记"银行存款""在建工程"等账户。

【例 9-7】承接例 9-1，假设甲公司拥有的投资性房地产符合采用公允价值模式计量的条件，采用公允价值模式进行初始计量。甲公司的账务处理如下。

借：投资性房地产——写字楼(成本) 10 000 000

  应交税费——应交增值税(进项税额) 900 000

   贷：银行存款   10 900 000

【例 9-8】承接例 9-2，假设甲公司拥有的投资性房地产符合采用公允价值模式计量的条件，采用公允价值模式进行初始计量。甲公司的账务处理如下。

借：投资性房地产——厂房 (成本) 10 000 000

   贷：在建工程——厂房   10 000 000

借：投资性房地产——土地使用权(成本) 2 000 000

   贷：无形资产——土地使用权   2 000 000

二、投资性房地产后续计量核算

投资性房地产采用公允价值模式进行后续计量的，不计提折旧或摊销。企业应当以资产负债表日投资性房地产的公允价值为基础调整账面价值，公允价值与原账面价值之间的差额计入当期损益。资产负债表日其公允价值高于账面价值的差额，借记"投资性房地产——公允价值变动"账户，贷记"公允价值变动损益"账户；公允价值低于账面价值的差额做相反的账务处理。取得租金收入，借记"银行存款"等账户，贷记"其他业务收入"

等账户。

【例 9-9】2020 年 8 月，甲公司与乙公司签订租赁协议，约定将公司开发的一栋精装修的写字楼开发完成的同时开始租赁给乙公司使用，租赁期为 10 年。当年 10 月 1 日，该写字楼开发完成并开始起租，写字楼造价为 100 000 000 元。该写字楼的公允价值为 102 000 000 元。假设甲公司采用公允价值模式计量。甲公司的账务处理如下。

(1)　2020 年 10 月 1 日，公司开发完成写字楼并出租时

借：投资性房地产——成本　　　　　　　　100 000 000
　　贷：开发产品　　　　　　　　　　　　　　　100 000 000

(2)　2020 年 12 月 31 日，按照公允价值为基础调整其账面价值，公允价值与原账面价值之间的差额计入当期损益时

借：投资性房地产——公允价值变动　　　　2 000 000
　　贷：公允价值变动损益　　　　　　　　　　　2 000 000

三、投资性房地产后续支出核算

(一)资本化后续支出核算

与投资性房地产有关的后续支出，满足投资性房地产确认条件的，应当计入投资性房地产成本。

【例 9-10】2020 年 3 月，甲公司决定在租赁期满后对厂房进行改扩建，并与乙公司签订了经营租赁合同，约定自改扩建完工时将厂房出租给乙公司。3 月 15 日，与丙公司的租赁合同到期，厂房随即开始改扩建工程。11 月 10 日厂房改扩建工程完工，共发生支出1 800 000 元，即日按照租赁合同出租给乙公司。3 月 15 日，厂房账面余额为 15 000 000 元，其中成本 12 000 000 元，累计公允价值变动 3 000 000 元。假设甲公司采用公允价值模式计量。

甲公司账务处理如下。

(1)　2020 年 3 月 15 日，投资性房地产转入改扩建时

借：投资性房地产——厂房 (在建)　　　　15 000 000
　　贷：投资性房地产——厂房(成本)　　　　　　12 000 000
　　　　投资性房地产——厂房(公允价值变动)　　3 000 000

(2)　2020 年 3 月 15 日至 11 月 10 日，发生改扩建支出时

借：投资性房地产——厂房(在建)　　　　1 800 000
　　贷：银行存款　　　　　　　　　　　　　　　1 800 000

(3)　2020 年 11 月 10 日，改扩建工程完工时

借：投资性房地产——厂房(成本)　　　　16 800 000
　　贷：投资性房地产——厂房 (在建)　　　　　16 800 000

(二)费用化后续支出核算

与投资性房地产有关的后续支出，不满足投资性房地产确认条件的，应当在发生时计

入当期损益。

四、投资性房地产处置核算

采用公允模式计量时，企业处置投资性房地产时，应当按实际收到的金额，借记"银行存款"等账户，按应缴纳的增值税，贷记"其他业务收入""应交税费——应交增值税(销项税额)"账户。按该项投资性房地产的账面余额，借记"其他业务成本"账户，按其成本，贷记"投资性房地产——成本"账户，按其累计公允价值变动，贷记或借记"投资性房地产——公允价值变动"账户。同时结转投资性房地产累计公允价值变动。

【例9-11】甲公司将其于2019年7月购入的一门市房用于出租，确认为投资性房地产，采用公允价值模式计量。2020年7月，租赁期届满，甲公司将门市房出售给乙公司，合同价款为6 540 000元，乙公司已用银行存款付清。该门市房取得成本为5 000 000元，公允价值变动借方余额为1 000 000元。甲公司为一般纳税人，增值税税率为9%。甲公司账务处理如下。

(1) 收到处置收入时

借：银行存款   6 540 000

  贷：其他业务收入   6 000 000

    应交税费——应交增值税(销项税额) 540 000

(2) 结转处置成本时

借：其他业务成本   6 000 000

  贷：投资性房地产——成本   5 000 000

    投资性房地产——公允价值变动 1 000 000

(3) 结转投资性房地产累计公允价值变动时

借：公允价值变动损益   1 000 000

  贷：其他业务成本   1 000 000

第九章习题

第十章

流动负债

【学习目标】

1. 了解流动负债的概念及其包括的内容;
2. 掌握短期借款利息的会计处理;
3. 掌握应付票据的会计处理;
4. 掌握应付及预收账款的会计处理;
5. 掌握应付职工薪酬的会计处理;
6. 掌握应交税费的会计处理。

【学习重点】

1. 短期借款的会计处理;
2. 应付票据的会计处理;
3. 应付及预收账款的会计处理;
4. 应付职工薪酬的会计处理;
5. 应交税费的会计处理。

【学习难点】

1. 应付职工薪酬的会计处理;
2. 应交税费的会计处理。

【任务导入】

任务资料： 甲公司是一家家电生产企业，在职职工 200 名，其中一线生产工人 170 名，车间管理人员 10 名，总部管理人员 20 名。甲公司决定以自产的液晶电视作为福利发放给职工，该液晶电视成本为 3 000 元，售价 4 000 元，适用增值税税率为 13%。

任务目标： 编制甲公司职工薪酬相关的会计分录。

第一节　流动负债概述

一、流动负债的概念

流动负债是指将在一年或者超过一年的一个营业周期内偿还的债务，主要包括短期借款、应付票据、预收账款、应付职工薪酬、应交税费、应付利息、应付股利、其他应付款等。流动负债的最大特点是偿还期短。为了便于企业的经营管理，在实际工作中大多数流动负债都按债权人的不同进行分类核算，如按贷款人、按供应商、按职工核算等。

二、流动负债的分类

为了进一步认识流动负债的性质和特征，可以按不同标准对流动负债进行分类，但主要有以下两种分类。

1. 流动负债按其产生的原因进行分类

(1) 借贷形成的流动负债。如企业从银行和其他金融机构借入的短期借款。

(2) 结算过程中产生的流动负债。如企业购入原材料已经到货，在货款尚未支付前形成一笔结算的应付款项。

(3) 经营过程中产生的流动负债。由于会计上实行权责发生制，有些费用要预先确认从而形成的负债，如应交税费、应付职工薪酬等。

(4) 分配利润产生的流动负债。如企业宣告发放的现金股利或利润，在尚未发放之前形成应付给投资者的利润。

2. 流动负债按其偿还金额是否确定进行分类

(1) 确定负债。确定负债是指负债已经成立，企业必须履行义务。这类负债一般在确认义务的同时，根据合同、协议或法律的规定可以确定其金额、付款人、收款人和付款日期，并且债权人有权要求到期及时付款的权利。确定负债主要包括短期借款、应付票据、应付账款、预收账款、应付职工薪酬、应交税费、应付股利、其他应付款，以及一年内到期的长期负债。

(2) 或有负债。或有负债是指过去的交易或事项形成的潜在义务，其存在需要通过未来不确定事项的发生或不发生予以证实；或过去的交易或事项形成的现实义务，履行该义务不是很可能导致经济利益流出企业或该义务的金额不能可靠计量。或有负债包括已贴现的商业承兑汇票形成的或有负债、产品质量保证形成的或有负债、未决诉讼和未决仲裁形成的或有负债，以及为其他单位提供担保形成的或有负债等。或有负债根据准则的要求只在报表附注中披露。

第二节 短 期 借 款

一、短期借款概述

短期借款是指企业从银行或其他金融机构借入的，期限在1年以下(含1年)的各种借款。短期借款一般是企业为维持正常的生产经营所需的资金而借入的或者为抵偿某项债务而借入的款项。短期借款应当按照借款本金和确定的银行借款利率按期计提利息，计入当期损益。

二、短期借款的核算

为了核算企业借入的各种短期借款(本金)的增减变动及其结余情况，企业应设置"短期借款"科目，该科目属于负债类。贷方登记取得的短期借款，借方登记短期借款的偿还，期末余额在贷方，表示企业尚未偿还的短期借款的本金结余额。短期借款应按照债权人的不同设置明细账。

当企业取得借款时，借记"银行存款"科目，贷记"短期借款"科目；当企业用短期借款直接归还应付购货或应付票据时，借记"应付账款"或"应付票据"等科目，贷记"短期借款"科目。

企业取得短期借款而发生的利息费用，一般应作为财务费用处理，计入当期损益。银行或其他金融机构一般按季度在季末月份结算借款利息，每季度的前两个月不发生利息支出。企业核算利息费用的方法一般有以下两种。

(1) 按月预提，计入财务费用。当短期借款的利息金额较大，到期时利息是一次支付的，按照权责发生制原则，当月应负担的利息费用，即使在当月没有支付，也应作为当月的利息费用处理，应在月末估计当月的利息费用数额，进行预提，借记"财务费用"科目，贷记"应付利息"科目。在实际支付利息的月份，应根据已经预提的数额，借记"应付利息"科目；实际支付的利息大于预提数的差额，为当月应负担的利息费用，借记"财务费用"科目；根据实际支付的利息贷记"银行存款"科目。

(2) 在实际支付利息或收到银行的计息通知时，直接计入财务费用。当短期借款是按月支付的，或者利息按季支付的，并且金额较小时，一般无须采用计提利息费用的方法。在实际支付利息和归还本金时，借记"短期借款""财务费用"科目，贷记"银行存款"科目。

短期借款利息在计提和实际支付时均不通过"短期借款"科目，而通过"应付利息"科目或直接用银行存款支付。

【例10-1】某企业2020年1月1日从银行借入短期借款15 000元，期限半年，年利率为4%，利息按月计提，到期归还本金。该企业的账务处理如下。

(1) 1月1日借入款项时

借：银行存款　　　　　　　　　　　　　　　15 000

　　贷：短期借款　　　　　　　　　　　　　　　　　15 000

(2) 1月末计提当月利息时

本月利息费用=15 000×4%÷12=50(元)

借：财务费用　　　　　　　　　　　　　　　　50

　　贷：应付利息　　　　　　　　　　　　　　　　　50

(2月末计提当月利息同1月末。)

(3) 3月末支付本季度应付利息时

借：财务费用　　　　　　　　　　　　　　　　50

　　应付利息　　　　　　　　　　　　　　　100

　　贷：银行存款　　　　　　　　　　　　　　　　150

(下一个季度的账务处理与上面相同。)

(4) 7月1日借款到期归还本金时

借：短期借款　　　　　　　　　　　　　　　15 000

　　贷：银行存款　　　　　　　　　　　　　　　　15 000

【例10-2】某企业于2020年4月1日从银行取得期限为3个月、年利率为8%的短期借款10 000元，用于生产周转。该企业对此项短期借款采用到期一次还本付息、平时不计提利息的方法。该企业的账务处理如下。

(1) 取得短期借款时

借：银行存款　　　　　　　　　　　　　　　10 000

　　贷：短期借款　　　　　　　　　　　　　　　　10 000

(2) 借款到期，按期归还本息时

利息费用=10 000×8%×3÷12=200(元)

借：短期借款　　　　　　　　　　　　　　　10 000

　　财务费用　　　　　　　　　　　　　　　　200

　　贷：银行存款　　　　　　　　　　　　　　　　10 200

第三节　应付票据

一、应付票据概述

应付票据是由出票人签发的、委托付款人在指定日期无条件支付确定的金额给收款人或者持票人的票据。通常是因企业购买材料、商品和接受劳务供应等而开出、承兑的商业汇票，它要求付款人在指定日期无条件支付确定金额给收款人或者持票人。应付票据与应付账款不同，虽然都是由于交易而引起的流动负债，但应付账款是尚未结清的债务，而应付票据是一种期票，是延期付款的证明，有承诺付款的票据作为依据。按照《银行支付结算办法》的规定，在银行开立存款科目的法人企业及其他组织之间，具有真实的交易关系或债权债务关系，均可以使用商业汇票。

商业汇票按承兑人不同可以分为银行承兑汇票和商业承兑汇票。

商业汇票按是否带息可以分为带息票据和不带息票据。

在采用商业承兑汇票结算方式下，承兑人应为付款人，作为企业的一项负债。在采用银行汇票结算方式下，承兑人虽然是银行，但是，银行仅是为收款人到期收回款项作出了承兑，对于付款人而言，这项负债仍然存在。我国商业汇票的付款期限最长不超过 6 个月。因此，将应付票据列入流动负债。

二、应付票据的核算

企业应设置"应付票据"科目，用于核算因企业购买材料、商品和接受劳务供应等而开出、承兑的商业汇票。该科目属于负债类，贷方登记应付票据签发金额，借方登记应付票据到期支付的款项。期末贷方余额反映企业尚未到期的商业汇票的本息数。企业应设置"应付票据备查簿"，详细登记每一应付票据的种类、号数、签发日期、到期日、票面金额、票面利率、合同交易号、收款人姓名或单位名称，以及付款日期和金额等内容。应付票据到期结清时，应当在备查簿内逐笔注销。其主要账务处理如下。

(1) 企业开出商业承兑汇票或以商业承兑汇票抵付货款、应付账款时，应借记"材料采购""应交税费——应交增值税(进项税额)""库存商品"或"应付账款"等科目，贷记"应付票据"科目。

(2) 支付银行承兑汇票的手续费时，应当作为财务费用处理，借记"财务费用"科目，贷记"银行存款"科目。

(3) 应付票据到期，全额偿付票款时，借记"应付票据"科目，贷记"银行存款"科目。若应付票据到期企业无力支付票款，按应付票据的票面价值，借记"应付票据"科目，贷记"应付账款"科目。

(4) 带息票据，期末计算应付利息时，借记"财务费用"科目，贷记"应付票据"科目。票据到期支付本息时，按票据面额和已计提利息，借记"应付票据"科目；按未计提的利息，借记"财务费用"科目；按实际支付的金额，贷记"银行存款"科目。

【例 10-3】A 公司 2020 年 1 月 1 日购入一批价值为 60 000 元的材料，开出了一张期限为 3 个月、年利率为 5%的银行承兑汇票，假如银行承兑汇票的手续费按面值的 1%收取，增值税税率为 13%。A 公司的账务处理如下。

(1) 1 月 1 日购入商品时

借：原材料　　　　　　　　　　　　　　　　　60 000

　　应交税费——应交增值税(进项税额)　　　　7 800

　　　　贷：应付票据　　　　　　　　　　　　　　　　67 800

(2) 支付银行承兑汇票手续费时

借：财务费用　　　　　　　　　　　　　　　　678

　　　贷：银行存款　　　　　　　　　　　　　　　　678

(3) 2020 年 1 月 31 日计算一个月的应计利息时

应计利息=67 800×5%÷12=282.5(元)

借：财务费用　　　　　　　　　　　　　　　282.5
　　贷：应付票据　　　　　　　　　　　　　　　　　282.5
(2020 年 2 月、3 月末计提利息时同上。)

(4)　2020 年 4 月 1 日到期付款时
借：应付票据　　　　　　　　　　　　　　68 647.5
　　贷：银行存款　　　　　　　　　　　　　　　　68 647.5

(5)　假设 2020 年 4 月 1 日到期未付
借：应付票据　　　　　　　　　　　　　　68 647.5
　　贷：应付账款　　　　　　　　　　　　　　　　68 647.5

第四节　应付及预收账款

一、应付账款

(一)应付账款概述

1. 应付账款的概念

应付账款指企业因购买材料、商品和接受劳务等经营活动应支付的款项。应付账款是买卖双方在购货活动中因取得物资与支付货款在时间上不一致而产生的负债。由于应付账款一般在较短期间内支付，因此将应付账款列入流动负债项目核算。

2. 应付账款入账时间的确认

应付账款的入账时间，应为所购物资的所有权转移或接受劳务已发生的时间，但在实际工作中，应区别具体情况分别处理。

(1)　发票账单已到货物未到。在这种情况下，企业应当直接根据发票账单支付物资价款和运杂费等，计入有关物资的成本和应付账款(未能及时支付货款时)，不需要按照应付债务估计入账。

(2)　货物已到发票账单未到。在物资先到而发票账单未到，企业无法确定物资的实际采购成本的情况下，在月度终了，发票账单还未到达，则需要根据以前的采购价格或估计价格或计划成本估计入账，待下月初再用红字冲回，收到发票时再予以登记入账。

3. 应付账款入账金额的确认

应付账款的入账金额一般按应付金额(或发票价格)入账。但是在实际工作中，销售企业为了吸引顾客，往往采用赊销或打折等方式进行商品的销售，购货方应按扣除商业折扣后的金额确认应付账款的入账金额。若有现金折扣，即购货企业如果在购货条件规定的期限内付款可以享受一定的现金折扣，关于现金折扣会计上入账金额的确定有两种方法，即总价法和净价法。我国目前会计实务中对购货的现金折扣一般采用总价法，即按未扣除现金折扣的金额入账，当享有现金折扣应冲减财务费用。

(二)应付账款的核算

企业应设置"应付账款"科目,用于核算企业因购买材料、商品和接受劳务供应等经营活动应支付的款项。该科目属于负债类,贷方登记应付未付款项;借方登记偿还的应付账款,余额一般在贷方,表示企业尚未偿还的应付账款。应付账款科目应按供应单位设置明细账,进行明细核算。其主要账务处理如下。

(1) 企业购入材料、商品和接受劳务而发生的应付未付款项,根据供应单位的发票账单,借记"材料采购""在途物资"等科目;按可抵扣的增值税额,借记"应交税费——应交增值税(进项税额)"科目;按应付的金额,贷记"应付账款"科目。

(2) 接受供应单位提供劳务而发生的应付未付款项,根据供应单位的发票账单,借记"生产成本""管理费用"等科目,贷记"应付账款"科目。支付时,借记"应付账款"科目,贷记"银行存款"等科目。

(3) 企业开出、承兑商业汇票抵付应付账款,借记"应付账款"科目,贷记"应付票据"科目。

(4) 企业如有将应付账款划转出去或者确实无法支付的应付账款,应按账面余额,借记"应付账款"科目,贷记"营业外收入"科目。

【例10-4】甲公司为增值税一般纳税人,购入原材料一批,货款200 000元,增值税26 000元,对方代垫运杂费2 600元。材料已验收入库,但款项尚未支付。甲公司的账务处理如下。

借:原材料 202 600

应交税费——应交增值税(进项税额) 26 000

　　贷:应付账款 228 600

【例10-5】某企业按有关规定确实无法支付给东方公司的应付账款85 000元,经批准转作营业外收入。该公司的账务处理如下。

借:应付账款——东方公司 85 000

　　贷:营业外收入 85 000

【例10-6】A公司在2020年1月8日向B公司购买一批材料,价款20 000元,增值税额2 600元,货款未付,但是货物已验收入库,未取得发货票。到2020年2月5日,A公司通过银行付款并取得增值税专用发票。A公司的账务处理如下。

(1) 2020年1月8日购入货物时,不做账务处理,货物在备查簿上登记

(2) 2020年1月31日按暂估入账,暂估价为21 000元

借:原材料 21 000

　　贷:应付账款——暂估应付款 21 000

(3) 下月初红字冲销

借:应付账款——暂估应付款 21 000

　　贷:原材料 21 000

(4) 2020年2月5日,按发票账单金额登记入账

借:原材料 20 000

应交税费——应交增值税(进项税额) 2 600

　　贷:银行存款 22 600

二、预收账款

(一)预收账款概述

预收账款是买卖双方协议商定，由购货方预先支付一部分货款给供应方而发生的一项负债。企业预收的货款待实际出售商品、产品或者提供劳务时再行冲减。由于预收账款的期限一般较短，因此将其列入流动负债项目。企业会计制度规定，预收账款应于实际收到时确认为一项流动负债，并按实际收到的金额计量。

(二)预收账款的核算

企业应设置"预收账款"科目，用于核算企业按照合同规定向购货单位预收的款项。该科目属于负债类，贷方登记预收货款的金额和购货企业补付的金额，借方登记企业向购货方发货后应冲销的预收货款的金额和退回购货企业多付货款的金额；余额一般在贷方，表示向购货单位预收的货款；如期末为借方余额，表示应由购货单位补付的货款；"预收账款"科目应按购货单位进行明细核算。

预收货款业务发生不多的企业，也可不设"预收账款"科目，而将预收的款项直接记入"应收账款"科目的贷方。

企业向购货单位预收的款项，借记"银行存款"科目，贷记"预收账款"科目；销售实现时，按实际的收入和应交的增值税销项税额，借记"预收账款"科目，按实现的营业收入，贷记"主营业务收入"等科目，按专用发票上注明的增值税额，贷记"应交税费——应交增值税(销项税额)"等科目，购货单位补付的款项，借记"银行存款"科目，贷记"预收账款"科目，退回多付的款项做相关的会计处理。

【例 10-7】某企业为增值税一般纳税人，向 A 公司销售商品一批，货款为 50 000 元，应交增值税 6 500 元，价税合计 56 500 元。合同规定，A 公司应先支付货款的 60%，企业在提货时付清余款。该公司的账务处理如下。

(1) 收到 60%预先支付的货款时

借：银行存款   33 900

    贷：预收货款——A 公司   33 900

(2) 向 A 公司发出商品并确认销售实现时

借：预收账款——A 公司   56 500

    贷：主营业务收入   50 000

        应交税费——应交增值税(销项税额)   6 500

(3) 收到 A 公司补付货款时

借：银行存款   22 600

    贷：预收账款——A 公司   22 600

第五节 应付职工薪酬

一、应付职工薪酬概述

应付职工薪酬是指企业为获得职工提供的服务而给予各种形式的报酬以及其他相关支出，即职工在职期间和离职后提供的全部货币性薪酬或非货币性福利，包括提供给职工本人的薪酬，以及提供给职工配偶、子女或其他被赡养人的福利等。

职工薪酬主要包括以下内容。

(一)短期薪酬

短期薪酬主要有以下几项。

(1) 职工工资、奖金、津贴和补贴，是指按照国家统计局《关于职工工资组成的规定》，构成工资总额的计时、计件工资，支付给职工的超额劳动报酬和增收节支的劳动报酬，为了补偿职工特殊或额外的劳动消耗和因其他特殊原因支付给职工的津贴，以及为了保证职工工资水平不受物价影响支付给职工的物价补贴等。企业按规定支付给职工的加班加点工资及根据国家法律、法规和政策规定，企业在职工因病、工伤、产假、计划生育假、婚丧假、事假、探亲假、定期休假、停工学习、执行国家或社会义务等特殊情况下，按照计时或计件标准的一定比例支付的工资也属职工工资范畴。在职工休假或缺勤时，不应当从工资总额中扣除。

(2) 职工福利费，是指企业为职工集体提供的福利。该费用主要是尚未实行主辅分离、辅业改制的企业，如内设医务室、职工浴池、理发室、托儿所等集体福利机构人员的工资、医疗经费、职工因工伤赴外地就医路费、职工生活困难补助，以及按照国家规定开支的其他职工福利支出等。

(3) 医疗保险费、工伤保险等社会保险费，是指企业按照国务院、各地方政府企业年金计划规定的基准比例计算，向社会保险经办机构缴纳的医疗保险费、工伤保险费和生育保险费等。企业以购买商业保险形式提供给职工的各种保险待遇属于企业提供的职工薪酬，应当按照职工薪酬的原则进行确认、计量和披露，不包括养老保险和失业保险。

(4) 住房公积金，是指企业按照国家《住房公积金管理条例》规定的基准和比例计算，向住房公积金管理机构缴存的住房公积金。

(5) 工会经费和职工教育经费，是指企业为了改善职工文化生活，提高职工文化水平和业务素质，用于开展工会活动和职工教育及职业技能培训等所发生的相关支出。

(6) 短期带薪缺勤，是指职工虽然缺勤但企业仍向其支付报酬的安排，包括年休假、病假、婚假、产假、丧假、探亲假等。长期带薪缺勤属于其他长期职工福利。

(7) 短期利润分享计划，是指因职工提供服务而与职工达成的基于利润或其他经营成果提供薪酬的协议。长期利润分享计划属于其他长期职工福利。

(8) 其他短期薪酬，是指除上述薪酬以外的其他为获得职工提供的服务而给予的短期薪酬。

(二)离职后福利

离职后福利是指企业为获得职工提供的服务而在职工退休或与企业解除劳动关系后，提供的各种形式的报酬和福利，短期薪酬和辞退福利除外。企业应当将离职后福利计划分类为设定提存计划和设定受益计划。离职后福利计划，是指企业与职工就离职后福利达成协议，或者企业为向职工提供离职后福利制定的规章或办法等。其中，设定提存计划，是指向独立的基金缴存固定费用后，企业不再承担进一步支付义务的离职后福利计划；设定受益计划，是指除设定提存计划以外的离职后福利计划。

(三)辞退福利

因解除与职工的劳动关系给予的补偿，是指由于分离办社会职能、实施主辅分离辅业改制分流安置富余人员、实施重组、改组计划、职工不能胜任等原因，企业在职工劳动合同尚未到期之前解除与职工的劳动关系，或者为鼓励职工自愿接受裁减而提出补偿建议的计划中给予职工的经济补偿，即国际财务报告准则中所指的辞退福利。

(四)其他长期职工福利

其他长期职工福利是指除短期薪酬、离职后福利、辞退福利之外所有的职工薪酬，包括长期带薪缺勤、长期残疾福利、长期利润分享计划等。

总之，从薪酬的涵盖时间和支付形式来看，职工薪酬包括企业在职工在职期间和离职后给予的所有货币性薪酬和非货币性福利；从薪酬的支付对象来看，职工薪酬包括提供给职工本人及其配偶、子女或其他被赡养人的福利，比如支付给因公伤亡职工的配偶、子女或其他被赡养人的抚恤金。

二、应付职工薪酬的科目设置

企业应设置"应付职工薪酬"科目，核算应付职工薪酬的计提、结算、使用等情况。该科目的贷方登记已分配计入有关成本费用项目的职工薪酬，借方登记实际发放的职工薪酬，包括扣还的款项等；期末贷方余额，反映企业应付未付的职工薪酬。

"应付职工薪酬"科目应按照"职工工资、奖金、津贴和补贴""职工福利费""非货币性福利""社会保险费""住房公积金""工会经费和职工教育经费""带薪缺勤""利润分享计划""设定提存计划""设定受益计划""辞退福利"等职工薪酬项目设置明细科目进行明细核算。

三、短期薪酬的核算

企业应设立"应付职工薪酬"科目进行职工薪酬的核算，该科目属于负债类，贷方登记已分配计入有关成本费用项目的应付职工薪酬的数额，借方登记实际发放职工薪酬的数额，余额在贷方，反映应发未发的职工薪酬。同时本科目应当按照"工资、奖金、津贴和补贴""职工福利费""非货币性福利""社会保险费""住房公积金""工会经费和职工教育经费""带薪缺勤""利润分享计划""设定提存计划""设定受益计划""辞退福利"等应付职工薪酬项目进行明细核算。

(一)货币性职工薪酬

1. 职工工资、奖金、津贴和补贴

对于职工工资、奖金、津贴和补贴等货币性职工薪酬，企业应当在职工为其提供服务的会计期间，根据职工提供服务的受益对象，将应确认的职工薪酬计入相关资产成本或当期损益，同时确认应付职工薪酬，借记"生产成本""制造费用""合同履约成本""管理费用""销售费用"科目，贷记"应付职工薪酬——工资、奖金、津贴和补贴"科目。

【例 10-8】南方公司 2020 年 8 月计提工资 693 000 元，其中生产产品的工人工资为 480 000 元，车间管理人员工资为 105 000 元，企业管理人员工资为 90 600 元，专设销售机构人员工资为 17 400 元。计提工资时，南方公司的账务处理如下。

```
借：生产成本——基本生产成本              480 000
    制造费用                          105 000
    管理费用                           90 600
    销售费用                           17 400
    贷：应付职工薪酬——工资、奖金、津贴和补贴        693 000
```

实务中，企业一般在每月发放工资前，根据"工资费用分配汇总表"中的"实发金额"栏的合计数，通过开户银行支付给职工或从开户银行提取现金，然后再向职工发放。

企业按照有关规定向职工支付工资、奖金、津贴和补贴等，借记"应付职工薪酬——工资、奖金、津贴和补贴"科目，贷记"银行存款""库存现金"等科目，企业从应付职工薪酬中扣还的各种款项(代垫的家属药费、个人所得税等)，借记"应付职工薪酬"科目，贷记"银行存款""库存现金""其他应收款""应交税费——应交个人所得税"等科目。

【例 10-9】承例 10-8，南方公司根据"工资费用分配汇总表"结算本月应付职工工资总额 693 000 元，其中企业代垫职工房租 32 000 元，代垫职工家属医药费 8 000 元，实发工资 653 000 元。南方公司的账务处理如下。

```
(1) 向银行提取现金时
借：库存现金                           653 000
    贷：银行存款                         653 000
(2) 发放工资时
借：应付职工薪酬——工资、奖金、津贴和补贴     653 000
    贷：库存现金                         653 000
(3) 代扣款项时
借：应付职工薪酬——工资、奖金、津贴和补贴      40 000
    贷：其他应收款——职工房租                32 000
              ——代垫医药费               8 000
```

2. 职工福利费

对于职工福利费，企业应当在实际发生时根据实际发生额计入当期损益或相关资产成本，借记"生产成本""制造费用""管理费用""销售费用"等科目，贷记"应付职工薪酬——职工福利费"科目。

【例 10-10】乙企业下设一所职工食堂，每月根据在岗职工数量以及岗位分布情况、相关历史经验数据等计算需要补贴食堂的金额，从而确定企业每期因补贴职工食堂需要承担的福利费金额。2020 年 9 月，企业在岗职工共计 200 人，其中管理部门 30 人，生产车间工人 170 人，企业的历史经验数据表明，对每个职工每月需要补贴食堂 150 元。乙企业应编制如下会计分录。

借：生产成本   25 500

    管理费用   4 500

    贷：应付职工薪酬——职工福利费   30 000

本例中，乙企业应确认的职工福利费=150×200=30 000(元)

【例 10-11】承例 10-10，2020 年 10 月，乙企业支付 30 000 元补贴给食堂。乙企业应编制如下会计分录。

借：应付职工薪酬——职工福利费   30 000

    贷：银行存款   30 000

3. 国家规定计提标准和职工薪酬

1) 工会经费和职工教育经费

根据《工会法》规定，企业每月按全部职工工资总额的 2%向工会拨缴经费，并在成本费用中列支，主要用于为职工服务和工会活动。

职工教育经费一般由企业按照每月工资总额的 8%计提，主要用于职工接受岗位培训、继续教育等方面的支出。

期末，企业按照规定的计提基础和比例计算确定应付工会经费、职工教育经费，借记"生产成本""制造费用""管理费用""销售费用""在建工程""研发支出"等科目，贷记"应付职工薪酬——工会经费、职工教育经费"科目；实际上缴或发生实际开支时，借记"应付职工薪酬——工会经费、职工教育经费"，贷记"银行存款"等科目。

【例 10-12】承例 10-8，2020 年 7 月，南方公司根据相关规定，分别按照职工工资总额的 2%和 8%计提标准，确认应付工会经费和职工教育经费。南方公司的账务处理如下。

借：生产成本——基本生产成本   48 000

    制造费用   10 500

    管理费用   9 060

    销售费用   1 740

    贷：应付职工薪酬——工会经费、职工教育经费——工会会费   13 860

            ——职工教育经费   55 440

2) 社会保险费和住房公积金

社会保险费包括医疗保险费、养老保险费、失业保险费、工伤保险费和生育保险费。企业承担的社会保险费，除养老保险费和失业保险费按规定确认为离职后福利，其他的社会保险费作为企业的短期薪酬。

期末，对于企业应缴纳的社会保险费(不含养老保险费和失业保险费)和住房公积金，应按照国家规定的计提基础和比例，在职工提供服务期间根据受益对象计入相关资产成本或当期损益，同时确认应付职工薪酬，借记"生产成本""制造费用""管理费用""销售费用""在建工程""研发支出"等科目，贷记"应付职工薪酬——社会保险费、住房公积金"科目；对于职工个人承担的社会保险费和住房公积金，由职工所在企业每月从其工资中代扣代缴，借记"应付职工薪酬——社会保险费、住房公积金"科目，贷记"其他应付款——社会保险费(医疗保险、工伤保险)、住房公积金"科目。

【例 10-13】承例 10-8，2020 年 7 月，该企业根据国家规定的计提标准，计算应由企业负担的向社会保险经办机构缴纳社会保险费(不含养老保险费和失业保险费)共计 83 160 元。按照规定编制计提住房公积金 76 230 元。南方公司的账务处理如下。

借：生产成本——基本生产成本 110 400
    制造费用 24 150
    管理费用 20 838
    销售费用 4 002
    贷：应付职工薪酬——社会保险费 83 160
           ——住房公积金 76 230

假定企业从应付职工薪酬中代扣代缴个人应缴纳的社会保险费(不含养老保险费和失业保险费)20 790 元、住房公积金 76 230 元，共计 97 020 元。南方公司的账务处理如下。

借：应付职工薪酬——社会保险费 20 790
          ——住房公积金 76 230
    贷：其他应付款——社会保险费 20 790
          ——住房公积金 76 230

4. 短期带薪缺勤

对于职工带薪缺勤，企业应当根据其性质及其职工享有的权利，分为累积带薪缺勤和非累积带薪缺勤两类。企业应当对累积带薪缺勤和非累积带薪缺勤分别进行会计处理。如果带薪缺勤属于长期带薪缺勤的，企业应当作为其他长期职工福利处理。

1) 累积带薪缺勤

累积带薪缺勤，是指带薪权利可以结转下期的带薪缺勤，本期尚未用完的带薪缺勤权利可以在未来期间使用。企业应当在职工提供了服务从而增加了其未来享有的带薪缺勤权利时，确认与累积带薪缺勤相关的职工报酬，并以累积未行使权利而增加的预期支付金额计量。确认累积带薪缺勤时，借记"管理费用"科目，贷记"应付职工薪酬——带薪缺勤——短期带薪缺勤——累积带薪缺勤"科目。

【例 10-14】甲公司自 2020 年起，实行累积带薪缺勤制度。该制度规定，每个职工每年可享受 5 个工作日的带薪年休假，未使用的年休假只能向后结转一个公历年度，超过 1 年未使用的权利作废，在职工离开企业时也无权获得现金支付；职工休年假时，首先使用当年可享受的权利，不足部分再从上年结转的带薪年假中扣除。

至 2020 年 12 月 31 日，该公司有 2 000 名职工未享受当年的带薪休假，该公司预计 2021

年中有 1 900 名职工享受不超过 5 天的带薪休年假,剩余 100 名职工每人将平均享受 6 天半年休假,假定这 100 名职工全部为总部各部门经理,该企业每名职工每个工作日工资为 300 元。不考虑其他相关因素。2020 年 12 月 31 日,该公司应该编制如下会计分录。

借:管理费用   45 000

  贷:应付职工薪酬——带薪缺勤——短期带薪缺勤——累积带薪缺勤 45 000

该企业在 2020 年 12 月 31 日应当预计由于职工累计未使用的带薪年假权利而导致的预期支付金额,即相当于 150[100×(6.5-5)]天的年休假工资金额 45 000(150×300)元。

2) 非累积带薪缺勤

非累积带薪缺勤,是指带薪权利不能结转下期的带薪缺勤,本期尚未用完的带薪缺勤权利将予以取消,并且职工离开企业时也无权获得现金支付。我国企业职工休婚假、产假、探亲假、病假期间的工资通常属于非累积带薪缺勤。由于职工提供服务本身不能增加其享受的福利金额,企业在职工未缺勤时不应当计提相关费用和负债。为此,企业应当在职工实际发生缺勤的会计期间确认与非累积带薪缺勤相关的职工薪酬。

企业确认职工享有的非累积带薪缺勤权利相关的薪酬,视同职工出勤确认的当期损益或相关资产成本。通常情况下,已经包括在企业每期向职工发放的工资等薪酬中,因此,视同职工出勤确认的当期损益或相关资产成本,不必额外做相应的账务处理。

【例 10-15】2020 年 10 月南方公司有 2 名管理人员放弃 15 天的婚假,假设平均每名职工日工资为 300 元,月工资为 9 000 元。南方公司的账务处理如下。

(1) 假设该公司未实行非累积带薪缺勤货币补偿制度。

借:管理费用   9 000

  贷:应付职工薪酬——工资、奖金、津贴和补贴 9 000

(2) 假设该公司实行非累积带薪缺勤货币补偿制度,补偿金额为放弃带薪休假期间平均日工资的 2 倍。

借:管理费用   18 000

  贷:应付职工薪酬——工资、奖金、津贴和补贴 9 000

    应付职工薪酬——带薪缺勤(非累积带薪缺勤) 9 000

实际补偿时随工资同时支付,

借:应付职工薪酬——工资、奖金、津贴和补贴 9 000

  应付职工薪酬——带薪缺勤(非累积带薪缺勤) 9 000

  贷:银行存款   18 000

(二)非货币性职工薪酬

企业向职工提供的非货币性职工薪酬,应当分以下几种情况处理。

(1) 企业以其自身产品作为非货币性福利发放给职工的,应当根据受益对象,按照该产品的含税公允价值,计入相关资产成本或当期损益,同时确认应付职工薪酬。借记"管理费用""生产成本""制造费用"等科目,贷记"应付职工薪酬——非货币性福利"科目。

【例 10-16】宝利公司为一家冰箱生产企业,共有职工 1 000 人,其中生产冰箱的生产工人 700 人,生产车间管理人员 100 人,企业管理人员 200 人。2020 年 5 月,公司以自己生产的冰箱作为福利发放给公司每名职工。冰箱的单位生产成本为 2 500 元,售价为每台

4 000元，宝利公司适用的增值税税率为13%。确认薪酬时，宝利公司的账务处理如下：

应计入生产成本的应付职工薪酬金额=700×4 000×1.13=3 164 000(元)

应计入制造费用的应付职工薪酬金额=100×4 000×1.13=452 000(元)

应计入管理费用的应付职工薪酬金额=200×4 000×1.13=904 000(元)

借：生产成本   3 164 000

    制造费用   452 000

    管理费用   904 000

    贷：应付职工薪酬——非货币性福利   4 520 000

(2) 企业将拥有的房屋等资产无偿提供给职工使用的，应当根据受益对象，将该住房每期应计提的折旧计入相关资产成本或当期损益，同时确认应付职工薪酬。借记"管理费用""生产成本""制造费用"等科目，贷记"应付职工薪酬——非货币性福利"科目，并同时借记"应付职工薪酬——非货币性福利"科目，贷记"累计折旧"科目。

【例 10-17】 某公司为其职工免费提供职工集体宿舍，该集体宿舍楼每月计提折旧5 000元。计提的折旧视同给员工的福利，该公司的账务处理如下。

借：制造费用   5 000

    贷：应付职工薪酬——非货币性福利   5 000

借：应付职工薪酬——非货币性福利   5 000

    贷：累计折旧   5 000

(3) 租赁住房等资产供职工无偿使用的，应当根据受益对象，将每期应付的租金计入相关资产成本或当期损益，并确认应付职工薪酬。借记"管理费用""生产成本""制造费用"等科目，贷记"应付职工薪酬——非货币性福利"科目。

【例 10-18】宏达公司为经理级别以上职工和高级工程师租赁几套公寓住宅免费使用，公司每月需要支付租金共计40 000元。由于为上述人员发生的40 000元租金费用，无法认定受益对象，则按规定直接计入管理费用。受益对象计提租金时，宏达公司的账务处理如下。

借：管理费用   40 000

    贷：应付职工薪酬——非货币性福利   40 000

(4) 发放非货币性福利，企业以自产产品作为职工薪酬发放给职工时，应确认主营业务收入，借记"应付职工薪酬——非货币性福利"科目，贷记"主营业务收入"科目，同时结转相关成本，涉及增值税销项税额的，还应进行相应的处理。此外，企业支付租赁住房等资产供职工无偿使用发生的租金，借记"应付职工薪酬——非货币性福利"科目，贷记"银行存款"等科目。

【例 10-19】承例 10-16，宝利公司有职工1 000人，冰箱的单位成本为2 500元，售价为每台4 000元，该公司适用的增值税税率为13%。则发放冰箱时，宝利公司的账务处理如下。

借：应付职工薪酬——非货币性福利   4 520 000

    贷：主营业务收入   4 000 000

        应交税费——应交增值税(销项税额)   520 000

借：主营业务成本   2 500 000

    贷：库存商品   2 500 000

四、设定提存计划的核算

对于设定提存计划，企业应当根据在资产负债表日为换取职工在会计期间提供的服务应向单独主体缴存的提存金，确认为应付职工薪酬，并计入当期损益或相关资产成本，借记"生产成本""制造费用""管理费用""销售费用""在建工程""研发支出"等科目，贷记"应付职工薪酬——设定提存计划"科目。

【例 10-20】承例 10-8，南方公司根据所在地政府规定，按照职工工资总额的 16% 计提养老保险费，缴存当地社会保险经办机构。2020 年 7 月，甲企业缴存基本养老保险费，计入生产成本的金额为 76 800 元，计入制造费用的金额为 16 800 元，应计入管理费用的金额为 14 496 元，应计入销售费用的金额为 2 784 元。南方公司的账务处理如下。

```
借：生产成本——基本生产成本                     76 800
    制造费用                                  16 800
    管理费用                                  14 496
    销售费用                                   2 784
    贷：应付职工薪酬——设定提存计划——基本养老保险    110 880
```

第六节 应 交 税 费

企业在一定时期内取得的营业收入或实现的利润占用国家资源以及从事其他应交税项目，要按照规定向国家缴纳各种税金、教育费附加、矿产资源补偿费等。这些应交税费按照权责发生制的原则提前计入有关科目。这些应交税费在尚未缴纳之前暂时停留在企业，形成企业的一项负债。应交税费具体包括增值税、消费税、所得税、资源税、土地增值税、城市维护建设税、房产税、土地使用税、车船使用税、教育费附加、矿产资源补偿费等。

企业应设置"应交税费"科目用于核算企业按照税法规定计算应交纳的各种税费。该科目属于负债类，贷方登记计算确定应交纳的税费数额，借方登记实际缴纳的税费数额，期末贷方余额反映企业应交未交的税金，如有借方余额反映企业多缴或尚未抵扣的税金。"应交税费"科目应当按照应交税费的税种进行明细核算。企业代扣代缴的个人所得税，也通过"应交税费"科目核算，而企业缴纳的印花税、耕地占用税等不需要预计应交的税金，不通过"应交税费"科目核算。

一、应交增值税

(一)增值税概述

1. 增值税征税范围和纳税义务人

增值税是以商品(含应税义务、应税行为)在流转过程中实现的增值额作为计税依据而征收的一种流转税。按照我国现行增值税制度的规定，在我国境内销售货物、加工修理修配劳务、服务、无形资产和不动产以及进口货物的企业、单位和个人为增值税的纳税人。其中，"服务"是指提供交通运输服务、建筑服务、邮政服务、电信服务、金融服务、现代服务、生活服务。

根据经营规模大小及会计核算水平的健全程度，增值税纳税人分为小规模纳税人和一般纳税人。

小规模纳税人是指年应税销售额未超过规定标准，并且会计核算不健全，不能够提供准确税务资料的增值税纳税人。一般纳税人是指年应税销售额超过财政部、国家税务总局规定标准的增值税纳税人。

2. 增值税的计税方法

计算增值税的方法分为一般计税方法和简易计税方法。

增值税的一般计税方法，是先按当期销售额和适用的税率计算销项税额，然后以该销项税额对当期购进的项目支付的税款(即进项税额)进行抵扣，间接算出当期的应纳税额。应纳税额的计算公式：

应纳税额=当期销项税额-当期进项税额

公式中的"当期销项税额"是指纳税人当期销售货物、加工修理修配劳务、服务、无形资产和不动产时按照销售额和增值税税率计算并收取的增值税税额。其中，销售额是指纳税人销售货物、加工修理修配劳务、服务、无形资产和不动产向购买方收取的全部价款和价外费用，但是不包括收取的销项税额。当期销项税额的计算公式：

销项税额=销售额×增值税税率

公式中的"当期进项税额"是指纳税人购进货物、加工修理修配劳务、服务、无形资产或者不动产，支付或负担的增值税税额。下列进项税额准予从销项税额中抵扣。

(1) 从销售方取得的增值税专用发票(含税控机动车销售统一发票，下同)上注明的增值税税额。

(2) 从海关进口增值税专用缴款书上注明的增值税税额。

(3) 购进农产品，除取得增值税专用发票或者海关进口增值税专用缴款书外，按照农产品收购发票或者销售发票上注明的农产品买价和9%的扣除率计算的进项税额；如用于生产销售或委托加工13%税率货物的农产品，按照农产品收购发票或者销售发票上注明的农产品买价和10%的扣除率计算的进项税额。

(4) 从境外单位或者个人购进服务、无形资产或者不动产，从税务机关或者扣缴义务人取得的解缴税款的完税凭证上注明的增值税税额。

(5) 一般纳税人支付的道路、桥、闸通行费，凭取得的通行费发票上注明的收费金额和规定的方法计算的可抵扣的增值税进项税额。

当期销项税额小于当期进项税额不足抵扣时，其不足部分可以结转下期继续抵扣。

一般纳税人采用的税率分别为13%、9%、6%和零税率。

(二)一般纳税人的账务处理

1. 应交增值税的科目设置

为了核算企业应交增值税的发生、抵扣、缴纳、退税及转出等情况，增值税一般纳税人应当在"应交税费"科目下设置"应交增值税""未交增值税""预交增值税""待抵扣进项税额""待认证进项税额""待转销项税额""增值税留抵税额""简易计税""转让金融商品应交增值税""代扣代交增值税"等明细科目。"应交增值税"明细科目归集了本月发生的各项增值税事项,其借方包括进项税额、已交税金、出口抵减内销产品应纳税额、减免税款、转出未交增值税等专栏,贷方包括销项税额、进项税额转出、出口退税、转出多交增值税等专栏。

"进项税额"专栏,核算企业购入货物或接受应税劳务而支付的、准予从销项税额中抵扣的增值税额。企业购入货物或接受应税劳务支付的进项税额,用蓝字登记;退回所购货物应冲销的进项税额,用红字登记。

"已交税金"专栏,核算企业已缴纳本月估算的应交增值税额。企业已缴纳的增值税额用蓝字登记;退回多缴的增值税额用红字登记。

"销项税额"专栏,核算企业销售货物或提供应税劳务应收取的增值税额。企业销售货物或提供应税劳务应收取的销项税额,用蓝字登记;退回销售货物应冲销销项税额,用红字登记。

"出口退税"专栏,核算企业出口适用零税率的货物,向海关办理报关出口手续后,凭出口报关单等有关凭证,向税务机关申报办理出口退税而收到退回的税款。出口货物退回的增值税额,用蓝字登记;出口货物办理退税后发生退货或者退关而补缴已退的税款,用红字登记。

"进项税额转出"专栏,核算企业已抵扣进项税税额的购进货物或应税劳务改变用途,用于非增值税应税项目、免税项目、集体福利或个人消费等,购进货物发生非正常损失,在产品和产成品发生非正常损失时,转出的增值税进项税额。

"转出未交增值税"和"转出多交增值税"专栏,分别核算一般纳税企业月终转出未缴或多缴的增值税。

月末,将本月应缴未缴增值税从"应交增值税"明细科目的"转出未交增值税"专栏转出,转入"未交增值税"明细账。

小规模纳税人只设置"应交税费——应交增值税"明细账,不设置任何专栏。

2. 一般纳税人应缴增值税的核算

一般纳税人应在"应交税费"科目下设置"应交增值税"和"未交增值税"两个明细科目,并在"应交税费——应交增值税"明细科目下分别设"进项税额""销项税额""出口退税""进项税额转出""已交税金"等专栏进行核算。月份终了,企业应将"应交增值税"明细科目的应交未交或多交的增值税转入"应交税费——未交增值税"科目,结转后,该科目如有期末借方余额,反映企业尚未抵扣的进项税。

应交增值税的主要账务处理包括以下几种。

(1) 进项税额。一般纳税人购进货物、加工修理修配劳务、无形资产或者不动产,按应计入相关成本费用或资产的金额,借记"材料采购""在途物资""原材料""库存商品""生产成本""无形资产""固定资产""管理费用"等科目;按可抵扣的增值税额,借记"应交税费——应交增值税(进项税额)"明细科目,按应付或实际支付的金额,贷记"应付账款""应付票据""银行存款"等科目。若因采购的物资不符合企业的要求而将购入的物资做退货处理时，应做相反的会计分录。

【例 10-21】大发公司购入一批原材料，增值税专用发票上注明材料价款为 45 000 元，增值税额为 5 850 元，大发公司以转账支票付讫，材料已验收入库。购入材料时，大发公司的账务处理如下。

借：原材料　　　　　　　　　　　　　　　　　　45 000
　　应交税费——应交增值税(进项税额)　　　　　　5 850
　　贷：银行存款　　　　　　　　　　　　　　　　　　　　50 850

【例 10-22】大发公司购入一台不需要安装的生产设备，增值税专用发票上注明材料价款为 50 000 元，增值税额为 6 500 元，大发公司以转账支票付讫。大发公司的账务处理如下。

借：固定资产　　　　　　　　　　　　　　　　　　50 000
　　应交税费——应交增值税(进项税额)　　　　　　6 500
　　贷：银行存款　　　　　　　　　　　　　　　　　　　　56 500

【例 10-23】大发公司管理部门委托外单位修理机器设备，增值税专用发票上注明修理费用为 20 000 元，增值税额为 2 600 元，大发公司以转账支票付讫。大发公司的账务处理如下。

借：管理费用　　　　　　　　　　　　　　　　　　20 000
　　应交税费——应交增值税(进项税额)　　　　　　2 600
　　贷：银行存款　　　　　　　　　　　　　　　　　　　　22 600

【例 10-24】大发公司购入农产品一批，农产品收购发票上注明买价为 30 000 元，规定的扣除率为 9%，货物尚未到达，大发公司以转账支票付讫。大发公司的账务处理如下。

借：在途物资　　　　　　　　　　　　　　　　　　27 300
　　应交税费——应交增值税(进项税额)　　　　　　2 700
　　贷：银行存款　　　　　　　　　　　　　　　　　　　　30 000

(2) 进项税额转出。企业已单独确认进项税额的购进货物、加工修理修配劳务或者服务、无形资产或者不动产，但其后改变用途(用于简易计税方法计税项目、免征增值税项目、集体福利或个人消费等)或发生非常损失，企业应将已记入"应交税费——应交增值税(进项税额)"账户的金额转入"应交税费——应交增值税(进项税额转出)"账户，借记"应付职工薪酬——职工福利""待处理财产损溢——待处理流动资产损溢"等账户，贷记"应交税费——应交增值税(进项税额转出)""原材料""库存商品"等账户。

【例 10-25】甲公司因管理不善导致一批原材料被盗，材料的实际成本为 10 000 元，增值税专用发票上注明的增值税额为 1 300 元。甲公司的账务处理如下。

借：待处理财产损溢——待处理流动资产损溢　　　11 300
　　贷：原材料　　　　　　　　　　　　　　　　　　　　　10 000
　　　　应交税费——应交增值税(进项税额转出)　　　　　　1 300

【例 10-26】甲公司领用一批材料用于集体福利，该批材料的实际成本为 50 000 元，增值税专用发票上注明的增值税额为 6 500 元。甲公司的账务处理如下。

借：应付职工薪酬——职工福利费　　　　　　　　56 500
　　贷：原材料　　　　　　　　　　　　　　　　　　　　　50 000
　　　　应交税费——应交增值税(进项税额转出)　　　　　　6 500

(3) 销项税额。销售物资或提供应税劳务，按营业收入和应收取的增值税额，借记"应收账款""应收票据""银行存款"等科目；按专用发票上注明的增值税额，贷记"应交税费——应交增值税(销项税额)"明细科目；按实现的营业收入，贷记"主营业务收入""其他业务收入"科目。发生的销售退回，做相反的会计分录。

【例10-27】甲公司本月销售产品40 000元，已开具增值税发票，增值税税率为13%，增值税为5 200元，商品款和增值税款均未收到。甲公司的账务处理如下。

借：应收账款　　　　　　　　　　　　　　　　　45 200
　　贷：主营业务收入　　　　　　　　　　　　　　　　40 000
　　　　应交税费——应交增值税(销项税额)　　　　　　5 200

(4) 视同销售行为。企业的有些交易和事项从会计角度看不属于销售行为，即双方没有进行交易，但货物已经转移不能确认销售收入，按照税法规定，应视同对外销售处理，需计算应交增值税。视同销售需要缴纳增值税的事项主要有：企业将自产或委托加工的货物用于集体福利或个人消费、作为投资提供给其他单位或个体工商户、分配给股东或投资者、无偿赠送他人等。在这些情况下，企业应当借记"长期股权投资""应付职工薪酬""利润分配""营业外支出"等科目，贷记"主营业务收入"和"应交税费——应交增值税(销项税额)"等科目，同时结转产品成本，借记"主营业务成本"科目，贷记"库存商品"等科目。

【例10-28】丙公司将生产的产品用于对外捐赠。该产品成本为200 000元，计税价格为300 000元，增值税税率为13%。丙公司的账务处理如下。

用于捐赠的产品增值税销项税额=300 000×13%=39 000(元)

借：营业外支出　　　　　　　　　　　　　　　　239 000
　　贷：库存商品　　　　　　　　　　　　　　　　　200 000
　　　　应交税费——应交增值税(销项税额)　　　　　39 000

【例10-29】甲公司用原材料对乙公司投资，该批原材料的实际成本为500 000元，计税价格为600 000元，增值税税率为13%，甲公司开出增值税发票给乙公司。甲、乙公司的账务处理如下。

① 甲公司的账务处理

应交增值税销项税额=600 000×13%=78 000(元)

借：长期股权投资　　　　　　　　　　　　　　　678 000
　　贷：其他业务收入　　　　　　　　　　　　　　　600 000
　　　　应交税费——应交增值税(销项税额)　　　　　78 000
借：其他业务成本　　　　　　　　　　　　　　　500 000
　　贷：原材料　　　　　　　　　　　　　　　　　　500 000

② 乙公司的账务处理

借：原材料　　　　　　　　　　　　　　　　　　600 000
　　应交税费——应交增值税(进项税额)　　　　　　78 000
　　贷：实收资本　　　　　　　　　　　　　　　　　678 000

③ 缴纳增值税

企业缴纳本月应缴的增值税，借记"应交税费——应交增值税(已交税金)"明细科目，贷记"银行存款"科目；企业缴纳以前期间未交的增值税，借记"应交税费——未交增值税"

明细科目，贷记"银行存款"科目。

【例 10-30】大兴公司 8 月共发生应交税费——应交增值税(进项税额)500 000 元，应交税费——应交增值税(销项税额)600 000 元，以银行存款缴纳增值税 100 000 元。大兴公司的账务处理如下。

借：应交税费——应交增值税(已交税金)　　　　　100 000
　　贷：银行存款　　　　　　　　　　　　　　　　　　　100 000

④　月末转出多缴增值税和未缴增值税

月度终了，企业应当将当月应缴未缴或多缴的增值税自"应交增值税"明细科目转入"未交增值税"明细科目。对于当月应缴未缴的增税，借记"应交税费——应交增值税(转出未交增值税)"科目，贷记"应交增值税——未交增值税"科目；对于当月多缴的增值税，借记"应交税费——未交增值税"科目，贷记"应交税费——应交增值税(转出多交增值税)"科目。

【例 10-31】　2020 年 9 月 30 日甲公司将尚未缴纳的其余增值税税款 60 000 元进行转账。甲公司应编制如下会计分录。

借：应交税费——应交增值税(转出未交增值税)　　　60 000
　　贷：应交税费——未交增值税　　　　　　　　　　　　　60 000

10 月，甲公司缴纳 9 月未缴的增值税 60 000 元，应编制如下会计分录：

借：应交税费——未交增值税　　　　　　　　　　　60 000
　　贷：银行存款　　　　　　　　　　　　　　　　　　　60 000

(三)小规模纳税人应交增值税的核算

依据《财政部 税务总局关于统一增值税小规模纳税人标准的通知》(财税〔2018〕33 号)，自 2018 年 5 月 1 日起，增值税小规模纳税人标准为年应征增值税销售额 500 万元及以下。小规模纳税人核算增值税采用简化的方法，不享有进项税额的抵扣权，其购进货物和接受应税劳务时支付的增值税，直接计入购入货物和接受劳务的成本。小规模纳税企业销售时，只能开具普通发票，不能开具增值税专用发票，销售收入按不含税价计算，计算公式为：

销售额=含税销售额÷(1+征收率)

因此，在账务处理上比较简单，不必设置"进项税额"和"销项税额"两个明细科目，只需设置"应交税费——应交增值税"科目直接进行处理即可。该科目贷方登记应交纳的增值税，借方登记已交纳的增值税，期末贷方余额为尚未交纳的增值税，借方余额为多交纳的增值税。

【例 10-32】A 公司属于小规模纳税人企业，适用增值税征收率为 3%，从外地某公司购入一批材料，支付材料价款为 30 000 元，支付增值税款 3 900 元，款项以转账支票付讫，材料已验收入库。该企业本月销售商品一批，所开出的普通发票上注明货款(含增值税)为 51 500 元，增值税征收率为 3%，款项已经存入银行。用银行存款缴纳增值税 1 500 元。A 公司的账务处理如下。

①　购入原材料时

借：原材料　　　　　　　　　　　　　　　　　　33 900
　　贷：银行存款　　　　　　　　　　　　　　　　　　　33 900

② 确认销售收入时

应纳销项税额=51 500÷(1+3%)=50 000(元)

应纳增值税额=50 000×3%=1 500(元)

借：应收账款 51 500

　　贷：主营业务收入 50 000

　　　　应交税费——应交增值税 1 500

③ 交纳增值税时

借：应交税费——应交增值税 1 500

　　贷：银行存款 1 500

二、应交消费税

(一)消费税概述

为了正确引导消费方向，国家在普遍征收增值税的基础上，对某些消费品还征收消费税。消费税是指在我国境内生产、委托加工和进口应税消费品的单位和个人，按其流转额交纳的一种税。征收消费税的消费品主要包括：烟、酒、酒精、化妆品、护发护肤品、贵重首饰、珠宝玉石、鞭炮、烟火、柴油、摩托车、小汽车等。消费税有从价定率、从量定额和复合计税三种方法计算应纳税额。需交纳消费税的企业应根据其中一种方法，计算当期应纳消费税额。采取从价定率方法征收的消费税，以不含增值税的销售额为税基，按照税法规定的税率计算。采取从量定额计征的消费税，根据税法确定的企业应纳消费品的数量和单位应税消费品应交纳的消费税计算确定。卷烟、粮食白酒和薯类白酒实行复合计税，其组成计税价格中不但包括从价定率计征的消费税，还应包括从量定额计征的消费税。其计算公式为：

采用从价定率征收的应税消费品的应纳税额=销售额×消费税税率

采用从量定额征收的应税消费品的应纳税额=销售量×单位税额

采用复合计税征收的应税消费品的应纳税额=销售额×消费税税率+销售量×单位税额

(二)应交消费税的核算

企业应在"应交税费"科目下设置"应交消费税"明细科目，核算应交纳消费税的发生、交纳情况。该科目属于负债类，贷方登记应交纳的消费税，借方登记已交纳的消费税；期末借方余额为多交纳的消费税，期末贷方余额为尚未交纳的消费税。由于消费税是价内税，其应纳的消费税已在应税消费品实现的销售收入中，因此通过"税金及附加"科目核算。"税金及附加"科目核算纳税人日常活动应负担的税金及附加，包括消费税、资源税、城市维护建设税和教育费附加，以及房产税、土地使用税、车船税、印花税等。该科目借方登记企业计算应纳的税金及附加，贷方登记企业期末转入"本年利润"科目的税金及附加。

1. 销售应税消费品

企业销售应税消费品时应交的消费税，借记"税金及附加"科目，贷记"应交税费——应交消费税"科目。

【例10-33】某企业销售所生产的应税消费品,增值税专用发票上注明价格为2 000 000元,增值税为260 000元,适用的消费税税率为30%,产品成本为1 500 000元,款项已收到并存入银行。该企业的账务处理如下。

① 产品销售时

借:银行存款   2 260 000

  贷:主营业务收入   2 000 000

    应交税费——应交增值税(销项税额) 260 000

借:主营业务成本   1 500 000

  贷:库存商品   1 500 000

② 计算应交消费税

应交消费税额=2 000 000×30%=600 000(元)

借:税金及附加   600 000

  贷:应交税金——应交消费税   600 000

2. 自产自用消费品

企业将生产的应税消费品用于在建工程等非生产机构时,按规定应交纳的消费税,计入有关的成本,借记"在建工程""应付职工薪酬"等科目,贷记"主营业务收入""应交税费——应交消费税""应交税费——应交增值税(销项税额)"等科目。

【例10-34】某企业在建工程领用自产应税消费品一批,该产品的实际成本为50 000元,应交消费税为6 000元。该企业的账务处理如下。

借:在建工程   56 000

  贷:库存商品   50 000

    应交税费——应交消费税   6 000

【例10-35】某企业下设的职工食堂享受企业提供的补贴,本月领用自产产品一批,该产品的实际成本为40 000元,市场价格为50 000元(不含增值税),适用的消费税税率为10%,增值税税率为13%。该企业的账务处理如下。

借:应付职工薪酬——职工福利   56 500

  税金及附加   5 000

  贷:主营业务收入   50 000

    应交税费——应交增值税(销项税额) 6 500

      ——应交消费税   5 000

借:主营业务成本   40 000

  贷:库存商品   40 000

3. 委托加工应税消费品

按照税法规定,企业委托加工的应税消费品,由受托方在向委托方交货时代扣代缴税款。收回后的消费品,委托方用于连续生产应税消费品的,应纳税准予按规定抵扣,待用委托加工的消费品加工完成出售时,再缴纳消费税;收回后的消费品直接用于销售的,委托方应将代扣代缴的消费税计入委托加工的应税消费品成本。

委托加工的应税消费品，以受托方的同类消费品的销售价格作为销售额，没有同类消费品销售价格的，以组成计税价格作为销售额：

组成计税价格=(材料成本+加工费)÷(1-消费税税率)

【例 10-36】 华联公司委托外单位加工应税消费品，材料成本为 50 000 元，加工费为 10 000 元，增值税为 1 300 元，代收消费税为 1 000 元。

(1) 如果委托加工的应税消费品收回后继续生产，其账务处理如下。

① 发出材料时

借：委托加工物资　　　　　　　　　　　　　　50 000

　　贷：原材料　　　　　　　　　　　　　　　　　　　50 000

② 支付加工费、增值税和消费税时

借：委托加工物资　　　　　　　　　　　　　　10 000

　　应交税费——应交增值税(进项税额)　　　　　1 300

　　　　　　——应交消费税　　　　　　　　　　1 000

　　贷：银行存款　　　　　　　　　　　　　　　　　　12 300

③ 收回委托加工材料时

借：原材料　　　　　　　　　　　　　　　　　60 000

　　贷：委托加工物资　　　　　　　　　　　　　　　　60 000

(2) 如果委托加工的应税消费品收回后直接出售，其账务处理如下。

① 发出材料时

借：委托加工物资　　　　　　　　　　　　　　50 000

　　贷：原材料　　　　　　　　　　　　　　　　　　　50 000

② 支付加工费、增值税和消费税时

借：委托加工物资　　　　　　　　　　　　　　11 000

　　应交税费——应交增值税(进项税额)　　　　　1 300

　　贷：银行存款　　　　　　　　　　　　　　　　　　12 300

③ 收回委托加工材料时

借：库存商品　　　　　　　　　　　　　　　　61 000

　　贷：委托加工物资　　　　　　　　　　　　　　　　61 000

三、应交城市维护建设税和教育费附加

(一)应交城市维护建设税

城市维护建设税是以增值税和消费税为计税依据征收的一种税。其纳税人为缴纳增值税和消费税的单位和个人，以纳税人实际缴纳的增值税和消费税税额为计税依据，并分别与两项税金同时缴纳。税率因纳税人所在地不同从 1%～7% 不等。其计算公式为：

应纳税额=(实际缴纳增值税+实际缴纳消费税)×适用税率

企业应设置"应交税费——应交城市维护建设税"明细科目，核算企业城建税计提与缴纳情况。每月计提应交城建税时，借记"税金及附加"等科目，贷记"应交税费——应交城市维护建设税"科目；实际缴纳税款时，借记"应交税费——应交城市维护建设税"科目，贷记"银行存款"科目。该科目期末贷方余额表示企业应交未交的城建税款。

(二)应交教育费附加

教育费附加是国家为了发展地方教育事业而随同"二税"同时征收的一种附加费，严格来说不属于税收的范畴，但由于同城建税类似，因此，也可以视同税款进行核算。教育费附加征收对象、计费依据、计算方法和征收管理与城建税相同。

企业对教育费附加通过"应交税费——应交教育费附加"明细科目核算。企业按规定计算应交的教育费附加，借记"税金及附加"等科目，贷记"应交税费——应交教育费附加"科目。交纳的教育费附加，借记"应交税费——应交教育费附加"科目，贷记"银行存款"等科目。

【例10-37】甲公司2020年5月应交的增值税为500 000元，消费税为200 000元，适用的城市维护建设税税率为7%，教育费附加税率为3%。该企业的账务处理如下。

(1) 计算应交城市维护建设税和教育费附加

借：税金及附加   70 000
  贷：应交税费——应交城市维护建设税   49 000
      ——教育费附加   21 000

(2) 上交城市维护建设税和教育费附加

借：应交税费——应交城市维护建设税   49 000
     ——教育费附加   21 000
  贷：银行存款   70 000

四、其他应交税费

(一)应交资源税

资源税是对我国境内从事原油、天然气、煤炭、金属矿产品和其他矿产品开发以及生产盐的单位和个人征收的一种税。资源税的应纳税额，按照应税产品的课税数量和规定的单位税额计算，其计算公式如下：

应纳资源税=课税数量×单位税额

企业计算结转销售应税产品应纳资源税时，借记"税金及附加"科目，贷记"应交税费——应交资源税"科目；企业结转自产自用应税产品应纳资源税时，借记"生产成本"科目，贷记"应交税费——应交资源税"科目。企业以银行存款上交资源税时，借"应交税费——应交资源税"科目，贷记"银行存款"科目。

【例10-38】甲企业2020年6月对外销售资源税应税矿产品3 600吨，将自产资源税应税矿产品800吨用于其产品生产，税法规定每吨矿产品应交资源税5元。该企业的账务处理如下。

(1) 计算对外销售应税矿产品应交资源税

借：税金及附加   18 000
  贷：应交税费——应交资源税   18 000

(2) 计算自用应税矿产品应交资源税

借：生产成本   4 000

  贷：应交税费——应交资源税   4 000

(3) 交纳资源税

借：应交税费——应交资源税   22 000

  贷：银行存款   22 000

(二)应交土地增值税

土地增值税是对转让国有土地使用权、地上的建筑物及其附着物并取得增值性收入的单位和个人所征收的一种税。

土地增值税按照转让房地产所取得的增值额和规定的税率计算征收。转让房地产的增值额是转让收入减去税法规定扣除项目金额后的余额，其中，转让收入包括货币收入、实物收入和其他收入；扣除项目主要包括取得土地使用权所支付的金额、开发土地的成本及费用、新建房及配套设施的成本及费用、与转让房地产有关的税金、旧房及建筑物的评估价格、财政部确定的其他扣除项目等。土地增值税采用四级超率累进税率，其中最低税率为30%，最高税率为60%。

根据企业对房地产核算方法不同，企业应交土地增值税的账务处理也有所区别：企业转让的土地使用权与地上建筑物及其附着物一并在"固定资产"等科目核算的，转让时应交的土地增值税，借记"固定资产清理"等科目，贷记"应交税费——应交土地增值税"科目；土地使用权在"无形资产"科目核算的，按实际收到的金额，借记"银行存款"科目，按摊销的无形资产金额，借记"累计摊销"科目，按已计提的无形资产减值准备，借记"无形资产减值准备"科目，按应交的土地增值税，贷记"应交税费——应交土地增值税"科目，同时冲销土地使用权的账面价值，贷记"无形资产"科目，按其差额借记或贷记"资产处置损益"科目；房地产开发经营企业销售房地产应交纳的土地增值税，借记"税金及附加"科目，贷记"应交税费——应交土地增值税"科目，缴纳土地增值税，借记"应交税费——应交土地增值税"科目，贷记"银行存款"科目。

【例10-39】甲企业对外转让一栋厂房，根据税法规定计算的应交土地增值税为30 000元。该企业的账务处理如下。

(1) 计算应交土地增值税

借：固定资产清理   30 000

  贷：应交税费——应交土地增值税   30 000

(2) 用银行存款交土地增值税

借：应交税费——应交土地增值税   30 000

  贷：银行存款   30 000

(三)应交房产税、城镇土地使用税、车船使用税和矿产资源补偿费

房产税是国家对在城市、县城、建制镇和工矿区征收的由产权所有人缴纳的一种税。房产税依照房产原值在一次扣除10%～30%后的余额计算缴纳。没有房产原值作为依据的，

由房产所在地税务机关参考同类房产核定；房产出租的，以房产租金收入为房产税的计税依据。

城镇土地使用税是以城市、县城、建制镇和工矿区范围内使用土地的单位和个人为纳税人，以其实际占用的土地面积和规定税额计税征收。

车船税是以车辆、船舶为课征对象，向车船的所有人或者管理人征收的一种税。

矿产资源补偿费是对在我国领域和管辖海域开采矿产资源而征收的费用。矿产资源补偿费按照矿产品销售收入的一定比例计征，由采矿人交纳。

企业按规定计算应交房产税、城镇土地使用税、车船使用税和矿产资源补偿费，借记"税金及附加"科目，贷记"应交税费——应交房产税、城镇土地使用税、车船使用税和矿产资源补偿费"科目。交纳的应交房产税、城镇土地使用税、车船使用税和矿产资源补偿费，借记"应交税费——应交房产税、城镇土地使用税、车船使用税和矿产资源补偿费"科目，贷记"银行存款"等科目。

【例10-40】甲企业按税法规定本期应交纳的房产税为100 000元、车船税为30 000元、城镇土地使用税为40 000元。该企业的账务处理如下。

(1) 计算应交上述税金

借：税金及附加　　　　　　　　　　　　　　170 000
　　贷：应交税费——应交房产税　　　　　　　　　　100 000
　　　　　　　　——应交城镇土地使用税　　　　　　　40 000
　　　　　　　　——应交车船税　　　　　　　　　　　30 000

(2) 用银行存款上交上述税金

借：应交税费——应交房产税　　　　　　　　100 000
　　　　　　——应交城镇土地使用税　　　　　40 000
　　　　　　——应交车船税　　　　　　　　　30 000
　　贷：银行存款　　　　　　　　　　　　　　　　　170 000

(四)应交个人所得税

企业按规定计算的应代扣代缴的职工个人所得税，借记"应付职工薪酬"科目，贷记"应交税费——应交个人所得税"科目。缴纳的个人所得税，借记"应交税费——应交个人所得税"科目，贷记"银行存款"等科目。

【例10-41】甲企业结算本月应付职工工资总额为500 000元，按税法规定应代扣代缴的职工个人所得税共计4 000元，实发工资46 000元。该企业的账务处理如下。

(1) 代扣个人所得税时

借：应付职工薪酬——工资、奖金、津贴和补贴　　4 000
　　贷：应交税费——应交个人所得税　　　　　　　　　　4 000

(2) 缴纳个人所得税时

借：应交税费——应交个人所得税　　　　　　　4 000
　　贷：银行存款　　　　　　　　　　　　　　　　　　4 000

(五)印花税

印花税是对书立、领受购销合同行为征收的税款。企业交纳的印花税，是由纳税人根据规定自行计算应纳税额以购买并一次贴足印花税票的方式交纳税款。即一般情况下，企业需要预先购买印花税票，待发生应税行为时，再根据凭证的性质和规定的比例税率或者按件计算应纳税额，将已购买的印花税票粘贴在应纳税凭证上，并在每枚税票的骑缝处盖戳注销或者划销，办理完税手续。企业交纳的印花税，不会发生应付未付税款的情况，不需要预计应纳税金额；也不存在与税务机关结算或清算的问题。因此，企业交纳的印花税不需要通过"应交税费"科目核算，而是于购买印花税票时，直接借记"税金及附加"科目，贷记"银行存款"科目。

第七节　应付股利和其他应付款

一、应付股利

应付股利是指企业根据股东大会或类似机构审议批准的利润分配方案确定分配给投资者的现金股利和利润。企业通过"应付股利"科目，核算企业确定或宣告支付但尚未实际支付的现金股利或利润。该科目属于负债类，贷方登记应支付的现金股利或利润，借方登记实际支付的现金或利润，期末贷方余额反映企业应付未付的现金股利或利润。该科目应按投资者设置明细科目进行核算。

企业根据股东大会或类似机构审议批准的利润分配方案，确认应付给投资者的现金或利润，借记"利润分配——应付现金股利或利润"科目，贷记"应付股利"科目；向投资者实际支付现金股利或利润时，借记"应付股利"科目，贷记"银行存款"科目。

【例10-42】某股份有限公司2020年度实现净利润8 000 000元，经过股东大会批准，决定2020年度分配股利，每10股派发0.5元的现金股利，共计5 000 000元。股利已经用银行存款支付。该公司的账务处理如下。

借：利润分配——应付现金股利　　　　　　　　5 000 000
　　贷：应付股利　　　　　　　　　　　　　　　　　5 000 000
借：应付股利　　　　　　　　　　　　　　　　5 000 000
　　贷：银行存款　　　　　　　　　　　　　　　　　5 000 000

此外，需要说明的是，企业董事会或类似机构通过的利润分配方案中拟分配的股票股利或利润，不做账务处理，不作为应付股利核算，但应在附注中披露。企业分配的股票股利不通过"应付股利"科目核算。

二、其他应付款

企业除了应付票据、应付账款、应付工资等以外，还会发生一些应付、暂收其他单位或个人的款项，如应付租入固定资产和包装物的租金、存入保证金等。其他应付款具体包括：应付经营租入固定资产和包装物租金，存入保证金(如收取的包装物押金等)，应付、暂收所属单位、个人的款项(如应付统筹退休金等)，其他应付、暂收款项。这些应付、暂收款项，构成了企业的流动负债。这里特别需要说明的有以下几点。

(1) 应付租入固定资产的租金，是指企业采用经营性租赁方式租入固定资产所应支付的租金，这项应支付的租金，应计入企业的费用(制造费用或管理费用等)。

(2) 融资租入固定资产应付的租赁费，应作为长期负债，记入"长期应付款"科目，其中所包含的融资费用，应纳入企业的财务费用。

(3) 存入保证金是其他单位或个人由于使用企业的某项资产而交付的押金(如出租包装物押金)，待以后资产归还后还需退还的暂收款项。

企业应设置"其他应付款"科目，用于核算企业除应付票据、应付账款、预收账款、应付职工薪酬、应付股利、应付利息、应交税费、长期应付款等经营活动以外的其他各项应付、暂收的款项。该科目属于负债类，贷方登记发生的各种应付、暂收款项，借方登记偿还或转销的各种应付、暂收款项，期末贷方余额反映企业应付未付的其他应付款项。"其他应付款"科目通常只核算企业应付、暂收其他单位或个人的零星款项。"其他应付款"科目应当按照其他应付款的项目和对方单位(或个人)进行明细核算。

企业发生其他各种应付、暂收款项时，借记"银行存款""管理费用"等科目，贷记"其他应付款"科目；支付其他各种应付、暂收款项时，借记"其他应付款"科目，贷记"银行存款"等科目。

【例10-43】甲公司从2020年1月1日起，以经营租赁方式租入管理用办公设备一批，每月租金为6 000元，按季支付。3月31日，甲公司以银行存款支付应付租金。甲公司的账务处理如下。

(1) 1月31日计提应付经营租入固定资产租金时

借：管理费用　　　　　　　　　　　　　　6 000
　　贷：其他应付款　　　　　　　　　　　　　　6 000

2月末做相同会计处理。

(2) 3月31日实际支付时

借：其他应付款　　　　　　　　　　　　　12 000
　　管理费用　　　　　　　　　　　　　　6 000
　　贷：银行存款　　　　　　　　　　　　　　18 000

第十章习题

第十一章

长 期 负 债

【学习目标】

1. 了解长期负债的特点和分类；
2. 掌握长期借款的会计处理方法；
3. 掌握应付债券的会计处理方法；
4. 了解长期应付款的核算方法。

【学习重点】

1. 长期借款的会计处理方法；
2. 应付债券的会计处理方法。

【学习难点】

1. 应付债券溢折价的会计处理方法；
2. 融资租入固定资产租赁费的核算。

【任务导入】

任务资料： 甲公司 2020 年 1 月 1 日为建造仓库按面值发行债券，债券面值为 1 000 万元，票面年利率为 5%，3 年期，每年 12 月 31 日计提并支付利息，到期一次还本。仓库于 2021 年 12 月 31 日完工并验收合格，达到预定可使用状态。

任务目标： 编制甲公司应付债券的会计分录。

第一节 长期负债概述

一、长期负债的特点

长期负债是指偿还期在 1 年或者超过 1 年的一个营业周期以上的债务。长期负债的形成是企业筹资决策的结果。企业为了扩大经营规模，调整产品结构，总是需要筹集大量资金，其资金来源有两个渠道：一是增发股票，二是举借长期债务。举借长期债务与增发股票比较起来，有以下几个优点。

(1) 举借长期债务可以保持企业原有的股权结构不变和股票价格稳定。因为增发股票会改变原有的持股股东的持股比例，从而影响原有的股权结构，而且增发股票会使每股收益额下降，从而导致股票价格下降。

(2) 举借长期债务不影响原有股东对企业的控制权。债权人对企业的经营决策没有表决权，只拥有到期收回本金和利息的权力，而增发股票由于新股东的介入会影响原有股东对企业的控制权。

(3) 举借长期债务支付的利息具有抵税作用。因为利息费用可以在税前支付，而增发股票给股东分配的股利必须在税后支付。

举借长期债务也有不足之处：举借债务具有一定的财务风险。企业需承担固定的利息费用，并且需安排足够的资金以偿还本金和利息。一旦企业经营状况不好，不能及时支付本金和利息，则债权人有权向法院提出申请，迫使债务人破产。因此，企业举债经营应慎重。

二、长期负债的种类

长期负债按筹措的方式不同，可分为长期借款、应付债券和长期应付款。长期借款是指企业向银行或其他金融机构借入的偿还期在 1 年以上的各种借款。应付债券是指企业为筹措长期资金而发行的 1 年期以上的债券。长期应付款是企业除长期借款和应付债券以外的长期应付款项，主要包括应付补偿贸易引进设备款和应付融资租入固定资产的租赁费。

长期负债按偿还的方式不同，可分为定期偿还长期负债和分期偿还长期负债。定期偿还长期负债是指长期负债到期一次还本付息，分期偿还长期负债是指长期负债在偿还期内分次偿还。

第二节 长期借款

一、长期借款的概念和种类

长期借款是指企业向银行或其他金融机构借入的期限在 1 年以上(不含 1 年)的各项借款。由于长期借款的期限较长，最少是 1 年以上，我们将之列入长期负债项目进行核算和管理。

长期借款按借款的用途不同可分为流动资产借款和固定资产借款。流动资产借款是用于企业生产经营活动方面的借款；固定资产借款是用于固定资产的购置、建造以及用于固定资产技术改造方面的借款。

长期借款按借款的偿还方式不同可分为定期偿还和分期偿还。定期偿还是指在借款期限到期时一次偿还；分期偿还是指在借款期内，分次偿还。

长期借款按借款的币种不同可分为人民币借款和外币借款。人民币借款是指借款为人民币或以人民币为基准计算的借款；外币借款是指借款为外币或以外币为基准计算的借款。

二、长期借款的核算

(一)长期借款核算的科目设置

企业应设置"长期借款"科目，核算长期借款的借入、归还等情况。该科目可按照贷款单位和贷款种类，分别按"本金""利息调整"等进行明细核算。该科目属于负债类，贷方登记取得借款时的本金，借方登记还款时的本金，期末贷方余额表示企业尚未偿还的长期借款。

(二)长期借款核算的处理

(1) 企业借入长期借款，借记"银行存款"科目，贷记"长期借款"科目(本金)；如有差额，借记"长期借款"科目(利息调整)。

(2) 资产负债表日，应按摊余成本和实际利率计算确定的长期借款的利息费用，借记"在建工程""制造费用""财务费用""研发支出"科目，贷记"应付利息"科目。

(3) 归还长期借款本金时，借记"长期借款"科目，贷记"银行存款"科目。同时，应转销该项长期借款的利息调整和交易费用的金额，借记"在建工程""制造费用""财务费用""研发支出"科目，贷记"长期借款"科目(利息调整、交易费用)；转销的溢价余额，做相反的会计分录。

【例 11-1】甲公司为建造营业用房，从银行借入长期借款 3 500 000 元，已存入银行。借款期限为 3 年，年利率为 8%，每年计息一次，单利计算，款项借入后，以银行存款支付工程款 2 900 000 元，该工程建造一年后达到可使用状态并完成交付，结转固定资产价值。甲公司的账务处理如下。

(1) 取得借款时

借：银行存款   3 500 000

  贷：长期借款   3 500 000

(2) 支付工程款时

借：在建工程   2 900 000

  贷：银行存款   2 900 000

(3) 计算第一年的借款利息时

借：在建工程   280 000

  贷：应付利息   280 000

(4) 工程完工交付使用时

借：固定资产   3 180 000

  贷：在建工程   3 180 000

(5) 第二、第三年分别预提利息时

借：财务费用   280 000

  贷：应付利息   280 000

(6) 借款到期归还本息时

借：长期借款   3 500 000

  应付利息   840 000

  贷：银行存款   4 340 000

第三节　应付债券

一、应付债券的概念和分类

(一)应付债券的概念

应付债券是指企业为筹集长期使用资金而发行的一种书面凭证。这里的应付债券是指发行期限在 1 年以上(不含 1 年)的应付长期债券，从而构成了企业的一项长期负债。

债券的票面上一般都载明以下几项内容：企业名称、债券面值、票面利率、还本期限和还本方式、利息的支付方式、债券的发行日期等。

企业发行债券通常须经董事会及股东会正式核准。若向社会公众公开发行，则须经有关证券管理机构核准。

为了便于债券的发行，债券发行企业可以聘请信托人充当债券持有者的权益代表。信托人一般是银行或大信托公司。债券的发行均附有契约，以说明债券的发行条款及企业用作担保的抵押资产，有时还规定对债券发行企业在债券发行期内发放股利施加限制。例如，契约可能规定，债券发行企业只有在其营运资金超过某一限额时，才能发放股利。债券发行企业如果违反契约规定的条款，信托人可以处置发行公司用作担保的资产，或采取其他法律手段以维护债券投资者的利益。

(二)应付债券的分类

企业发行的债券，可以按不同的方式进行分类。在很多情况下，债券的种类不同，其会计处理也不相同。

1. 按偿还本金的方式分类

(1) 一次还本债券：全部在一个固定的到期日偿还本金的债券。

(2) 分期还本债券：按不同的到期日分期偿还本金的债券。

2. 按支付利息的方式分类。

(1) 到期一次付息债券：在到期日支付全部利息的债券。

(2) 分期付息债券：每隔一段时期支付一次利息的债券。例如，每半年付一次利息，或每年付一次利息。

3. 按可否转换为发行企业股票分类

(1) 可转换债券：可按一定条件转换为发行企业普通股股票的债券。

(2) 不可转换债券：不能转换为发行企业普通股股票的债券。

4. 按有无担保品分类

(1) 抵押债券：发行企业以特定资产作为抵押担保而发行的债券。

(2) 信用债券：没有特定资产作为抵押担保，单凭发行企业的信用而发行的债券。

5. 按是否记名分类

(1) 记名债券：将持有人的姓名登记于发行公司的债券。

(2) 不记名债券：不将持有人的姓名登记于发行公司的债券。

二、应付债券的核算

(一)债券的发行

公司债券的发行方式有三种，即面值发行、溢价发行、折价发行。假使其他条件不变，债券的票面利率高于同期银行存款利率时，可按超过债券面值的价格发行，称为溢价发行。溢价是企业以后各期多付利息而事先得到的补偿。如果债券的票面利率低于银行存款利率，可按低于债券面值的价格发行，称为折价发行。折价是企业以后少付利息而预先给投资者的补偿。如果债券的票面利率与同期银行存款利率相同，可按票面价格发行，称为面值发行。溢价或折价发行债券是企业在债券存续期内对利息的一种调整。

企业发行债券时，如果发行费用大于发行期间冻结资金所产生的利息收入，按发行费用减去发行期间冻结资金所产生的利息收入后的差额，根据发行债券所筹集资金的用途，分别计入财务费用或相关资产成本。如果发行费用小于发行期间冻结资金所产生的利息收入，按发行期间冻结资金所产生的利息收入减去发行费用后的差额，视同发行债券的溢价收入，在债券存续期间于计提利息时摊销，分别计入财务费用或相关资产成本。

无论是面值发行，还是溢价发行或折价发行，均按债券面值记入"应付债券"科目的"面值"明细科目，实际收到的款项与面值的差额，记入"利息调整"明细科目。企业发行债券时，按实际收到的款项，借记"银行存款""现金"等科目，按债券票面价值，贷记"应付债券——面值"科目，按实际收到的款项与票面价值之间的差额，贷记或借记"应付债券——利息调整"科目。

(二)利息调整的摊销

利息调整应在债券存续期间内采用实际利率法进行摊销。实际利率法，是指按照应付债券的实际利率计算其摊余成本及各期利息费用的方法；实际利率，是指将应付债券在债券存续期间的未来现金流量，折现为该债券当前账面价值所使用的利率。

资产负债表日，对于分期付息、一次还本的债券，企业应按应付债券摊余成本和实际利率计算确定的债券利息费用，借记"在建工程""制造费用""财务费用"等科目，按票面利率计算确定的应付未付利息，贷记"应付利息"科目，按其差额，借记或贷记"应付债券——利息调整"科目。

对于一次还本付息的债券，应于资产负债表日按摊余成本和实际利率计算确定的债券利息费用，借记"在建工程""制造费用""财务费用"等科目，按票面利率计算确定的应付未付利息，贷记"应付债券——应计利息"科目，按其差额，借记或贷记"应付债券——利息调整"科目。

(三)债券的偿还

企业发行的债券通常分为到期一次还本付息或一次还本、分期付息两种。采用一次还本付息方式的，企业应于债券到期支付债券本息时，借记"应付债券——面值、应计利息"科目，贷记"银行存款"科目。采用一次还本、分期付息方式的，在每期支付利息时，借记"应付利息"科目，贷记"银行存款"科目；债券到期偿还本金并支付最后一期利息时，借记"应付债券——面值""在建工程""财务费用""制造费用"等科目，贷记"银行存款"科目，按借贷双方之间的差额，借记或贷记"应付债券——利息调整"科目。

【例 11-2】2020 年 12 月 31 日，甲公司经批准发行 5 年期一次还本、分期付息的公司债券 10 000 000 元，债券利息在每年 12 月 31 日支付，票面利率为年利率 6%。假定债券发行时的市场利率为 5%。

甲公司该批债券的实际发行价格为：

10 000 000×0.7835+10 000 000×6%×4.3295=10 432 700(元)

甲公司根据上述资料，采用实际利率法和摊余成本计算确定的利息费用，见表 11-1。

根据表 11-1 的资料，甲公司的账务处理如下。

(1) 2020 年 12 月 31 日发行债券时

借：银行存款　　　　　　　　　　　　　　　　10 432 700

　　贷：应付债券——面值　　　　　　　　　　　　　　　　10 000 000

　　　　　　　　——利息调整　　　　　　　　　　　　　　　432 700

(2) 2021 年 12 月 31 日计算利息费用时

借：财务费用等　　　　　　　　　　　　　　　　521 635

应付债券——利息调整 78 365

贷：应付利息 600 000

2022 年、2023 年、2024 年确认利息费用的会计处理同 2021 年。

(3) 2025 年 12 月 31 日归还债券本金及最后一期利息费用时

借：财务费用等 505 062.94

应付债券——面值 10 000 000

——利息调整 94 937.06

贷：银行存款 10 600 000

表 11-1 利息费用一览表

单位：元

付息日期	支付利息	利息费用	摊销的利息调整	应付债券摊余成本
2020 年 12 月 31 日				10 432 700
2021 年 12 月 31 日	600 000	521 635	78 365	10 354 335
2022 年 12 月 31 日	600 000	517 716.75	82 283.25	10 272 051.75
2023 年 12 月 31 日	600 000	513 602.59	86 397.41	10 185 654.34
2024 年 12 月 31 日	600 000	509 282.72	90 717.28	10 094 937.06
2025 年 12 月 31 日	600 000	505 062.94*	94 937.06	10 000 000

*为尾数调整。

第四节　长期应付款

一、长期应付款概述

长期应付款是指企业除长期借款和应付债券以外的其他各种长期应付款，包括应付融资租入固定资产的租赁费、应付以分期付款方式购入固定资产的费用、应付补偿贸易引进设备款等。当企业采用上述方式取得固定资产时，一般情况下是资产使用在前，款项支付在后。在尚未偿还价款或尚未支付相关税费前，此类业务便形成了企业的一项非流动负债，称其为长期应付款。

长期应付款除具有非流动负债的一般特点外，还具有两个特点：一是具有分期付款的性质，如融资租入固定资产的租赁费是在整个租赁期内逐期偿还的；二是企业通过长期应付款取得固定资产，可以减少长期投资所承担的风险，而且不必在取得固定资产的同时支付款项。

二、长期应付款的核算

企业应设置"长期应付款"科目核算长期应付款的增减变动情况。其明细账应按长期应付款的种类设置。

(一)应付融资租入固定资产租赁费的核算

企业采用融资租赁方式租入的固定资产,应在租赁开始日,将租赁开始日租赁资产公允价值与最低租赁付款额现值两者中较低者,加上初始直接费用,作为租入资产的入账价值,借记"固定资产"等科目,按最低租赁付款额,贷记"长期应付款"科目,按发生的初始直接费用,贷记"银行存款"等科目,按其差额,借记"未确认融资费用"科目。

企业在计算最低租赁付款额的现值时,能够取得出租人租赁内含利率的,应当采用租赁内含利率作为折现率;否则,应当采用租赁合同规定的利率作为折现率。企业无法取得出租人的租赁内含利率且租赁合同没有规定利率的,应当采用同期银行贷款利率作为折现率。租赁内含率,是指在租赁开始日,使最低租赁收款的现值与未担保余值的现值之和等于租赁资产公允价值与出租人的初始直接费用之和的折现率。

未确认融资费用应当在租赁期内各个期间进行分摊,企业应当采用实际利率法计算确认当期的融资费用。

【例 11-3】2019 年 12 月 1 日,甲公司与乙租赁公司签订了一份矿泉水生产线融资租赁合同。租赁合同规定:租赁期开始日为 2020 年 1 月 1 日;租赁期为 3 年,每年年末支付租金 2 000 000 元;租赁期届满,矿泉水生产线的估计残值为 400 000 元,其中,甲公司担保余值为 300 000 元,未担保余值为 100 000 元。

该矿泉水生产线于 2019 年 12 月 31 日运抵甲公司,当日投入使用;甲公司采用年限平均法计提固定资产折旧,于每年年末确认融资费用并计提折旧。假定该矿泉水生产线为全新生产线,租赁开始日的公允价值为 6 000 000 元;租赁内含利率为 6%。2022 年 12 月 31 日,甲公司将该矿泉水生产线归还给乙租赁公司。甲公司的账务处理如下。

(1) 2019 年 12 月 31 日,租入固定资产

最低租赁付款额现值=2 000 000×2.673 0+300 000×0.839 6

$$=5\ 597\ 880(元)$$

融资租入固定资产入账价值=5 597 880(元)

未确认融资费用=6 300 000-5 597 880=702 120(元)

借:固定资产——融资租入固定资产	5 597 880
未确认融资费用	702 120
贷:长期应付款	6 300 000

(2) 2020 年 12 月 31 日,支付租金、分摊融资费用并计提折旧

未确认融资费用的分摊结果如表 11-2 所示。

应计提折旧=(5 597 880-300 000)÷3=1 765 960(元)

借:长期应付款	2 000 000
贷:银行存款	2 000 000
借:财务费用	335 872.80
贷:未确认融资费用	335 872.80
借:制造费用	1 765 960
贷:累计折旧	1 765 960

表 11-2　未确认融资费用分摊表

单位：元

日　期	租　金	确认的融资费用	应付本金减少额	应付本金余额
	(1)	(2)=期初(4)×6%	(3)=(1)-(2)	(4)=期初(4)-(3)
2020 年年初				5 597 880
2020 年年末	2 000 000	335 872.80	1 664 127.20	3 933 752.80
2021 年年末	2 000 000	239 025.17	1 763 974.83	2 169 777.97
2022 年年末	2 000 000	130 222.03*	1 869 777.97	300 000
合计	6 000 000	702 120	5 297 880	

*为尾数调整。

2021 年及 2022 年支付租金、分摊融资费用并计提折旧的账务处理，比照 2020 年相关账务处理。

(3)　2022 年 12 月 31 日，归还矿泉水生产线

借：长期应付款　　　　　　　　　　　　　　　 300 000
　　累计折旧　　　　　　　　　　　　　　　　 5 297 880
　　贷：固定资产——融资租入固定资产　　　　　　　　　 5 597 880

(二)应付补偿贸易引进设备款的核算

补偿贸易方式是指企业从国外引进设备，再用该设备生产的产品归还设备价款。正因如此，一般情况下，设备的引进和偿还设备价款没有现金的流入和流出。在核算时，引进设备的资产价值以及相应的负债，作为企业的一项资产和一项负债，在资产负债表中分别在"固定资产"和"长期应付款"项目中反映。企业按照补偿贸易方式引进国外设备时，应按设备的外币数额和规定的折合率折合为人民币，作为实际发生额计入在建工程成本或原材料成本，同时作为长期应付款处理。计价入账的设备外币金额包括：设备和随同设备一起进口的工具、零配件等价款，以及国外的运杂费。

企业用人民币借款支付进口关税、国内运杂费和安装费等支出，在增加在建工程和原材料成本的同时，减少银行存款，或增加长期借款。可见，"长期应付款——补偿贸易引进设备应付款"科目核算的内容应为引进设备时发生的外币借款事项，而不包括人民币引进设备和国内用人民币支付的相关费用。

采用补偿贸易方式引进设备而形成非流动负债，其会计处理同一般情况下的负债处理基本相同。但在用该设备生产的产品偿还债务时，又有其自身的特点：清偿一般负债时，表现为货币资金的债务责任的同时减少，而企业用该设备生产的产品归还设备价款，即债务责任时，则表现为收入的增加、负债的减少。

企业用引进设备生产的产品偿还此项负债时，视同销售处理。

【例 11-4】某公司为增值税一般纳税人。2020 年从国外 A 公司引进设备一批，折合人民币的金额为 4 500 000 元。引进设备时，用银行存款支付关税 30 000 元，进口设备增值税税率为 13%，安装设备领用材料 30 000 元。支付安装工人工资 6 500 元。企业准备用所生产的产品归还引进设备款。引进设备投产后，第一批所生产的产品全部用于还款，其销售

额为 3 600 000 元，销售成本为 2 800 000 元。该公司的账务处理如下。

(1) 引进设备

借：在建工程——引进设备支出　　　　　　　　　　　　4 500 000
　　贷：长期应付款——补偿贸易引进设备应付款　　　　　　　4 500 000

(2) 用银行存款支付关税及增值税

借：在建工程——引进设备支出　　　　　　　　　　　　30 000
　　应交税费——应交增值税(进项税额)　　　　　　　588 900
　　贷：银行存款　　　　　　　　　　　　　　　　　　　618 900

(3) 领用材料、支付安装工人工资

借：在建工程——引进设备支出　　　　　　　　　　　　36 500
　　贷：原材料　　　　　　　　　　　　　　　　　　　　30 000
　　　　应付职工薪酬　　　　　　　　　　　　　　　　　　6 500

(4) 设备安装工程完工，按其全部价值结转已完工工程成本

借：固定资产　　　　　　　　　　　　　　　　　　　4 566 500
　　贷：在建工程——引进设备支出　　　　　　　　　　　4 566 500

(5) 销售产品

借：应收账款　　　　　　　　　　　　　　　　　　　3 600 000
　　贷：主营业务收入　　　　　　　　　　　　　　　　3 600 000

(6) 结转销售成本

借：主营业务成本　　　　　　　　　　　　　　　　　2 800 000
　　贷：库存商品　　　　　　　　　　　　　　　　　　2 800 000

(7) 用销货款归还引进设备款

借：长期应付款——补偿贸易引进设备应付款　　　　　3 600 000
　　贷：应收账款　　　　　　　　　　　　　　　　　　3 600 000

第十一章习题

第十二章

所有者权益

【学习目标】

1. 了解所有者权益的概念和特征;
2. 掌握所有者权益的内容;
3. 熟练掌握实收资本(或股本)的会计处理方法;
4. 熟练掌握资本公积的会计处理方法;
5. 熟练掌握盈余公积的会计处理方法;
6. 熟练掌握本年利润和利润分配的会计处理方法。

【学习重点】

1. 实收资本(或股本)的会计处理方法;
2. 资本公积和盈余公积的会计处理方法;
3. 本年利润和利润分配的会计处理方法。

【学习难点】

1. 实收资本(或股本)的会计处理方法;
2. 资本公积的会计处理方法;
3. 盈余公积的会计处理方法;
4. 本年利润和利润分配的会计处理方法。

【任务导入】

任务资料： A 上市公司 2019 年至 2020 年发生与其股票有关的业务如下。

(1) 2019 年 1 月 4 日，经股东大会决议，并报有关部门核准，增发普通股 4 000 万股，每股面值为 1 元，每股发行价格为 5 元，股款已全部收到并存入银行。假定不考虑相关税费。

(2) 2019 年 6 月 20 日，经股东大会决议，并报有关部门核准，以资本公积 4 000 万元转增股本。

(3) 2020 年 6 月 20 日，经股东大会决议，并报有关部门核准，以银行存款回购本公司股票 100 万股，每股回购价格为 3 元。

(4) 2020 年 6 月 26 日，经股东大会决议，并报有关部门核准，将回购的本公司股票 100 万股注销。

任务目标： 根据上述经济业务编制会计分录。

第一节 所有者权益概述

一、所有者权益的概念和特征

(一)所有者权益的概念

所有者权益是指企业资产扣除负债后由所有者享有的剩余权益。公司的所有者权益又称为股东权益。这说明了所有者权益的经济性质和构成，即资产-负债=所有者权益。资产减去负债后的余额，也被称为净资产。因此，所有者权益是所有者对企业净资产的要求权。

(二)所有者权益的特征

(1) 所有者权益是一种剩余索取权。从广义上讲，企业债权人和所有者都是企业资产的提供者，他们对企业的资产具有相应的索取权，但是从法律角度来看，债权人对企业资产的索取权是优于所有者对资产的索取权的，因此，所有者权益是资产总额减去负债总额后的余额，代表的是一种剩余权益。

(2) 所有者权益表明了企业可以长期使用资源的数量。任何企业的设立都必须以一定的由所有者投入的资本为基础，按照公司法规定，这部分资本在企业终止经营前不得抽回，这样，企业经营就拥有了可供长期使用的资金来源。

(3) 所有者权益置于债权人权益之后。在正常的经营过程中，必须在支付债权人的利息及分配给特别股东股利之后，才能分配给普通股东股利。一旦公司亏损或破产清算，其资产必须先清偿负债及特别股东的权益，在有剩余的情况下才能分配给股东。

二、所有者权益的构成

按现行准则的规定，所有者权益一般由实收资本、资本公积、盈余公积、未分配利润、其他综合收益等部分组成。

实收资本是投资者按照企业章程或合同、协议的约定，实际投入企业的各种财产、物资的价值。按投资主体，可分为国家投资、法人投资、外商投资和个人投资。

资本公积是指由投入资本引起的各种增值，包括资本或股本溢价以及其他资本公积等。

盈余公积是指按税后利润的一定比例提取、具有特定用途的盈余公积，包括法定盈余公积、任意盈余公积。

未分配利润是企业当期实现的净利润扣除缴纳的所得税、分配给股东的股利和提取各种用途的公积金后，留于以后年度分配的利润或待分配利润。

其他综合收益，是指企业根据会计准则规定未在当期损益中确认的各项利得和损失。

第二节　实收资本

一、实收资本概述

实收资本是所有者权益的重要组成部分，是企业设立的必备条件，也是企业从事正常生产经营活动必需的基本资金。实收资本的构成比例即投资者的出资比例或股东的股份比例，是企业据以向投资者进行利润分配的主要依据。

我国实行的是注册资本制度，要求企业的实收资本与其注册资本相一致。注册资本是企业在设立时由投资者出资的、并向工商行政管理部门登记注册的资本总额，是企业的法定资本，也是企业承担法律责任的财力保证。

我国企业法人登记条例规定，除国家另有规定外，企业的注册资本应当与实有资金一致。企业实有资金比原注册资金数额增减超过 20% 时，应持资金使用证明或验资证明，向原登记主管机关申请变更登记。如果擅自改变注册资本或抽逃资金等，将受到工商行政管理部门处罚。

按投资方式的不同，投入资本分为直接投资和间接投资。直接投资是指投资人直接以固定资产、流动资产、无形资产等投入企业，从而按投资比例获取股权的一种投资方式，它是国有独资公司和有限责任公司采用的一种投资方式。间接投资是指投资人以购买股票的形式对企业进行投资，从而按购买股票的份额获取股权的一种投资方式，它是股份有限公司一般采用的一种投资方式。

一般而言，不论何种投资方式，被投资企业都应在接受投资时，按实际收到的出资额作为实收资本入账，但要注意以下几种情况。

(1) 在某些特殊情况下，投资者实际投入的资金并不全部构成实收资本。企业的实收资本应当等于注册资本。因此，投资者的出资额中，只有按投资者占被投资企业注册资本比例计算的部分，才作为实收资本；投资者的出资额大于其在注册资本中所占的份额部分，作为资本溢价单独核算。

(2) 如果接受的是实物资产或无形资产的投资，应按投资各方确认的价值作为实收资本。

(3) 如果接受股票投资，应按股票面值计入实收资本，超过面值部分作为股本溢价单独核算。

被投资企业在吸收投入资本时，既可以一次筹集，也可以分次筹集。分次筹集时，所有者最后一次投入企业的资本必须在营业执照签发之日起6个月内缴足。

二、实收资本的核算

(一)接受投入资本的核算

对投资者投入资本的核算，应设置"实收资本"科目(股份制企业，应设置"股本"科目)。该科目属所有者权益类科目，贷方反映投入资本的增加，借方反映投入资本的减少，余额在贷方，表示投入资本的实际数额。为了反映每个投资者投入资本的实际情况，该科目应按投资者设置明细账，进行明细分类核算。

企业对投资者投入资本的核算，应根据有关投资证明(如银行收款通知、投资清单等)分不同的投资方式进行相应的会计处理。

1. 接受货币资产投资

企业接受投资者投入的货币资产(包括现金、银行存款、其他货币资金等)时，按实际收到的金额，借记"库存现金""银行存款"科目，贷记"实收资本"科目。

【例12-1】A公司收到B公司投入货币资金10 000元，C公司投入30 000元，已全部存入银行。A公司的账务处理如下。

借：银行存款　　　　　　　　　　　　　　　　40 000
　　贷：实收资本——B公司　　　　　　　　　　　　10 000
　　　　　　　　——C公司　　　　　　　　　　　　30 000

2. 接受实物资产投资

投资者可以采用固定资产、材料、库存商品等实物资产形式出资。企业收到投入的实物资产时，在办理实物转移手续后，如为固定资产，应按投资双方确认的资产价值，借记"固定资产"科目，按其在注册资本中所占的份额贷记"实收资本"科目，按其差额贷记"资本公积"科目。

【例12-2】A公司接受B公司投资的一辆汽车，该汽车双方确认的价值为200 000元，增值税为26 000元，与注册资本中所占份额相等。A公司的账务处理如下。

借：固定资产——汽车　　　　　　　　　　　　200 000
　　应交税费——应交增值税(进项税额)　　　　26 000
　　贷：实收资本——B公司　　　　　　　　　　　　226 000

当投资者以原材料、库存商品等实物资产投资时，应按投资双方确认的资产价值，借记"原材料""库存商品"等科目，按增值税专用发票上注明的增值税额，借记"应交税金——应交增值税(进项税额)"科目，按其在注册资本中所占的份额，贷记"实收资本"科目，按其差额贷记"资本公积"科目。

【例12-3】A公司接受B公司投入的材料一批，双方确认价值为800 000元，应缴增值税为104 000元，与注册资本中所占份额相等。A公司的账务处理如下。

```
借：原材料                                   800 000
    应交税金——应交增值税(进项税额)            104 000
    贷：实收资本——B 公司                               904 000
```

3. 接受无形资产投资

企业可以接受专利权、土地使用权、非专利技术等无形资产投资。但按公司法规定：对作为出资的工业产权、土地使用权、专有技术，也必须进行评估作价。并且被投资企业吸收无形资产投资的总额不得超过注册资本总额的 20%；如遇特殊情况需要超过 20%时，必须报经工商行政管理部门审查批准，但以无形资产投资的总额占注册资本的比例最高不得超过注册资本总额的 30%。

企业收到投入的无形资产时，应按双方确认的价值，借记"无形资产"账户，贷记"实收资本"账户、"资本公积"账户。

【例 12-4】某企业收到 A 公司投入的专利权一项，双方合同确认价值为 50 万元，增值税为 30 000 元，与注册资本中所占份额相等。A 公司的账务处理如下。

```
借：无形资产——专利权                        500 000
    应交税金——应交增值税(进项税额)             30 000
    贷：实收资本——A 公司                               530 000
```

(二)实收资本或股本的增减变动

我国有关法律规定，企业资本(或股本)除了下列情况外，不得随意变动：一是符合增资条件，并经有关部门批准增资；二是企业按法定程序报经批准减少注册资本。

1. 实收资本或股本增加变动

1) 企业接受投资者追加投资

企业接受投资者追加投资时，应当按实际收到的款项或其他资产，借记"银行存款"等科目，按增加的实收资本或股本金额，贷记"实收资本"或"股本"科目，按两者之间的差额，贷记"资本公积——资本溢价"或"资本公积——股本溢价"科目。

2) 资本公积转增资本

企业将资本公积转增资本时，应按照转增的资本金额，借记"资本公积"科目，贷记"实收资本"或"股本"科目。

3) 盈余公积转增资本

企业的盈余公积转增资本时，应按照转增的资本金额，借记"盈余公积"科目，贷记"实收资本"或"股本"科目。

4) 采用发放股票股利方式增资

在股份有限公司股东大会或类似机构批准采用发放股票股利的方式增资时，公司应在实施该方案并办理完增资手续后，根据实际发放的股票股利数，借记"利润分配——转作股本的普通股"科目，贷记"股本"科目。

2. 实收资本或股本减少变动

有限责任公司和一般企业按照法定程序报经批准减少注册资本时，应按照减资金额，借记"实收资本"科目，贷记"现金""银行存款"等科目。

股份有限公司采用收购本企业股票方式减资的，应按照注销股票的面值总额减少股本，购回股票支付的价款超过面值总额的部分，依次减少资本公积和留存收益；购回股票支付的价款低于面值总额的部分，所注销库存股的账面余额与所冲减股本的差额增加资本公积。

【例 12-5】甲股份有限公司 2020 年 12 月 31 日的股本为 80 000 000 元(面值为 1 元)，资本公积(股本溢价)为 20 000 000 元，盈余公积为 30 000 000 元。经股东大会批准，甲公司以现金回购方式回购本身股票 30 000 000 股并注销。假定该公司按每股 2 元回购股票，不考虑其他因素，该公司的账务处理如下。

(1) 回购本公司股票时

借：库存股 60 000 000

　　贷：银行存款 60 000 000

(2) 注销本公司股票时

借：股本 30 000 000

　　资本公积 20 000 000

　　盈余公积 10 000 000

　　贷：库存股 60 000 000

第三节　资本公积

一、资本公积概述

(一)资本公积的含义

资本公积是指企业收到投资者投入的超出其在企业注册资本(股本)中所占份额的投资，以及直接计入所有者权益的利得和损失，包括资本(或股本)溢价、直接计入所有者权益的利得和损失等。

资本公积与实收资本虽然都属于投入资本，但两者又有区别。实收资本一般是投资者投入的、为谋求价值增值的原始投资，而且属于法定资本，因此，实收资本无论是在来源上，还是在金额上，都有比较严格的限制。资本公积在金额上则并没有严格限制，而且在来源上也相对多样，只是由于法律的规定而无法直接以资本的名义出现。

资本公积与净利润有本质的区别。净利润是企业经营活动产生的结果，可以分配给股东。资本公积是企业所有者投入资本的一部分，它不是由企业实现的净利润转化而来的，具有资本的属性，与企业的净利润无关，所以不能作为净利润的一部分。因此，它与留存收益也有本质的区别。

(二)资本公积的来源

资本公积有特定的来源，其主要来源是资本(或股本)溢价和其他资本公积。

资本溢价(或股本溢价)，是指企业收到投资者出资额超出其在企业注册资本(或股本)中所占份额的投资。形成资本(或股本)溢价的原因有溢价发行股票、投资者超额缴入资本等。

其他资本公积，是指除净损益、其他综合收益和利润分配以外所有者权益的其他变动。

(三)资本公积的用途

资本公积的一个主要用途就是可以依法用于转增资本，而不得作为投资利润或股利进行分配。在用资本公积转增资本时，既没有改变企业的投入资本总额，又没有改变企业的所有者权益，因而不会增加企业的价值。将资本公积转增资本的意义在于：一方面，资本公积转增资本可以改变资本的结构，体现企业稳健、持续发展的潜力；另一方面，对于股份有限公司而言，它会增加投资者持有的股份，从而增加公司股票的流通量，进而可以激活股价，提高股票的交易量和资本的流动性。

二、资本公积的核算

企业为反映资本公积增减变动情况，应设置"资本公积"科目，并根据资本公积形成的来源，设置相应的明细科目，分别进行明细核算。一般应当设置"资本(或股本)溢价""其他资本公积"明细科目。

(一)资本溢价(或股本溢价)的核算

1. 资本溢价

除股份制企业外的其他类型企业，在企业创立时，出资者认缴的出资额全部记入"实收资本"科目。在企业重组并有新的投资者加入时，为了维护原有投资者的权益，新加入的投资者的出资额并不一定全部作为实收资本进行处理，常常会出现资本溢价。因为在正常情况下，企业进行正常生产经营活动后，资本利润率要高于企业初创阶段。该高于初创阶段的资本利润率是由初创时必要的垫支资本带来的，企业创立者为此付出了代价。另外，新加入的投资者会与原投资者共享企业内部积累，这也要求其付出大于原有投资者的出资额，才能取得与原有投资者相同的投资比例。投资者投入的资本中按其投资比例计算的出资额部分，应记入"实收资本"科目，大于部分应记入"资本公积"科目。

【例12-6】某有限公司由甲、乙、丙三个投资人各出资1 000 000元而成立，经过3年的经营，该公司的留存收益为1 500 000元。此时，有投资者丁希望加入本公司，并表示愿意出资1 800 000元而仅占有该企业25%的投资份额。丁投资后，该公司的注册资本为4 000 000元。假定不考虑其他因素，该公司收到丁投资者投入资金时的账务处理如下。

借：银行存款   1 800 000

  贷：实收资本——丁投资者   1 000 000

    资本公积——资本溢价   800 000

2. 股本溢价

股本溢价的产生,与企业的经营活动没有直接关系,只是由于股票发行价格高于股票面值而形成的。它应为投资者所共有。

在股份公司中,股东按其所持公司股份享有权利和承担义务。为了反映和便于计算各股东所持股份占公司总股本的比例,公司的股本总额按股票的面值与股份总数的乘积计算。国家规定,股本总额应与注册资本相等。因此,为了提供公司股本总额及构成和注册资本等信息,公司在发行股票时,将取得的收入中相当于股票面值的部分记入"股本"科目;超出股票面值的溢价收入,扣除发行股票的手续费、佣金以后的数额,记入"资本公积"科目。

对于股份有限公司发行股票时支付的手续费或佣金、股票印刷成本等,应首先减去发行股票冻结期间所产生的利息收入。溢价发行的,从股票发行的溢价收入中抵销,冲减资本公积;无溢价的,或溢价不足以抵扣的,应将不足抵扣的部分冲减盈余公积和未分配利润。

【例12-7】某股份有限公司委托某证券公司代理发行普通股2 000 000股。每股面值为1元,按每股1.2元发行。公司与委托单位约定,按发行收入的3%收取手续费,从发行收入中扣除。假定股款已存入银行。该公司的账务处理如下。

公司收到委托单位发来的现金=2 000 000×1.2×(1-3%)=2 328 000(元)

应记入资本公积的金额=溢价收入-发行的手续费=400 000-72 000=328 000(元)

借:银行存款　　　　　　　　　　　　　　　　　2 328 000

　　贷:股本　　　　　　　　　　　　　　　　　　　　2 000 000

　　　　资本公积——股本溢价　　　　　　　　　　　　　328 000

(二)其他资本公积的核算

其他资本公积是指除净损益、其他综合收益和利润分配以外所有者权益的其他变动。如企业的长期股权投资采用权益法核算时,在持股比例不变的情况下,被投资单位除净损益、其他综合收益和利润分配以外所有者权益的其他变动,投资单位按其持股比例计算应享有的份额。企业采用权益法核算长期股权投资时,长期投资的账面价值将随着被投资单位所有者权益的增减而增加或减少,以使长期股权投资的账面价值与应享有被投资单位所有者权益的份额基本保持一致。被投资单位净资产的变动除了实际的净损益会影响净资产外,还有其他原因增加的资本公积,企业应按其持股比例计算应享有的份额,借记或贷记"长期股权投资——其他权益变动"科目,贷记或借记"资本公积——其他资本公积"科目。处置采用权益法核算的长期股权投资,还应结转原记入资本公积的相关金额,借记或贷记"资本公积——其他资本公积"科目,贷记或借记"投资收益"科目。

【例12-8】甲企业拥有丙企业30%的股份,长期股权投资采用权益法核算。当丙企业资本公积增加300 000元时,甲企业的账务处理如下。

借:长期股权投资——其他权益变动　　　　　　　90 000

　　贷:资本公积——其他资本公积　　　　　　　　　　90 000

(三)资本公积转增资本

经股东大会或类似机构决议，用资本公积转增资本时，应冲减资本公积，同时按照转增资本前的实收资本(或股本)的结构或比例，将转增的金额记入实收资本(或股本)科目下各所有者的明细分类账。

【例 12-9】因扩大经营规模需要，经批准，东方有限责任公司按原出资比例(甲占东方有限责任公司投资比例为 50%，乙为 30%，丙为 20%)将资本公积 1 000 000 元转增资本。东方有限责任公司账务处理如下。

借：资本公积 1 000 000
　　贷：实收资本——甲 500 000
　　　　　　——乙 300 000
　　　　　　——丙 200 000

第四节　留 存 收 益

一、留存收益概述

留存收益主要包括盈余公积和未分配利润，反映企业所有者权益中由经营收益产生的累积利益。

(一)盈余公积

1. 盈余公积的组成内容

1)　法定盈余公积

它是指企业按照规定的比例从净利润中提取的盈余公积。根据我国公司法的规定，有限责任公司和股份有限公司应按照净利润的 10%提取法定盈余公积；计提的法定盈余公积累计达到注册资本的 50%时，可以不再提取。对于非公司制企业而言，也可以按照净利润10%以上的比例提取。

2)　任意盈余公积

它是指企业经股东大会或类似机构批准，按照规定的比例从净利润中提取的盈余公积。它与法定盈余公积的区别在于：它的提取比例由企业自行决定，而法定盈余公积的提取比例由国家有关法规规定。

2. 盈余公积的主要用途

企业提取的盈余公积主要用于以下几个方面。

1)　弥补亏损

根据有限责任制度的规定，企业发生亏损时，应由企业自行弥补。弥补亏损的渠道主要有三条：一是用以后年度税前利润弥补。按照现行制度规定，企业发生亏损时，可以用以后连续 5 年内实现的税前利润弥补，即税前利润弥补亏损的期间为 5 年。二是用以后年度税后利润弥补。企业发生的亏损经过 5 年期间未弥补足额的，尚未弥补的亏损应用所得税后利润弥补。三是用盈余公积弥补亏损。企业用以前年度提取的盈余公积弥补亏损时，应当由公司董事会提议，并经股东大会批准。

2) 发放现金股利或利润

在特殊情况下，当企业累积的盈余公积比较多，而未分配利润比较少时，为了维护企业形象，给投资者以合理的回报，对于符合规定条件的企业，也可以用盈余公积分派现金利润或股利。因为盈余公积从本质上讲是由收益形成的，属于资本增值部分。

3) 转增资本

与资本公积相同，企业按规定办理增资手续后可将法定盈余公积和任意盈余公积转增为实收资本或股本。企业将盈余公积转增资本时，必须经股东大会决议批准。在实际将盈余公积转增资本时，要按股东原有持股比例结转。盈余公积转增资本时，转增后留存的盈余公积的数额不得少于注册资本的 25%。

(二)未分配利润

未分配利润是企业实现的净利润经过弥补亏损、提取盈余公积和向投资者分配利润后留存企业的、历年结存的利润。未分配利润通常留待以后年度向投资者分配。相对于其他所有者权益而言，因未分配利润未指定专门用途，所以，企业对未分配利润有较大的使用权。

二、留存收益的核算

(一)盈余公积的核算

1. 盈余公积提取的核算

对于一般企业或者股份有限公司来说，在按规定提取各项盈余公积时，应当按照提取的各项盈余公积金额，借记"利润分配——提取法定盈余公积、提取任意盈余公积"科目，贷记"盈余公积——法定盈余公积、任意盈余公积"科目。

【例 12-10】甲股份有限公司 2020 年的税后净利润为 6 000 000 元，按规定的 10%计提法定盈余公积，并根据股东大会决议按 3%的比例提取任意盈余公积。甲公司的账务处理如下。

```
借：利润分配——提取法定盈余公积          600 000
        ——提取任意盈余公积          180 000
    贷：盈余公积——法定盈余公积                    600 000
        ——任意盈余公积                    180 000
```

2. 盈余公积弥补亏损的核算

企业经股东大会或类似机构决议，可以用盈余公积弥补亏损。企业用盈余公积弥补亏损时，按照确定的弥补亏损的数额，借记"盈余公积"科目，贷记"利润分配"科目。

【例 12-11】甲公司以前年度累计未弥补亏损 350 000 元，已超过了规定的以税前利润弥补亏损的期间。2020 年公司经股东大会批准，以法定盈余公积全额弥补亏损(该公司有足够的盈余公积)。该公司的账务处理如下。

```
借：盈余公积——法定盈余公积                  350 000
```

```
        贷:利润分配——盈余公积补亏                                      350 000
    借:利润分配——盈余公积补亏                    350 000
        贷:利润分配——未分配利润                                        350 000
```

3. 盈余公积转增资本的核算

企业将盈余公积转增资本时,应当按照转增资本前的实收资本结构比例,将盈余公积转增资本的数额记入"实收资本(或股本)"科目下各所有者的明细账,相应地增加各所有者的资本数额。

【**例 12-12**】乙股份有限公司按 10 送 1 的方案用盈余公积派送新股,股票面值为 1 元,派送前的普通股股数为 9 000 万股,本次派送新股总数为 900 万股。本次派送新股所运用的资金是法定盈余公积,乙公司的账务处理如下。

```
    借:盈余公积——法定盈余公积                    9 000 000
        贷:股本                                                          9 000 000
```

(二)未分配利润的核算

未分配利润通过"利润分配——未分配利润"明细科目核算。

企业在年度终了,结转全年实现的净利润时,借记"本年利润"科目,贷记"利润分配——未分配利润"科目;如果企业本年亏损,转出亏损时,借记"利润分配——未分配利润"科目,贷记"本年利润"科目;结清"利润分配"科目下的其他明细科目(如应付优先股股利、应付现金股利、提取法定盈余公积、提取任意盈余公积等)余额时,应将这些明细科目的余额全部转入"未分配利润"明细科目。结转后,"未分配利润"明细科目余额如在贷方,表示期末累计未分配利润;余额如在借方,表示期末累计未弥补的亏损。

【**例 12-13**】A 公司 2019 年年末未分配利润为 1 000 000 元。2020 年度公司实现净利润 2 000 000 元,本年提取法定盈余公积 200 000 元,宣告发放现金股利 1 200 000 元。

(1) 结转本年实现的利润
```
    借:本年利润                                    2 000 000
        贷:利润分配——未分配利润                                      2 000 000
```
(2) 提取法定盈余公积、宣告发放现金股利
```
    借:利润分配——提取法定盈余公积                200 000
              ——应付现金股利                      1 200 000
        贷:盈余公积                                                      200 000
            应付股利                                                    1 200 000
```
(3) 将"利润分配"其他明细科目的金额结转到"未分配利润"科目
```
    借:利润分配——未分配利润                      1 400 000
        贷:利润分配——提取法定盈余公积                                  200 000
              ——应付现金股利                                          1 200 000
```

通过以上结转后,2020 年年末未分配利润额为 600 000 元,再加上年初未分配利润 1 000 000 元,未分配累计利润为 1 600 000 元。

企业如果在当年发生亏损,应当将本年发生的亏损自"本年利润"科目转入"利润分

配——未分配利润"科目，借记"利润分配——未分配利润"科目，贷记"本年利润"科目。这样，企业以前年度的未分配利润将减少，结转后，"利润分配——未分配利润"科目如果出现借方余额，即为未弥补亏损的数额。对于该未弥补亏损，可以用以后年度实现的税前利润弥补，但弥补期限不得超过 5 年。当企业用实现的利润弥补以前年度亏损时，企业需将当年实现的利润自"本年利润"科目的借方转入"利润分配——未分配利润"科目的贷方，"利润分配——未分配利润"科目的贷方发生额与"利润分配——未分配利润"科目的借方余额自然抵补。所以，以当年实现的净利润弥补以前年度结转的未弥补亏损时，实际上并不需要进行专门的账务处理。

第十二章习题

第十三章

收入、费用和利润

【学习目标】

1. 了解收入、费用和利润的含义及分类；
2. 熟练掌握收入的确认条件及账务处理方法；
3. 熟练掌握费用的账务处理方法；
4. 熟练掌握利润的账务处理方法。

【学习重点】

1. 收入的会计处理方法；
2. 费用的会计处理方法；
3. 利润的会计处理方法。

【学习难点】

1. 商业折扣、现金折扣和销售折让的会计处理方法；
2. 利润分配的会计处理方法。

【任务导入】

任务资料：红星公司为增值税一般纳税人，增值税税率为 13%，随时结转销售成本。2020 年 6 月发生经济业务如下。

(1) 1 日，销售给甲公司 A 商品 500 件，每件不含税售价为 300 元，成本为 220 元，增值税专用发票上注明价款为 150 000 元，增值税为 19 500 元，收到甲公司签发的转账支票一张，送存银行。

(2) 3 日，销售给外地丙公司 B 产品 400 台，每台不含税售价为 600 元，成本为 520 元，商品已经发出，以银行存款代垫运杂费 3 000 元。采用托收承付结算方式，开出增值税专用发票，并向银行办妥托收手续。

(3) 3 日，上月 30 日赊销给外地乙公司 B 商品 200 台，每台不含税售价为 600 元，成本为 520 元，已经确认收入，价税合计 135 600 元。乙公司验收时发现商品质量有问题，经双方协商同意在价格上给予乙公司 10%的折让，并由购货方开具证明，向税务机关申请开具红字增值税专用发票。

(4) 8 日，收到乙公司汇来的扣除 10%折让后的款项，存入银行。

(5) 8 日销售给丙公司材料一批，增值税专用发票上注明价款为 3 000 元，增值税为 390 元，收到款项存入银行，该批材料的成本为 2 000 元。

任务目标：根据上述经济业务编制会计分录。

第一节 收 入

一、收入的概念和特征

收入是指企业在日常活动中形成的、会导致所有者权益增加的、与所有者投入资本无关的经济利益的总流入。收入包括主营业务收入和其他业务收入，但不包括为第三方或客户代收的款项。收入是企业利润的来源，获取收入是企业日常活动中最重要的目标之一。收入具有以下三个特征。

(一)收入是企业在日常活动中形成的经济利益的总流入

收入是企业在日常活动中形成的，而不是从偶发的交易或事项中形成的。其中，"日常活动"是指企业为完成其经营目标所从事的经常性活动以及与之相关的活动。经常性活动包括工业企业制造并销售产品、商业企业销售商品、保险公司签发保单、咨询公司提供咨询服务、软件企业为客户开发软件、安装公司提供安装服务、商业银行对外贷款、租赁公司出租资产等；与之相关的活动包括企业转让无形资产使用权、出售不需用原材料等。值得注意的是，企业处置固定资产、无形资产等活动，不是企业为完成其经营目标所从事的经常性活动，也不属于与经常性活动相关的活动，由此产生的经济利益的总流入不构成收入，应当确认为营业外收入。

收入只包括本企业经济利益的流入，不包括为第三方或客户代收的款项，企业代第三方收取的款项，应当作为负债处理，不应当确认为收入，如企业代国家收取增值税，商业银行代委托企业收取利息，旅行社代客户购买门票、飞机票而收取票款等。

(二)收入会导致所有者权益的增加

收入形成的经济利益总流入的形式多种多样，既可能表现为企业资产的增加，如增加银行存款、应收账款等；也可能表现为企业负债的减少，如减少预收账款；或者两者兼而有之，如销售实现时，部分冲减预收账款，部分收取银行存款。收入形成的经济利益总流入能增加资产或减少负债，或者两者兼而有之，根据"资产−负债=所有者权益"公式，企业取得的收入一定能增加所有者权益。这里仅指收入本身会导致所有者权益的增加，而不是指收入扣除相关成本后的净额对所有者权益的影响。

(三)收入与所有者投入资本无关

收入只包括企业本身活动获得的经济利益的流入，而不包括企业所有者向企业投入资本导致的经济利益的流入。所有者投入资本主要是为谋求享有企业资产的剩余权益，由此形成的经济利益的总流入不构成收入，而应确认为企业所有者权益的组成部分。

二、收入的分类

(一) 按照收入性质分类

按照收入性质分类，收入可以分为商品销售收入、提供劳务收入、让渡资产使用权收入等。

1. 销售商品收入

销售商品收入是指企业通过销售商品实现的收入，如工业企业制造并销售产品、商品流通企业销售商品实现的收入。

2. 提供劳务收入

提供劳务收入是指企业通过提供劳务实现的收入，提供劳务的种类比较多，主要包括旅游、运输、广告、理发、咨询、代理、培训、产品安装等。另外，还有一些特殊的劳务交易收入，如安装费收入，宣传媒介费收入，包括在商品销售区内可区分的服务费收入、艺术表演、招待宴会和其他特殊活动的收入，申请入会费和会员费收入，特许权费收入，定制软件收入等。

3. 让渡资产使用权收入

让渡资产使用权收入是指企业通过让渡资产使用权实现的收入，通常包括以下几个方面。

(1) 让渡资产使用权而形成的利息收入。这里主要指金融业存、贷款形成的利息收入及同业之间发生往来形成的利息收入等。

(2) 让渡资产使用权而形成的使用费收入。如转让无形资产使用权形成的使用费收入及对外出租固定资产的租金收入。

(二)按照企业经营业务的主次分类

按照企业经营业务的主次分类，收入可以分为主营业务收入和其他业务收入。

1. 主营业务收入

主营业务收入是指企业为完成其经营目标所从事的经常性经营活动所取得的收入。一般指企业营业执照上规定的主要业务所取得的收入，所以又称为基本业务收入。在不同行业所包括的内容不同：工业企业的主营业务收入主要包括销售商品、自制半成品、代制品、代修品、提供工业性作业等所取得的收入；商品流通企业的主营业务收入主要包括销售商品所取得的收入；旅游企业的主营业务收入主要包括客房收入、餐饮收入等。主营业务收入一般占企业营业收入的比重较大，会对企业的经济效益产生较大的影响。

2. 其他业务收入

其他业务收入是指企业除了主营业务收入以外的与经常性经营活动相关的其他经营活动所实现的收入。一般指企业营业执照上注明的兼营业务所取得的收入，所以又称为附营业务收入。对工业企业而言，主要包括转让技术取得的收入、销售材料取得的收入、包装物出租收入等。营业收入中的其他业务收入，一般占企业营业收入的比重较小。

在会计核算中，对经常性、主要业务所产生的收入单独设置"主营业务收入"科目进行核算，对非经常性、兼营业务交易所产生的收入单独设置"其他业务收入"科目进行核算。

三、收入的确认和计量

(一)收入确认的原则

企业应当在履行了合同中的履约义务，即在客户取得相关商品控制权时确认收入。取得相关商品控制权，是指客户能够主导该商品的使用并从中获得几乎全部经济利益，也包括有能力阻止其他方主导该商品的使用并从中获得经济利益。取得商品控制权包括三个要素：一是客户必须拥有现时权利，能够主导该商品的使用并从中获得几乎全部经济利益。如果客户只能在未来的某一期间主导该商品的使用并从中获益，则表明其尚未取得该商品的控制权。二是客户有能力主导该商品的使用，即客户在其活动中有权使用该商品，或者能够允许或阻止其他方使用该商品。三是客户能够获得商品几乎全部的经济利益。商品的经济利益是指商品的潜在现金流量，既包括现金流入的增加，也包括现金流出的减少。客户可通过使用、消耗、出售、处置、交换、抵押或持有等多种方式直接或间接地获得商品的经济利益。

(二)收入确认的前提条件

企业与客户之间的合同同时满足下列五项条件的，企业应当在客户取得相关商品控制权时确认收入。

(1)　合同各方已批准该合同并承诺将履行各自义务。

(2)　该合同明确了合同各方与所转让商品相关的权利和义务。

(3)　该合同有明确的与所转让商品相关的支付条款。

(4)　该合同具有商业实质，即履行该合同将改变企业未来现金流量的风险、时间分布或金额。

(5)　企业因向客户转让商品而有权取得的对价很可能收回。

(三)收入确认和计量的步骤

根据《企业会计准则第14号——收入》(2018)，收入确认和计量大致分为五步。

第一步，识别与客户订立的合同。合同是指双方或多方之间订立有法律约束力的权利义务的协议。合同有书面形式、口头形式以及其他形式。合同的存在是企业确认客户合同收入的前提，企业与客户之间的合同一经签订，企业即享有从客户取得与转移商品和服务对价的权利，同时负有向客户转移商品和服务的履约义务。

第二步，识别合同中的单项履约义务。履约义务是指合同中企业向客户转让可明确区分商品或服务的承诺。企业应当将向客户转让可明确区分商品(或者商品的组合)的承诺以及向客户转让一系列实质相同且转让模式相同的、可明确区分商品的承诺作为单项履约义务。例如，企业与客户签订合同，向其销售商品并提供安装服务，该安装服务简单，除该企业外其他供应商也可以提供此类安装服务，该合同中销售商品和提供安装服务为两项单项履约义务。若该安装服务复杂且商品需要按客户定制要求修改，则合同中销售商品和提供安装服务合并为单项履约义务。

第三步，确定交易价格。交易价格是指企业因向客户转让商品而预期有权收取的对价金额，不包括企业代第三方收取的款项(如增值税)以及企业预期将退还给客户的款项。合同条款所承诺的对价，可能是固定金额、可变金额或两者兼有。例如，甲公司与客户签订合同为其建造一栋厂房，约定的价款为100万元，4个月完工，交易价格就是固定金额100万元；假如合同中约定若提前1个月完工，客户将额外奖励甲公司10万元，甲公司对合同估计工程提前1个月完工的概率为95%，则甲公司预计有权收取的对价为110万元，因此交易价格包括固定金额100万元和可变金额10万元，总计110万元。

第四步，将交易价格分摊至各单项履约义务。当合同中包含两项或多项履约义务时，需要将交易价格分摊至单项履约义务，分摊的方法在合同开始日，按照各单项履约义务所承诺商品的单独售价(企业向客户单独销售商品的价格)的相对比例，将交易价格分摊至各单项履约义务。通过分摊交易价格，企业分摊至各单项履约义务的交易价格能够反映其因向客户转让已承诺的相关商品而有权收取的对价金额。

第五步，履行各单项履约义务时确认收入。当企业将商品转移给客户，客户取得了相关商品的控制权，意味着企业履行了合同履约义务，此时，企业应确认收入。企业将商品控制权转移给客户，可能是在某一时段内(即履行义务的过程中)发生，也可能在某一时点(即履约义务完成时)发生。企业应当根据实际情况，首先判断履约义务是否满足在某一时段内履行的条件，如不满足，则该履约义务属于在某一时点履行的履约义务。

收入确认和计量的五个步骤中，第一步、第二步和第五步主要与收入的确认有关，第三步和第四步主要与收入的计量有关。需要说明的是，一般而言，确认和计量任何一项合同收入应考虑全部的五个步骤。但履行某些合同义务确认收入不一定都经过五个步骤，如企业按照第二步确定某项合同仅为单项履约义务时，可以从第三步直接进入第五步确认收入，不需要第四步(分摊交易价格)。

四、履行履约义务确认收入的账务处理

(一)在某一时点履行履约义务确认收入

对于在某一时点履行的履约义务，企业应当在客户取得相关商品控制权时点确认收入。在判断控制权是否转移时，企业应当综合考虑下列迹象。

(1) 企业就该商品享有现时收款权利，即客户就该商品负有现时付款义务。例如，甲企业与客户签订销售商品合同，约定客户有权定价且在收到商品无误后 10 日内付款。在客户收到甲企业开具的发票、商品验收入库后，客户能够自主确定商品的销售价格或商品的使用情况，此时甲企业享有收款权利，客户负有现时付款义务。

(2) 企业已将该商品的法定所有权转移给客户，即客户已拥有该商品的法定所有权。例如，房地产企业向客户销售商品房，在客户付款后取得房屋产权证时，表明企业已将该商品房的法定所有权转移给客户。

(3) 企业已将该商品实物转移给客户，即客户已占用该商品实物。例如，企业与客户签订交款提货合同，在企业销售商品并送货到客户指定地点，客户验收合格并付款，表明企业已将该商品实物转移给客户，即客户已占用该商品实物。

(4) 企业已将该商品所有权上的主要风险和报酬转移给客户，即客户已取得该商品所有权上的主要风险和报酬。例如，甲房地产公司向客户销售商品房办理产权转移手续后，该商品房价格上涨或下跌带来的利益或损失全部属于客户，表明客户已取得该商品房上的主要风险和报酬。

(5) 客户已转移该商品。例如，企业向客户销售为其定制生产的节能设备，客户验收并验收合格后办理入库手续，表明客户已接收该商品。

(6) 其他表明客户已取得商品控制权的迹象。

1. 一般商品销售业务的账务处理

企业在进行销售商品的会计处理时，首先要考虑销售商品是否符合收入确认条件。符合收入确认的五项条件的，应及时确认收入并结转相关销售成本。通常情况下，销售商品采用托收承付方式的，在办妥托收手续时确认收入；交款提货销售商品的，在开出发票账单收到货款时确认收入。收入实现时，将实现的收入借记"银行存款""应收账款""应收票据""预收账款"等科目，贷记"主营业务收入""应交税费——应交增值税(销项税额)"等科目。

【例 13-1】甲公司采用托收承付结算方式销售一批商品，开出的增值税专用发票上注明售价为 600 000 元，增值税税额为 78 000 元，商品已经发出，并已向银行办妥托收手续，该批商品的成本为 420 000 元。甲公司的账务处理如下。

(1) 借：应收账款　　　　　　　　　　　　　　678 000

贷：主营业务收入　　　　　　　　　　　　　　600 000
　　　　　　　　应交税费——应交增值税(销项税额)　　　78 000
　　(2)　借：主营业务成本　　　　　　　　　　　　　　420 000
　　　　　　贷：库存商品　　　　　　　　　　　　　　　　420 000

　　【例 13-2】甲公司向乙公司销售一批商品，开出的增值税专用发票上注明售价为300 000 元，增值税税额为 39 000 元，甲公司收到乙公司支付的货款 339 000 元，并将提货单送交乙公司，该批商品的成本为 240 000 元。甲公司的账务处理如下。

　　(1)　借：银行存款　　　　　　　　　　　　　　　　　339 000
　　　　　　贷：主营业务收入　　　　　　　　　　　　　　300 000
　　　　　　　　应交税费——应交增值税(销项税额)　　　39 000
　　(2)　借：主营业务成本　　　　　　　　　　　　　　240 000
　　　　　　贷：库存商品　　　　　　　　　　　　　　　　240 000

　　本例为采用交款提货方式销售商品。交款提货销售商品，是指购买方已根据企业开出的发票账单支付货款并取得提货单的销售方式。在这种方式下，购货方支付货款取得提货单，企业尚未交付商品，销售方式保留的是商品所有权上的次要风险和报酬，商品所有权上的主要风险和报酬已经转移给购货方，通常应在开出发票账单收到货款时确认收入。

　　【例 13-3】甲公司向乙公司销售商品一批，开出的增值税专用发票上注明售价为400 000 元，增值税税额为 52 000 元，甲公司收到乙公司开出的不带息银行承兑汇票一张，票面金额为 452 000 元，期限为 2 个月，该批商品已经发出，甲公司以银行存款代垫运杂费2 000 元，该批商品成本为 320 000 元。甲公司的账务处理如下。

　　(1)　借：应收票据　　　　　　　　　　　　　　　　　452 000
　　　　　　　应收账款　　　　　　　　　　　　　　　　　2 000
　　　　　　贷：主营业务收入　　　　　　　　　　　　　　400 000
　　　　　　　　应交税费——应交增值税(销项税额)　　　52 000
　　　　　　　　银行存款　　　　　　　　　　　　　　　　2 000
　　(2)　借：主营业务成本　　　　　　　　　　　　　　320 000
　　　　　　贷：库存商品　　　　　　　　　　　　　　　　320 000

2. 已经发出但不符合销售商品收入确认条件的商品的处理

　　企业按合同发出商品，合同约定客户只有在商品售出取得价款时才支付货款。企业向客户转让商品的对价未达到"很可能收回"收入确认条件。在企业发出商品时，不应确认收入。为了单独反映已经发出但尚未确认销售收入的商品成本，企业应增设"发出商品"等科目。"发出商品"科目核算一般销售方式下已经发出但尚未确认销售收入的商品成本。

　　这里应注意一个问题，尽管发出的商品不符合收入确认条件，但如果销售该商品的纳税义务已经发生，比如已经开出增值税专用发票，则应确认应交的增值税销项税额。借记"应收账款"等科目，贷记"应交税费——应交增值税(销项税额)"科目。如果纳税义务没有发生，则无须进行上述处理。

　　【例 13-4】A 公司于 2020 年 3 月 3 日采用托收承付结算方式向 B 公司销售一批商品，开出的增值税专用发票上注明售价为 100 000 元，增值税税额为 13 000 元，该批商品成本为 60 000 元。A 公司在销售该批商品时已得知 B 公司资金流转发生暂时困难，但为了减少存货积压，同时也为了维持与 B 公司长期以来建立的商业关系，A 公司仍将商品发出，并办妥托收手续。假定 A 公司销售该批商品的纳税义务已经发生。

本例中，由于 B 公司现金流转存在暂时困难，A 公司不是很可能收回销售货款。根据销售商品收入的确认条件，A 公司在发出商品时不能确认收入。为此，A 公司应将已发出的商品成本通过"发出商品"科目反映。A 公司的账务处理如下。

发出商品时，

借：发出商品	60 000
贷：库存商品	60 000

同时，因 A 公司销售该批商品的纳税义务已经发生，应确认应交的增值税销项税额，

借：应收账款	13 000
贷：应交税费——应交增值税(销项税额)	13 000

(注：如果销售该批商品的纳税义务尚未发生，则不做这笔分录，待纳税义务发生时再做应交增值税的分录。)

假定 2020 年 11 月 A 公司得知 B 公司经营情况逐渐好转，B 公司承诺近期付款，A 公司应在 B 公司承诺付款时确认收入，账务处理如下。

借：应收账款	100 000
贷：主营业务收入	100 000

同时结转成本，

借：主营业务成本	60 000
贷：发出商品	60 000

假定 A 公司于 2020 年 12 月 6 日收到 B 公司支付的货款，应做如下的账务处理。

借：银行存款	113 000
贷：应收账款	113 000

3. 商业折扣、现金折扣和销售折让

企业销售商品收入的金额通常按照从购货方已收或应收的合同协议价款确定。在确定销售商品收入的金额时，应注意区分现金折扣、商业折扣和销售折让及其不同的会计处理方法。总的来讲，确定销售商品收入的金额时，不应考虑预计可能发生的现金折扣、销售折让，即应按总价确认，但应是扣除商业折扣后的净额。商业折扣、现金折扣、销售折让的区别以及相关会计处理方法如下。

1) 商业折扣

商业折扣是指企业为促进商品销售而在商品标价上给予的价格扣除。例如，企业为鼓励客户多买商品可能规定，购买 10 件以上商品给予客户 10% 的折扣，或客户每买 10 件送 1 件。此外，企业为了尽快出售一些残次、陈旧、冷背的商品，也可能降价(即打折)销售。

商业折扣在销售时即已发生，并不构成最终成交价格的一部分。企业销售商品涉及商业折扣的，应当按照扣除商业折扣后的金额确定销售商品收入金额。

2) 现金折扣

现金折扣是指债权人为鼓励债务人在规定的期限内付款，而向债务人提供的债务扣除。

现金折扣通常发生在以赊销方式销售商品及提供劳务的交易中。企业为了鼓励客户提前偿付货款，通常与债务人达成协议，债务人在不同期限内付款可享受不同比例的折扣。现金折扣一般用符号"折扣/付款期限"表示。例如，买方在 10 天内付款可按售价给予 2%的折扣，用符号"2/10"表示；在 20 天内付款按售价给予 1%的折扣，用符号"1/20"表示；在 30 天内付款，则不给折扣，用符号"N/30"表示。

现金折扣发生在企业销售商品之后，企业销售商品后现金折扣是否发生以及发生多少要视买方的付款情况而定，企业在确认销售商品收入时不能确定现金折扣金额。因此，企业销售商品涉及现金折扣的，应当按照扣除现金折扣前的金额费用，在实际发生时计入当期财务费用。

在计算现金折扣时，还应注意销售方是按不包含增值税的价款提供现金折扣，还是按包含增值税的价款提供现金折扣，两种情况下购买方享有的折扣金额不同。例如，销售价格为 1 000 元的商品，增值税税额为 130 元，购买方享有的现金折扣为 1%。如果购销双方约定计算现金折扣时不考虑增值税，则购买方应享有的现金折扣金额为 10 元；如果购销双方约定计算现金折扣时一并考虑增值税，则购买方享有的现金折扣金额为 11.3 元。

【例 13-5】甲公司为增值税一般纳税企业，2020 年 3 月 1 日销售 A 商品 10 000 件，每件商品的标价为 20 元(不含增值税)，每件商品的实际成本为 12 元，A 商品适用的增值税税率为 13%；由于是成批销售，甲公司给予购货方 10%的商业折扣，并在销售合同中规定现金折扣条件为 2/10、1/20、N/30；A 商品于 3 月 1 日发出，购货方于 3 月 9 日付款。假定计算现金折扣时考虑增值税。

本例涉及商业折扣和现金折扣问题，首先需要计算确定商品销售收入的金额。根据销售商品收入金额确定的有关规定，销售商品收入的金额应是未扣除现金折扣但扣除商业折扣后的金额，现金折扣应在实际发生时计入当期财务费用。因此，甲公司应确认的销售商品收入金额为 180 000(20×10 000−20×10 000×10%)元，增值税销项税额为 23 400(180 000× 13%)元。购货方于销售实现过后的 10 日内付款，享有的现金折扣为 4 068[(180 000+23 400)× 2%)]元。甲公司的账务处理如下。

① 3 月 1 日销售实现时

借：应收账款　　　　　　　　　　　　　　　203 400
　　贷：主营业务收入　　　　　　　　　　　　　　　180 000
　　　　应交税费——应交增值税(销项税额)　　　　　23 400
借：主营业务成本　　　　　　　　　　　　　120 000
　　贷：库存商品　　　　　　　　　　　　　　　　　120 000

② 3 月 9 日收到货款时

借：银行存款　　　　　　　　　　　　　　　199 332
　　财务费用　　　　　　　　　　　　　　　　　4 068
　　贷：应收账款　　　　　　　　　　　　　　　　　203 400

以上的 4 068 元为考虑增值税时的现金折扣，若本例假设计算现金折扣时不考虑增值税，则甲公司给予购货方的现金折扣为 180 000×2%=3 600(元)。

本例中，若购货方于 3 月 19 日付款，则享有的现金折扣为 2 034(203 400×1%)元。甲公司收到货款时的账务处理如下。

借：银行存款   201 366
　　财务费用   2 034
　　贷：应收账款   203 400

若购货方于 3 月底才付款，则应按全额付款。甲公司在收到货款时的账务处理如下。

借：银行存款   203 400
　　贷：应收账款   203 400

3)　销售折让

销售折让是指企业因售出商品的质量不合格因而在售价上给予的减让。企业将商品销售给买方后，如买方发现商品在质量、规格等方面不符合要求，可能要求卖方在价格上给予一定的折让。

销售折让如发生在确认销售收入之前，则应在确认销售收入时直接按扣除销售折让后的金额确认；已确认销售收入的售出商品发生销售折让，且不属于资产负债表日后事项的，应在发生时冲减当期销售商品收入，如按规定允许扣减增值税额的，还应冲减已确认的应交增值税销项税额。

【例 13-6】甲公司销售一批商品给乙公司，开出的增值税专用发票上注明的售价为 100 000 元，增值税税额为 13 000 元。该批商品的成本为 70 000 元。货到后乙公司发现商品质量不合格，要求在价格上给予 5%的折让。乙公司提出的销售折让要求符合原合同的约定，甲公司同意并办妥了相关的手续，开具了增值税专用发票(红字)。假定此前甲公司已确认该批商品的销售收入，销售款项尚未收到，发生的销售折让允许扣减当期增值税销项税额。甲公司的账务处理如下。

(1)　销售实现时

借：应收账款   113 000
　　贷：主营业务收入   100 000
　　　　应交税费——应交增值税(销项税额)   13 000
借：主营业务成本   70 000
　　贷：库存商品   70 000

(2)　发生销售折让时

借：主营业务收入   5 000
　　应交税费——应交增值税(销项税额)   650
　　贷：应收账款   5 650

(3)　实际收到款项时

借：银行存款   107 350
　　贷：应收账款   107 350

本例中，假定发生销售折让前，因该项销售在货款回收上存在不确定性，甲还未确认该批商品的销售收入，纳税义务也未发生，发生销售折让后 2 个月，乙公司承诺近期付款。则甲公司的账务处理如下。

(1)　发出商品时

借：发出商品   70 000

贷：库存商品   70 000

(2) 乙公司承诺付款，甲公司确认销售收入时

借：应收账款   107 350

  贷：主营业务收入   95 000

    应交税费——应交增值税(销项税额) 12 350

借：主营业务成本   70 000

  贷：库存商品   70 000

(3) 实际收到款项时

借：银行存款   107 350

  贷：应收账款   107 350

4. 销售退回的处理

企业销售商品除了可能发生销售折让外，还有可能发生销售退回。企业售出商品发生销售退回的，应当根据不同情况进行处理：一是尚未确认销售商品收入的售出商品发生销售退回的，应当冲减"发出商品"，同时增加"库存商品"；二是已确认销售商品收入的售出商品发生销售退回的，除属于资产负债表日后事项外，一般应在发生时冲减当期销售商品收入，同时冲减当期销售商品成本，如按规定允许扣减增值税税额的，应同时冲减已确认的应交增值税销项税额。如该项销售退回发生现金折扣的，应同时调整相关财务费用的金额。

【例13-7】甲公司2020年9月5日收到乙公司因质量问题而退回的商品10件，每件商品成本为210元。该批商品系甲公司2020年6月2日出售给乙公司，每件商品售价为300元，适用的增值税税率为13%，货款尚未收到，甲公司尚未确认销售商品收入。因乙公司提出的退货要求符合销售合同约定，甲公司同意退货，并按规定向乙公司开具了增值税专用发票(红字)。甲公司应在验收退货入库时做如下的账务处理。

借：库存商品   2 100

  贷：发出商品   2 100

【例13-8】甲公司2020年3月20日销售A商品一批，增值税专用发票上注明售价为350 000元，增值税税额为45 500元，该批商品成本为182 000元。A商品于2020年3月20日发出，购货方于3月27日付款。甲公司对该项销售确认了销售收入。2020年9月15日，该批商品出现严重质量问题，购货方将该批商品全部退回给甲公司，甲公司同意退货，于退货当日支付了退货款，并按规定向购货方开具了增值税专用发票(红字)。甲公司的账务处理如下。

(1) 销售实现时

借：应收账款   395 500

  贷：主营业务收入   350 000

    应交税费——应交增值税(销项税额) 45 500

借：主营业务成本   182 000

  贷：库存商品   182 000

(2) 收到货款时

借：银行存款 395 500

    贷：应收账款 395 500

(3) 销售退回时

借：主营业务收入 350 000

    应交税费——应交增值税(销项税额) 45 500

    贷：银行存款 395 500

借：库存商品 182 000

    贷：主营业务成本 182 000

【例 13-9】甲公司在 2020 年 3 月 18 日向乙公司销售一批商品，开出的增值税专用发票上注明的售价为 50 000 元，增值税税额为 6 500 元。该批商品成本为 26 000 元。为及早收回货款，甲公司和乙公司约定的现金折扣条件为：2/10、1/20、N/30。乙公司在 2020 年 3 月 27 日支付货款。2020 年 7 月 5 日，该批商品因质量问题被乙公司退回，甲公司当日支付了有关退货款。假定计算现金折扣时不考虑增值税。甲公司的账务处理如下。

(1) 2020 年 3 月 18 日销售实现时

借：应收账款 56 500

    贷：主营业务收入 50 000

        应交税费——应交增值税(销项税额) 6 500

借：主营业务成本 26 000

    贷：库存商品 26 000

(2) 2020 年 3 月 27 日收到货款时

发生现金折扣 1 000 元，实际收款 55 500 元。

借：银行存款 55 500

    财务费用 1 000

    贷：应收账款 56 500

(3) 2020 年 7 月 5 日发生销售退回时

借：主营业务收入 50 000

    应交税费——应交增值税(销项税额) 6 500

    贷：银行存款 55 500

        财务费用 1 000

借：库存商品 26 000

    贷：主营业务成本 26 000

5. 采用预收款方式销售商品的处理

预收款销售方式下，销售方直到收到最后一笔款项才将商品交付购货方，表明商品所有权上的重要风险和报酬只在收到最后一笔款项时才转移给购货方，企业通常应在发出商品时确认收入，在此之前预收的货款应确认为预收账款。

【例 13-10】甲公司与乙公司签订协议，采用预收款方式向乙公司销售一批商品。该批商品实际成本为 600 000 元。协议约定，该批商品销售价格为 800 000 元，增值税税额为 104 000 元，乙公司应在协议签订时预付 60%的货款(按销售价格计算)，剩余货款于 2 个月后支付。甲公司的账务处理如下。

(1) 收到 60%货款时

借：银行存款　　　　　　　　　　　　　　　　480 000
　　贷：预收账款　　　　　　　　　　　　　　　　　　480 000

(2) 收到剩余货款及增值税税款时

借：预收账款　　　　　　　　　　　　　　　　480 000
　　银行存款　　　　　　　　　　　　　　　　424 000
　　贷：主营业务收入　　　　　　　　　　　　　　　　800 000
　　　　应交税费——应交增值税(销项税额)　　　　　　104 000

借：主营业务成本　　　　　　　　　　　　　　600 000
　　贷：库存商品　　　　　　　　　　　　　　　　　600 000

6. 采用支付手续费方式委托代销商品的处理

采用支付手续费代销方式下，委托方在发出商品时，商品所有权上的主要风险和报酬并未转移给受托方，委托方在发出商品时通常不应确认销售商品收入，而应在收到受托方开出的代销清单时确认销售商品收入，同时将应支付的代销手续费计入销售费用；受托方应在代销商品销售后，按合同或协议约定的方法计算确定代销手续费，确认劳务收入。

受托方可通过"受托代销商品""受托代销商品款"等科目，对受托代销商品进行核算。确认代销手续费收入时，借记"受托代销商品款"科目，贷记"其他业务收入"等科目。

【例 13-11】甲公司委托丙公司销售商品 200 件，商品已经发出，每件成本为 60 元。合同约定丙公司应按每件 100 元对外销售，甲公司按售价的 10%向丙公司支付手续费。丙公司对外实际销售 100 件，开出的增值税专用发票上注明的销售价格为 10 000 元，增值税税额为 1 300 元，款项已经收到。甲公司收到丙公司开具的代销清单时，向丙公司开具一张相同金额的增值税专用发票。假定甲公司发出商品时纳税义务发生，甲公司采用实际成本核算，丙公司采用进价核算代销商品。

甲公司的账务处理如下。

(1) 发出商品时

借：委托代销商品　　　　　　　　　　　　　　12 000
　　贷：库存商品　　　　　　　　　　　　　　　　　12 000

(2) 收到代销清单时

借：应收账款　　　　　　　　　　　　　　　　11 300
　　贷：主营业务收入　　　　　　　　　　　　　　　10 000
　　　　应交税费——应交增值税(销项税额)　　　　　1 300

借：主营业务成本　　　　　　　　　　　　　　6 000
　　贷：委托代销商品　　　　　　　　　　　　　　　6 000

借：销售费用　　　　　　　　　　　　　　　　1 000
　　贷：应收账款　　　　　　　　　　　　　　　　　1 000

(3) 收到丙公司支付的货款时

借：银行存款　　　　　　　　　　　　　　　　10 300
　　贷：应收账款　　　　　　　　　　　　　　　　　10 300

丙公司的账务处理如下。

(1) 收到商品时

借：受托代销商品　　　　　　　　　　　　　　　　20 000
　　　贷：受托代销商品款　　　　　　　　　　　　　　　　20 000

(2) 对外销售时

借：银行存款　　　　　　　　　　　　　　　　　　11 300
　　　贷：受托代销商品　　　　　　　　　　　　　　　　　10 000
　　　　　应交税费——应交增值税(销项税额)　　　　　　　 1 300

(3) 收到增值税专用发票时

借：应交税费——应交增值税(进项税额)　　　　　　 1 300
　　　贷：应付账款　　　　　　　　　　　　　　　　　　　 1 300

(4) 支付货款并计算代销手续费时

借：受托代销商品款　　　　　　　　　　　　　　　10 000
　　应付账款　　　　　　　　　　　　　　　　　　 1 300
　　　贷：银行存款　　　　　　　　　　　　　　　　　　　10 300
　　　　　其他业务收入　　　　　　　　　　　　　　　　　 1 000

7. 销售材料等存货收入

企业在日常活动中还可能发生对外销售不需用的原材料、随同商品对外销售单独计价的包装物等业务。企业销售原材料、包装物等存货也视同商品销售，其收入确认和计量原则比照商品销售。企业销售原材料、包装物等存货实现的收入作为其他业务收入处理，结转的相关成本作为其他业务成本处理。

企业销售原材料、包装物等存货实现的收入以及结转的相关成本，通过"其他业务收入""其他业务成本"账户核算。

"其他业务收入"科目核算企业除主营业务活动以外的其他经营活动实现的收入，包括销售材料、出租包装物和商品、出租固定资产、出租无形资产等实现的收入。该科目贷方登记企业实现的各项其他业务收入，借方登记期末结转入"本年利润"科目的其他业务收入，结转后该科目应无余额。

"其他业务成本"科目核算企业除主营业务活动以外的其他经营活动所发生的成本，包括销售材料的成本、出租固定资产的折旧额、出租无形资产的摊销额、出租包装物的成本或摊销额。该科目借方登记企业结转或发生的其他业务成本，贷方登记期末结转入"本年利润"科目的其他业务成本，结转后该科目应无余额。

【例 13-12】甲公司销售一批原材料，开出的增值税专用发票上注明的售价为 10 000元，增值税税额为 1 300 元，款项已由银行收妥。该批原材料的实际成本为 8 000 元。甲公司的账务处理如下。

(1) 取得原材料销售收入时

借：银行存款　　　　　　　　　　　　　　　　　　11 300
　　　贷：其他业务收入　　　　　　　　　　　　　　　　　10 000
　　　　　应交税费——应交增值税(销项税额)　　　　　　　 1 300

(2) 结转已销原材料的实际成本

借：其他业务成本　　　　　　　　　　　　　　8 000

　　贷：原材料　　　　　　　　　　　　　　　　　　　8 000

(二)在某一时间段内履约义务确认收入

对于在某一时段内履行的履约义务，企业应当在该段时间内按照履约进度确认收入，履约进度不能合理确定的除外。满足下列条件之一的，属于在某一时段内履行的履约义务：①客户在企业履约的同时即取得并消耗企业履约所带来的经济利益。②客户能够控制企业履约过程中在建的商品。③企业履约过程中所产出的商品具有不可替代的用途，且该企业在整个合同期内有权就累计至今已完成的履约部分收取款项。

企业应当考虑商品的性质，采用实际测量的完工进度、评估已实现的结果、时间进度、已完工或交付的产品等产出指标，或采用投入的材料数量、花费的人工工时、机器工时、发生的成本和时间进度等投入指标确定恰当的履约进度，并且在确定履约进度时，应当扣除那些控制权尚未转移给客户的商品和服务。资产负债表日，企业按照合同的交易价格总额乘以履约进度扣除以前会计期间累计已确认的收入后金额，确认当期收入。

【例 13-13】甲公司为增值税一般纳税人，装修服务适用增值税税率为9%，2019 年 12 月 1 日，甲公司与乙公司签订一项为期 3 个月的装修合同，合同约定装修价款为 600 000 元，增值税税额为 540 000 元，装修费用每月末按完工进度支付。2019 年 12 月 31 日，经专业测量师测量后，确定该项劳务的完工程度为 25%；乙公司按完工进度支付价款及相应的增值税额。截至 2019 年 12 月 31 日，甲公司为完成该合同累计发生劳务成本 100 000 元(假定均为装修人员薪酬)，估计还将发生劳务成本 300 000 元。

假定该业务属于甲公司的主营业务，全部由其自行完成；该装修服务构成单项履约义务，并属于在某一时段内履行的履约义务；甲公司按照实际测量的完工进度确定履约进度。甲公司应做如下账务处理。

(1) 实际发生劳务成本 100 000 元

借：合同履约成本　　　　　　　　　　　　　　100 000

　　贷：应付职工薪酬　　　　　　　　　　　　　　　100 000

(2) 2019 年 12 月 31 日确认劳务收入并结转劳务成本

2019 年 12 月 31 日确认的劳务收入=600 000×25%=150 000(元)

借：银行存款　　　　　　　　　　　　　　　　163 500

　　贷：主营业务收入　　　　　　　　　　　　　　　150 000

　　　　应交税费——应交增值税(销项税额)　　　　　13 500

借：主营业务成本　　　　　　　　　　　　　　100 000

　　贷：合同履约成本　　　　　　　　　　　　　　　100 000

2020 年 1 月 31 日，经专业测量师测量后，确定该项劳务的完工程度为 60%；乙公司按完工进度支付价款及相应的增值税额。2020 年 1 月，为完成该合同发生劳务成本 140 000 元(假定均为装修人员薪酬)，为完成该合同估计还将发生劳务成本 160 000 元。甲公司应做如下账务处理。

(1) 实际发生劳务成本 140 000 元

借：合同履约成本　　　　　　　　　　　　　　　　　140 000

　　贷：应付职工薪酬　　　　　　　　　　　　　　　　　140 000

(2) 2020 年 1 月 31 日确认劳务收入并结转劳务成本

2020 年 1 月 31 日确认的劳务收入=600 000×60%-150 000=210 000(元)

借：银行存款　　　　　　　　　　　　　　　　　　228 900

　　贷：主营业务收入　　　　　　　　　　　　　　　　210 000

　　　　应交税费——应交增值税(销项税额)　　　　　　18 900

借：主营业务成本　　　　　　　　　　　　　　　　140 000

　　贷：合同履约成本　　　　　　　　　　　　　　　　140 000

2020 年 2 月 28 日，装修完工，乙公司验收合格，按完工进度支付价款及相应的增值税税额。2020 年 2 月，为完成该合同发生劳务成本 160 000 元(假定均为装修人员薪酬)。甲公司应做如下账务处理。

(1) 实际发生劳务成本 160 000 元

借：合同履约成本　　　　　　　　　　　　　　　　　160 000

　　贷：应付职工薪酬　　　　　　　　　　　　　　　　　160 000

(2) 2020 年 2 月 28 日确认劳务收入并结转劳务成本

2020 年 2 月 28 日确认的劳务收入=600 000-150 000-210 000=240 000(元)

借：银行存款　　　　　　　　　　　　　　　　　　261 600

　　贷：主营业务收入　　　　　　　　　　　　　　　　240 000

　　　　应交税费——应交增值税(销项税额)　　　　　　21 600

借：主营业务成本　　　　　　　　　　　　　　　　160 000

　　贷：合同履约成本　　　　　　　　　　　　　　　　160 000

【例 13-14】甲公司经营一家健身俱乐部。2020 年 7 月 1 日，某客户与甲公司签订合同，成为甲公司的会员，并向甲公司支付会员费 4 800 元(不含税价)，可在未来的 12 个月内在该俱乐部健身，且没有次数的限制。该业务适用的增值税税率为 6%。甲公司应做如下账务处理。

(1) 2020 年 7 月 1 日收到会员费时

借：银行存款　　　　　　　　　　　　　　　　　　4 800

　　贷：合同负债　　　　　　　　　　　　　　　　　　4 800

(2) 2020 年 7 月 31 日确认收入，开具增值税专用发票并收到税款时

借：合同负债　　　　　　　　　　　　　　　　　　400

　　银行存款　　　　　　　　　　　　　　　　　　24

　　贷：主营业务收入　　　　　　　　　　　　　　　　400

　　　　应交税费——应交增值税(销项税额)　　　　　　24

(2020 年 8 月至 2021 年 6 月，每月确认收入同上。)

五、让渡资产使用权的使用费收入的核算

如前所述，让渡资产使用权收入包括利息收入和使用费收入。使用费收入主要指让渡无形资产等资产使用权的使用费收入，出租固定资产取得的租金，进行债权投资收取的利息，进行股权投资取得的现金股利等，也构成让渡资产使用权收入。这里主要介绍让渡无形资产等资产使用权的使用费收入的核算。

(一)让渡资产使用权的使用费收入的确认和计量原则

让渡资产使用权的使用费收入同时满足下列两个条件的，才能予以确认。

(1) 相关的经济利益很可能流入企业。企业在确定让渡资产使用权的使用费收入金额是否很可能收回时，应当根据对方企业信誉和生产经营情况、双方就结算方式和期限等达成的合同或协议条款等因素，综合进行判断。如果企业估计使用费收入金额收回的可能性不大，就不应确认收入。

(2) 收入的金额能够可靠计量。当让渡资产使用权的使用费收入金额能够可靠估计时，企业才能确认收入。

让渡资产使用权的使用费收入金额，应按照有关合同或协议约定的收费时间和方法计算确定。不同的使用费收入，收费时间和方法各不相同。有一次性收取一笔固定金额的，如一次收取 10 年的场地使用费；有在合同或协议规定的有限期内分期等额收取的，如合同或协议规定在使用期内每期收取一笔固定的金额；也有分期不等收取的，如合同或协议规定按资产使用方法每期销售额的百分比收取使用费等。

如果合同或协议规定一次性收取使用费，且不提供后续服务的，应当视同销售该项资产一次性确认收入；提供后续服务的，应在合同或协议规定的有效期内分期确认收入。如果合同或协议规定分期收取使用费的，应按合同或协议规定的收款时间和金额或规定的收费方法计算确定的金额分期确认收入。

(二)让渡资产使用权的使用费收入的会计处理

企业让渡资产使用权的使用费收入，一般作为其他业务收入处理；让渡资产所计提的摊销额等，一般作为其他业务成本处理。

【例 13-15】甲公司向乙公司转让某软件的使用权，一次性收取使用费 60 000 元，不提供后续服务，款项已经收回。甲公司的账务处理如下。

借：银行存款　　　　　　　　　　　　　　　　　　60 000
　　贷：其他业务收入　　　　　　　　　　　　　　　　　　　60 000

【例 13-16】甲公司于 2020 年 1 月 1 日向丙公司转让某专利权的使用权，协议约定转让期为 5 年，每年年末收取使用费 200 000 元。2020 年该专利权计提的摊销额为 120 000 元，每月计提的金额为 10 000 元。假定不考虑其他因素，甲公司的账务处理如下。

(1) 2020 年年末确认使用费收入

借：应收账款(或银行存款)　　　　　　　　　　　　200 000
　　贷：其他业务收入　　　　　　　　　　　　　　　　　　　200 000

(2) 2020 年每月计提专利权摊销

借：其他业务成本   10 000

    贷：累计摊销   10 000

【例 13-17】甲公司向丁公司转让某商品的商标使用权，约定丁公司每年年末按年销售收入的 10%支付使用费，使用期为 10 年。第一年，丁公司实现销售收入 1 200 000 元；第二年，丁公司实现销售收入 1 800 000 元。假定甲公司均于每年年末收到使用费。甲公司的账务处理如下。

(1) 第一年年末确认使用费收入

借：银行存款   120 000

    贷：其他业务收入   120 000

(2) 第二年年末确认使用费收入

应确认的使用费收入=1 800 000×10%=180 000(元)

借：银行存款   180 000

    贷：其他业务收入   180 000

第二节 费 用

一、费用的概念和特征

费用是指企业在日常活动中发生的、会导致所有者权益减少的、与向所有者分配利润无关的经济利益的总流出。费用具有以下几个特点。

(一)费用是企业在日常活动中发生的经济利益的总流出

日常活动是指企业为完成其经营目标所从事的经常性活动以及与之相关的其他活动。工业企业制造并销售产品、商业企业购买并销售商品、咨询公司提供咨询服务、软件开发企业为客户开发软件、安装公司提供安装服务、租赁公司出租资产等活动中发生的经济利益的总流出构成费用。工业企业对外出售不需用的原材料结转的材料成本等，也构成费用。

费用形成于企业日常活动的特征使其与产生于非日常活动的损失相区分。企业从事或发生的某些活动或事项也能导致经济利益流出企业，但不属于企业的日常活动。例如，企业处置固定资产、无形资产等非流动资产，因违约支付罚款、对外捐赠、因自然灾害等非正常原因造成财产毁损等，这些活动或事项形成的经济利益的总流出属于企业的损失，而不是费用。

(二)费用会导致企业所有者权益减少

费用可能表现为资产的减少，如银行存款、库存商品减少等；也可能表现为负债的增加，如增加应付职工薪酬、应交税费等。根据"资产−负债=所有者权益"会计等式，费用一定会导致企业所有者权益减少。

企业经营管理中的某些支出并不减少企业的所有者权益，也就不构成费用。例如，企业以银行存款偿还一项负债，只是一项资产和一项负债的等额减少，对所有者权益没有影响，因此，不构成企业的费用。

(三)费用与向所有者分配利润无关

向所有者分配利润或股利属于企业利润分配的内容，不构成企业的费用。

二、费用的主要内容及其核算

企业的费用主要包括主营业务成本、其他业务成本、税金及附加、销售费用、管理费用和财务费用等。

(一)营业成本

营业成本是指企业为生产产品、提供服务等发生的可归属于产品成本、服务成本等的费用，应当在确认商品收入、提供服务收入等时，将已销售商品、已提供服务的成本等计入当期损益。营业成本包括主营业务成本和其他业务成本。

1. 主营业务成本

主营业务成本是指销售商品、提供服务等经常性活动所发生的成本。企业一般在确认销售商品、提供服务等主营业务收入时，或在月末，将已销售商品、已提供服务的成本结转入主营业务成本。企业应当设置"主营业务成本"科目，用于核算企业因销售商品、提供服务等经常性活动所发生的实际成本，该科目按主营业务的种类进行明细核算。企业结转已销售商品或提供服务的成本时，借记"主营业务成本"科目，贷记"库存商品""合同履约成本"等科目。期末，将主营业务成本的余额转入"本年利润"科目，借记"本年利润"科目，贷记"主营业务成本"科目，结转后，"主营业务成本"科目无余额。

【例 13-18】甲公司向乙公司销售一批商品，开出的增值税专用发票上注明售价为100 000 元，增值税税额为 13 000 元，甲公司收到乙公司支付的货款 113 000 元，并将提货单送交乙公司，该批商品的成本为 60 000 元。甲公司的账务处理如下。

(1) 销售实现时

借：银行存款　　　　　　　　　　　　　　113 000
　　贷：主营业务收入　　　　　　　　　　　　　　100 000
　　　　应交税费——应交增值税(销项税额)　　　　13 000
借：主营业务成本　　　　　　　　　　　　　60 000
　　贷：库存商品　　　　　　　　　　　　　　　　60 000

(2) 期末，将主营业务成本结转至本年利润

借：本年利润　　　　　　　　　　　　　　　60 000
　　贷：主营业务成本　　　　　　　　　　　　　　60 000

2. 其他业务成本

其他业务成本是指企业除主营业务活动以外的其他经营活动所发生的成本。其他业务成本包括销售材料的成本、出租固定资产的折旧额、出租无形资产的摊销额、出租包装物

的成本或摊销额等。采用成本模式计量投资性房地产的，其投资性房地产计提的折旧额或摊销额，也构成其他业务成本。

企业应当设置"其他业务成本"科目，核算企业确认的除主营业务活动以外的其他日常经营活动所发生的支出。"其他业务成本"科目按其他业务成本种类进行明细核算。企业发生的其他业务成本，借记"其他业务成本"科目，贷记"原材料""周转材料""累计折旧""累计摊销""应付职工薪酬""银行存款"等科目。期末，将其他业务成本的余额转入"本年利润"科目，借记"本年利润"科目，贷记"其他业务成本"科目，结转后，"其他业务成本"科目无余额。

【例 13-19】甲公司销售一批原材料，开出的增值税专用发票上注明的售价为 20 000 元，增值税税额为 2 600 元，款项已由银行收妥。该批原材料的实际成本为 15 000 元。甲公司的账务处理如下。

(1) 取得原材料销售收入时

借：银行存款	22 600	
贷：其他业务收入		20 000
应交税费——应交增值税(销项税额)		2 600
借：其他业务成本	15 000	
贷：原材料		15 000

(2) 期末，将其他业务成本结转至本年利润

借：本年利润	15 000	
贷：其他业务成本		15 000

(二)税金及附加

税金及附加是指企业经营活动应负担的相关税费，包括消费税、城市维护建设税、教育费附加、资源税、土地增值税、房产税、城镇土地使用税、车船使用税、印花税、契税、车辆购置税等。

企业应当设置"税金及附加"科目，核算企业经营活动发生的消费税、城市维护建设税、教育费附加、资源税、土地增值税、房产税、城镇土地使用税、车船使用税、印花税等相关税费。计算有关税费时，借记"税金及附加"科目，贷记"应交税费"科目。期末，应将"税金及附加"科目转入"本年利润"科目，结转后，"税金及附加"科目无余额。企业交纳的印花税不通过"应交税费"科目核算，于购买印花税票时，直接借记"税金及附加"科目，贷记"银行存款"科目。

【例 13-20】甲公司销售一批商品，应纳消费税的销售商品收入为 500 000 元，该商品适用的消费税税率为 25%。甲公司的账务处理如下。

(1) 计算应交消费税时

借：税金及附加	125 000	
贷：应交税费——应交消费税		125 000

(2) 实际交纳消费税时

借：应交税费——应交消费税	125 000	
贷：银行存款		125 000

(3) 期末，将税金及附加结转至本年利润

借：本年利润   125 000

    贷：税金及附加   125 000

【例 13-21】甲公司 2020 年 3 月应交的增值税为 600 000 元、消费税为 200 000 元，适用的城市维护建设税税率为 7%，教育费附加税率为 3%。该企业的账务处理如下。

(1) 计算应交城市维护建设税和教育费附加

借：税金及附加   80 000

    贷：应交税费——应交城市维护建设税   56 000

              ——应交教育费附加   24 000

(2) 上交城市维护建设税和教育费附加

借：应交税费——应交城市维护建设税   56 000

              ——应交教育费附加   24 000

    贷：银行存款   80 000

(三)期间费用

期间费用是指企业日常活动发生的不能计入特定核算对象的成本，而应计入发生当期损益的费用。期间费用包括销售费用、管理费用和财务费用。

1. 销售费用

销售费用是指企业在销售商品和提供工业性劳务等过程中发生的各项费用以及专设销售机构的各项经费。具体包括的项目有包装费、运输费、装卸费、保险费、展览费、广告费，以及企业为销售本企业产品而专设的销售机构的费用，包括职工工资、福利费、差旅费、办公费、折旧费、修理费、物料消耗和其他经费。商品流通企业购入商品等过程中所发生的运输费、装卸费、包装费、保险费、运输途中的合理损耗和入库前的挑选整理费用，也属于销售费用。

为了反映和监督销售费用的发生和结转情况，企业应设置"销售费用"科目。该科目的借方登记企业所发生的各项销售费用，贷方登记冲减的销售费用以及企业月终结转当期损益的销售费用，月终结转后该科目应无余额。该科目应按销售费用的费用项目设置明细账，进行明细核算。

企业发生各项销售费用，借记"销售费用"科目，贷记"库存现金""银行存款""应付职工薪酬"等科目。月终，将借方归集的销售费用全部由"销售费用"科目的贷方转入当期损益，借记"本年利润"科目，贷记"销售费用"科目。

【例 13-22】某公司为宣传新产品发生广告费，取得的增值税专用发票上注明的价款为 80 000 元，增值税为 4 800 元。价税款用银行存款支付。该公司的账务处理如下。

借：销售费用——广告费   80 000

    应交税费——应交增值税(进项税额)   4 800

    贷：银行存款   84 800

【例 13-23】甲公司销售部 8 月共发生费用 220 000 元，其中，销售人员薪酬 100 000 元，销售部专用办公设备折旧费 50 000 元，业务费 70 000 元(均用银行存款支付)。甲公司

的账务处理如下。

借：销售费用   220 000

    贷：应付职工薪酬   100 000

        累计折旧   50 000

        银行存款   70 000

【例 13-24】乙公司销售商品一批，取得的增值税专用发票上注明的运输费为 5 000 元、增值税额为 450 元，取得增值税普通发票上注明的装卸费价税合计为 2 000 元，均用银行存款支付。乙公司的账务处理如下。

借：销售费用   7 000

    应交税费——应交增值税(进项税额)   450

    贷：银行存款   7 450

2. 管理费用

管理费用是指企业行政管理部门为组织和管理生产经营活动而发生的各种费用。具体包括的项目有：工资和福利费、折旧费、工会经费、职工教育经费、业务招待费、房产税、车船使用税、土地使用税、印花税、技术转让费、无形资产摊销、咨询费、诉讼费、开办费摊销、公司经费、劳动保险费、待业保险费、董事会会费以及其他管理费用。其中，公司经费包括工厂总部管理人员工资、职工福利费、差旅费、办公费、折旧费、修理费、物料消耗、低值易耗品摊销及其他公司经费；劳动保险费是指离退休职工的退休金(包括按照规定交纳的离退休统筹金)、价格补贴、医药费(包括企业支付离退休人员参加医疗保险的费用)、易地安家费、职工退职金、6 个月以上病假人员工资、职工死亡丧葬补助费、抚恤费、按规定支付给离退休干部的各项经费等；待业(失业)保险费是指按照国家规定交纳的待业(失业)保险基金；董事会会费是指企业最高权力机构及其成员为履行职能而发生的各项费用，包括差旅费、会议费等；业务招待费是指企业为业务经营的合理需要而支付的交际应酬费用。

为了核算和监督管理费用的发生和结转情况，企业应设置"管理费用"科目。该科目的借方登记企业发生的各项管理费用，贷方登记冲减的管理费用以及月末转入当期损益的管理费用，月末结转后该科目一般应无余额。该科目应按管理费用的费用项目设置明细账，或按费用项目设置专栏，进行明细核算。

企业发生各项管理费用，借记"管理费用"科目，贷记"库存现金""银行存款""原材料""应付职工薪酬""无形资产""累计折旧""应交税费""应付职工薪酬"等科目。月终，将本科目借方归集的管理费用全部转入"本年利润"科目，借记"本年利润"科目，贷记"管理费用"科目。

【例 13-25】甲企业筹建期间发生办公费、差旅费等开办费 25 000 元，均用银行存款支付。甲企业的账务处理如下。

借：管理费用   25 000

    贷：银行存款   25 000

【例 13-26】乙企业行政部门 9 月共发生费用 224 000 元，其中，行政人员薪酬 150 000 元，行政部门专用设备折旧费 45 000 元，报销行政人员差旅费 21 000 元(假定报销人均未预借差旅费)，其他办公、水电费 8 000 元(均用银行存款支付)。乙企业的账务处理如下。

借：管理费用　　　　　　　　　　　　　　　224 000
　　贷：应付职工薪酬　　　　　　　　　　　　　　150 000
　　　　累计折旧　　　　　　　　　　　　　　　　 45 000
　　　　库存现金　　　　　　　　　　　　　　　　 21 000
　　　　银行存款　　　　　　　　　　　　　　　　　8 000

3. 财务费用

财务费用是指企业为筹集生产经营所需资金而发生的费用。具体包括的项目有：利息支出(减利息收入)、汇兑损失(减汇兑收益)、金融机构手续费以及为筹集生产经营资金而发生的其他费用等。

为了反映和监督企业财务费用的发生和结转情况，企业应设置"财务费用"科目。该科目的借方登记企业发生的各项财务费用，贷方登记冲减的财务费用以及月终结转当年损益的财务费用，月末结转后该科目应无余额。该科目应按财务费用设置明细账，进行明细核算。

企业发生财务费用，借记"财务费用"科目，贷记"银行存款""应付利息"等科目；企业发生利息收入、汇兑收益时，借记"银行存款"等科目，贷记"财务费用"科目。月终，将归集的财务费用全部转入"本年利润"科目，借记"本年利润"科目，贷记"财务费用"科目("财务费用"科目如为贷方余额，应做相反的会计分录)。

【例 13-27】甲企业于 2020 年 1 月 31 日向银行支付本月应负担的短期借款利息 5 000 元。该企业的账务处理如下。

借：财务费用　　　　　　　　　　　　　　　 5 000
　　贷：银行存款　　　　　　　　　　　　　　　　 5 000

【例 13-28】甲企业于 2020 年 1 月 1 日向银行借入生产经营用短期借款 360 000 元，期限为 6 个月，年利率为 5%，该借款本金到期后一次归还，利息分月预提，按季支付。假定 1 月其中 120 000 元暂时作为闲置资金存入银行，并获得利息收入 400 元。假定所有利息均不符合利息资本化条件。利息支出的账务处理如下。

(1) 每月末，预提当月应计利息
360 000×5%÷12=1 500(元)

借：财务费用　　　　　　　　　　　　　　　 1 500
　　贷：应付利息　　　　　　　　　　　　　　　　 1 500

(2) 当月取得的利息收入 400 元应冲减财务费用
借：银行存款　　　　　　　　　　　　　　　　 400
　　贷：财务费用　　　　　　　　　　　　　　　　　 400

【例 13-29】2020 年 3 月 31 日，丙企业在购买材料业务中，获得对方给予的现金折扣 4 000 元(假定不考虑增值税)。该企业的账务处理如下。

借：应付账款　　　　　　　　　　　　　　　 4 000
　　贷：财务费用　　　　　　　　　　　　　　　　 4 000

第三节　利　润

一、利润的构成

利润是指企业在一定会计期间的经营成果，主要包括收入减去费用后的净额和直接计入当期利润的利得和损失等。

直接计入当期利润的利得和损失，是指应当计入当期损益、会导致所有者权益发生增减变动的、与所有者投入资本或者向所有者分配利润无关的利得或者损失。

企业的利润，就其构成内容来看，由以下几个方面组成：一是通过生产经营活动而获得的营业利润，二是直接计入当期利润的利得和损失。

按照我国现行制度规定，企业的利润按利润总额和净利润在利润表中列示。利润总额由营业利润和直接计入当期利润的利得和损失等部分组成，利润总额扣减所得税费用后的余额为净利润。

(一)营业利润

营业利润是企业利润总额的主要来源。用公式表示如下：

营业利润=营业收入-营业成本-税金及附加-销售费用-管理费用-财务费用-研发费用+其他收益+投资收益(-投资损失)-资产减值损失+公允价值变动收益(-公允价值变动损失)-信用减值损失+资产处置收益(-损失)

其中，营业收入是指企业经营业务所确认的收入总额，包括企业的主营业务收入和其他业务收入。

营业成本是指企业经营业务所发生的实际成本总额，包括企业的主营业务成本和其他业务成本。

信用减值损失是指集体的坏账准备以及金融资产计提的减值准备形成的损失。

资产减值损失是指企业计提各项资产减值准备所形成的损失。

公允价值变动收益(或损失)是指企业交易性金融资产等公允价值变动形成的应计入当期损益的利得(或损失)。

投资收益(或损失)是指企业以各种方式对外投资所取得的收益(或发生的损失)。

资产处置收益，是指企业生产经营期间处置固定资产、在建工程及无形资产等非流动资产而产生的利得和损失。

(二)利润总额

利润总额=营业利润+营业外收入-营业外支出

其中，营业外收入是指企业发生的与其日常活动无直接关系的各项利得，营业外支出是指企业发生的与其日常活动无直接关系的各项损失。

(三)净利润

净利润=利润总额-所得税费用

其中，所得税费用是指企业确认的应从当期利润总额中扣除的所得税费用。

二、营业外收入和营业外支出的核算

(一)营业外收入

1. 营业外收入核算的内容

营业外收入是指企业发生的与其日常经营活动无直接关系的各项利得，主要包括处置非流动资产毁损报废收益、非货币性资产交换利得、债务重组利得、罚没利得、政府补助利得、确实无法支付而按规定程序经批准后转作营业外收入的应付款项、捐赠利得、盘盈利得等。营业外收入并不是由企业经营资金耗费所产生的，不需要企业付出代价，实际上是一种纯收入，不可能也不需要与有关费用进行配比。

其中，非流动资产毁损报废收益是指因自然灾害等发生毁损、已丧失使用功能而报废非流动资产所产生的清理收益。

盘盈利得，主要是对于现金等清查盘点中盘盈的现金等，报经批准后计入营业外收入的金额。

罚没利得，指企业取得的各项罚款，在弥补由于对违反合同或协议而造成的经济损失后的罚款净收益。

捐赠利得，指企业接受捐赠产生的利得。

2. 营业外收入的会计处理

企业应通过"营业外收入"科目，核算企业发生的与其经营活动无直接关系的各项净收入。其贷方登记营业外收入的发生额；期末应将该科目余额转入"本年利润"科目，结转后该科目应无余额。"营业外收入"科目按收入项目设置明细科目，进行明细核算。

【例13-30】甲企业将固定资产报废清理的净收益8 000元转作营业外收入。甲企业的账务处理如下。

借：固定资产清理   8 000

  贷：营业外收入   8 000

【例13-31】乙企业本期营业外收入总额为180 000元，期末结转本年利润。乙企业的账务处理如下。

借：营业外收入   180 000

  贷：本年利润   180 000

(二)营业外支出

1. 营业外支出的核算内容

营业外支出是指企业发生的与其日常活动无直接关系的各项损失，主要包括非流动资产毁损报废损失、盘亏损失、债务重组损失、罚款支出、捐赠支出、非常损失等。

其中，非流动资产毁损报废损失是指因自然灾害等发生毁损、已丧失使用功能而报废非流动资产所产生的清理损失。

盘亏损失，主要指对于固定资产清查盘点中盘亏的固定资产，在查明原因处理时按确定的损失计入营业外支出的金额。

罚款支出，指企业由于违反税收法规、经济合同等而支付的各种滞纳金和罚款。

公益性捐赠支出，指企业对外进行公益性捐赠发生的支出。

非常损失，指企业对于客观因素(如自然灾害)造成的损失，在扣除保险公司赔偿后应计入营业外支出的净损失。

2. 营业外支出的会计处理

企业应通过"营业外支出"科目，核算企业发生的与其经营活动无直接关系的各项净支出。其借方登记营业外支出的发生额；期末应将该科目余额转入"本年利润"科目，结转后该科目应无余额。"营业外支出"科目按支出项目设置明细科目，进行明细核算。

【例 13-32】某公司将拥有的一项非专利技术报废，该非专利技术的账面余额为 1 000 000 元，累计摊销额为 400 000 元，未计提减值准备。该公司的账务处理如下。

借：累计摊销　　　　　　　　　　　　　　　　　　400 000
　　营业外支出　　　　　　　　　　　　　　　　　　600 000
　　　贷：无形资产　　　　　　　　　　　　　　　　　　　　1 000 000

三、所得税的核算

所得税是根据企业应纳税所得额的一定比例上交的一种税金。企业在计算确定当期所得税以及递延所得税费用(或收益)的基础上，应将两者之和确认为利润表中的所得税费用(或收益)。公式如下：

所得税费用(或收益)=当期所得税+递延所得税费用(-递延所得税收益)

递延所得税费用=递延所得税负债增加额+递延所得税资产减少额

递延所得税收益=递延所得税负债减少额+递延所得税资产增加额

(一)当期所得税的计算

应纳税所得额是在企业税前会计利润(即利润总额)的基础上调整确定的。计算公式为：

应纳税所得额=税前会计利润+纳税调整增加额-纳税调整减少额

纳税调整增加额主要包括税法规定允许扣除项目中，企业已计入当期费用但超过税法规定扣除标准的金额(如超过税法规定标准的工资支出、业务招待费支出)，以及企业已计入当期损失但税法规定不允许扣除项目的金额(如税收滞纳金、罚款、罚金)。

纳税调整减少额主要包括按税法规定允许弥补的亏损和准予免税的项目，如前 5 年内的未弥补亏损和国债利息收入等。

企业当期所得税的计算公式为：应交所得税=应纳税所得额×所得税税率

【例 13-33】甲公司 2020 年度按企业会计准则计算的税前会计利润为 19 700 000 元，所得税税率为 25%。当年按税法核定的全年计税工资为 2 000 000 元，甲公司全年实发工资为 2 200 000 元；经查，甲公司当年营业外支出中有 100 000 元为税款滞纳罚金。假定甲公司全年无其他纳税调整因素。

本例中，甲公司有两项纳税调整因素，一是已计入当期费用但超过税法规定标准的工资支出，二是已计入营业外支出但按税法规定不允许扣除的税法滞纳金，这两个因素均应调整增加应纳税所得额。甲公司的账务处理如下。

纳税调整数=2 200 000-2 000 000+100 000=300 000(元)

应纳税所得额=19 700 000+300 000=20 000 000(元)

当期应交所得税额=20 000 000×25%=5 000 000(元)

【例 13-34】乙公司 2020 年度按企业会计准则计算的税前会计利润为 10 000 000 元，所得税税率为 25%。当年按税法核定的全年计税工资为 2 000 000 元，乙公司全年实发工资为 1 800 000 元。假定乙公司全年无其他纳税调整因素。

企业实际支付的工资总额超过计税工资时，超出的部分不得作为纳税扣除项目，应调整增加应纳税所得额。但企业实际支付的工资总额低于计税工资时，应按实际支付的工资总额作为纳税扣除项目，即企业实际支付的工资总额低于计税工资的部分不调整应纳税所得额。本例中，乙公司实际支付的工资总额低于计税工资，不属于纳税调整因素，乙公司又无其他纳税调整因素，因此乙公司 2020 年度计算的税前会计利润即为应纳税所得额。乙公司当期所得税的计算公式如下：

当期应交所得税额=10 000 000×25%=2 500 000(元)

【例 13-35】丙公司 2020 年全年利润总额(即税前会计利润)为 10 200 000 元，其中包括本年收到的国库券利息收入 200 000 元，所得税税率为 25%。假定丙公司本年无其他纳税调整因素。

按照税法的有关规定，企业购买国库券的利息收入免交所得税，即在计算纳税所得时可将其扣除。丙公司当期所得税的计算如下：

应纳税所得额=10 200 000-200 000=10 000 000(元)

当期应交所得税税额=10 000 000×25%=2 500 000(元)

(二)所得税费用的会计处理

企业应根据会计准则的规定，对当期所得税加以调整计算后，据以确认应从当期利润总额中扣除的所得税费用。

【例 13-36】承例 13-34，乙公司递延所得税负债年初数为 400 000 元，年末数为 500 000 元，递延所得税资产年初数为 250 000 元，年末数为 200 000 元。乙公司的会计处理如下。

乙公司所得税费用的计算公式如下：

递延所得税费用=(500 000-400 0000)+(250 000-200 000)

=150 000(元)

所得税费用=当期所得税+递延所得税费用

=2 500 000+150 000

=2 650 000(元)

乙公司的账务处理如下。

借：所得税费用　　　　　　　　　　　　　　　　2 650 000

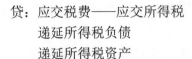
贷：应交税费——应交所得税		2 500 000
递延所得税负债		100 000
递延所得税资产		50 000

四、利润的核算

(一)结转本年利润的方法

会计期末，结转本年利润的方法有表结法和账结法两种。

1. 表结法

表结法下，各损益类科目每月末只需结计发生额和月末累计余额，不结转到"本年利润"科目，只有在年末时才将全年累计余额结转入"本年利润"科目。但每月末要将损益类科目的本月发生额合计数填入利润表的本月数栏，同时将本月末累计余额填入利润表的本年累计数栏，通过利润表计算反映各期的利润(或亏损)。年中损益类科目无须结转入"本年利润"科目，从而减少了转账环节和工作量，同时并不影响利润表的编制及有关损益指标的利用。

2. 账结法

账结法下，每月末需编制转账凭证，将在账上结计出的各损益类科目的余额结转入"本年利润"科目，结转后"本年利润"科目的本月余额反映当月实现的利润或发生的亏损，"本年利润"科目的本年余额反映本年累计实现的利润或发生的亏损。账结法在各月均可通过"本年利润"科目提供当月及本年累计的利润(或亏损)额，但增加了转账环节和工作量。

(二)结转本年利润的账务处理

企业应设置"本年利润"科目，用于核算企业当年实现的净利润或发生的净亏损。该科目属于所有者权益类，企业应将损益类科目贷方余额转入该科目贷方登记，借记"主应业务收入""其他业务收入""营业外收入"等科目，贷记"本年利润"科目；将损益类科目借方余额转入该科目借方登记，借记"本年利润"科目，贷记"主营业务成本""税金及附加""其他业务成本""销售费用""管理费用""财务费用""资产减值损失""营业外支出""所得税费用"等科目。

期末结转利润后，"本年利润"科目如为贷方余额，反映年初至本期累计实现的净利润；如为借方余额，反映年初至本期累计发生的净亏损。年度终了，企业应将"本年利润"科目的余额转入"利润分配——未分配利润"科目。若"本年利润"为贷方余额，则借记"本年利润"，贷记"利润分配——未分配利润"；若"本年利润"为借方余额，则借记"利润分配——未分配利润"，贷记"本年利润"。结转后，"本年利润"科目应无余额。

【例 13-37】某公司 2020 年度各损益类科目年末结账前的累计余额如下：属于贷方余额的是主营业务收入 6 000 000 元、其他业务收入 700 000 元、公允价值变动损益 150 000 元、投资收益 600 000 元、营业外收入 50 000 元；属于借方余额的是主营业务成本 4 000 000 元、其他业务成本 400 000 元、税金及附加 80 000 元、销售费用 500 000 元、管理费用 770 000

元、财务费用 200 000 元、资产减值损失 100 000 元、营业外支出 250 000 元。该公司当年末"本年利润"的形成与结转的账务处理如下。

(1) 结转各项收入、利得的损益类科目

借：主营业务收入 　　　　　　　　　　　　　　　　6 000 000
　　其他业务收入 　　　　　　　　　　　　　　　　　 700 000
　　公允价值变动损益 　　　　　　　　　　　　　　　 150 000
　　投资收益 　　　　　　　　　　　　　　　　　　　 600 000
　　营业外收入 　　　　　　　　　　　　　　　　　　　50 000
　　贷：本年利润 　　　　　　　　　　　　　　　　　　　　　　7 500 000

(2) 结转各项费用、损失的损益类科目

借：本年利润 　　　　　　　　　　　　　　　　　　6 300 000
　　贷：主营业务成本 　　　　　　　　　　　　　　　　　　　4 000 000
　　　　其他业务成本 　　　　　　　　　　　　　　　　　　　 400 000
　　　　税金及附加 　　　　　　　　　　　　　　　　　　　　　80 000
　　　　销售费用 　　　　　　　　　　　　　　　　　　　　　 500 000
　　　　管理费用 　　　　　　　　　　　　　　　　　　　　　 770 000
　　　　财务费用 　　　　　　　　　　　　　　　　　　　　　 200 000
　　　　资产减值损失 　　　　　　　　　　　　　　　　　　　 100 000
　　　　营业外支出 　　　　　　　　　　　　　　　　　　　　 250 000

经过上述结转后，"本年利润"科目的贷方发生额合计 7 500 000 元减去借方发生额合计 6 300 000 元即为税前会计利润 1 200 000 元。假设将该税前会计利润进行纳税调整后，应纳税所得额为 1 000 000 元，则应交所得税额=1 000 000×25%=250 000(元)。假定将该应交所得税按照会计准则进行调整后计算确认的所得税费用为 380 000 元。

(1) 确认所得税费用

借：所得税费用 　　　　　　　　　　　　　　　　　 380 000
　　贷：应交税费——应交所得税 　　　　　　　　　　　　　　 380 000

(2) 将所得税费用结转入"本年利润"科目

借：本年利润 　　　　　　　　　　　　　　　　　　 380 000
　　贷：所得税费用 　　　　　　　　　　　　　　　　　　　　 380 000

(3) 将"本年利润"科目年末余额 820 000(7 500 000−6 300 000−380 000)元转入"利润分配——未分配利润"科目

借：本年利润 　　　　　　　　　　　　　　　　　　 820 000
　　贷：利润分配——未分配利润 　　　　　　　　　　　　　　 820 000

(三)利润的分配

1. 利润分配政策

根据我国有关法规的规定，企业当年实现的净利润，首先是弥补以前年度尚未弥补的亏损，其次是提取企业盈余公积金，最后是向投资者分配利润。企业的亏损未弥补完的，当期不能提取企业盈余公积金；企业未提取盈余公积金的，当期不能向投资者分配利润。

企业当期实现的净利润，加上年初未分配利润(或减去年初未弥补亏损)后的余额，为可供分配的利润，一般按下列顺序分配。

(1) 提取法定盈余公积，是指企业根据有关法律规定，按照净利润的 10% 提取的盈余公积。法定盈余公积累计金额超过企业注册资本的 50% 以上时，可以不再提取。法定盈余公积可用于弥补以后年度的亏损，也可用于转增资产。

(2) 提取任意盈余公积，是指企业按股东大会决议提取的任意盈余公积。提取的任意盈余公积可用于弥补以后年度的亏损，也可用于转增资本。

(3) 应付现金股利或利润，是指企业按照利润分配方案分配给股东的现金股利，也包括非股份有限公司分配给投资者的利润。

(4) 转作股本的股利，是指企业按照利润分配方案以分派股票股利的形式转作股本的股利，也包括非股份有限公司以利润转增的资本。

经过上述分配后，即为未分配利润(或未弥补亏损)。未分配利润可留待以后年度进行分配。企业如发生亏损，可以按规定由以后年度利润等进行弥补。企业未分配利润(或未弥补亏损)应当在资产负债表的所有者权益项目中单独反映。

2. 利润分配的会计核算

企业应设置"利润分配"科目来核算企业利润分配(或亏损弥补)的情况，以及历年积存的未分配利润(或未弥补亏损)。该科目属于所有者权益类，应当分别按"提取法定盈余公积""提取任意盈余公积""应付现金股利或利润""转作股本的股利""盈余公积补亏"和"未分配利润"等科目进行明细核算。

(1) 企业按照规定从净利润中提取法定盈余公积时，借记"利润分配——提取法定盈余公积"科目，贷记"盈余公积——法定盈余公积"科目。

(2) 按股东大会决议提取任意盈余公积时，借记"利润分配——提取任意盈余公积"科目，贷记"盈余公积——任意盈余公积"科目。

(3) 企业按股东大会或类似机构决议，分派给股东现金股利或利润时，借记"利润分配——应付现金股利"科目，贷记"应付股利"科目。

(4) 企业按股东大会或类似机构批准，分派股票股利时，借记"利润分配——转作股本的股利"科目，贷记"股本"科目，如有差额，贷记"资本公积——股本溢价"科目。

(5) 企业用盈余公积弥补亏损，借记"盈余公积——法定盈余公积(任意盈余公积)"科目，贷记"利润分配——盈余公积补亏"科目。

年度终了，企业应将"利润分配"科目所属其他明细科目余额转入"未分配利润"明细科目，结转后，除"未分配利润"明细科目外，其他明细科目应无余额。

【例 13-38】某股份有限公司 2020 年度实现净利润 100 万元，按净利润的 10% 提取法定盈余公积，按净利润的 15% 提取任意盈余公积，向股东分派现金股利 20 万元。该公司的账务处理如下。

(1) 提取盈余公积

借：利润分配——提取法定盈余公积   100 000

         ——提取任意盈余公积   150 000

贷：盈余公积——法定盈余公积   100 000

      ——任意盈余公积   150 000

(2) 分配现金股利

借：利润分配——应付现金股利   200 000

    贷：应付股利   200 000

(3) 结转"利润分配"其他明细科目余额

借：利润分配——未分配利润   450 000

    贷：利润分配——提取法定盈余公积   100 000

        ——提取任意盈余公积   150 000

        ——应付现金股利   200 000

3. 亏损弥补的核算

企业发生亏损，在年末应从"本年利润"账户转入"利润分配——未分配利润"账户，借记"利润分配——未分配利润"账户，贷记"本年利润"账户，结转后"本年利润"账户无余额，"利润分配——未分配利润"账户的借方余额即为未弥补亏损的数额。并且，企业以后对亏损的弥补情况仍通过"利润分配"账户的相关明细账户核算，如"利润分配——未分配利润"账户、"利润分配——盈余公积补亏"账户等。

1) 利润弥补亏损

企业发生的亏损可以用下年度实现的税前利润弥补，但按现行法规规定只能连续计算弥补五年，并且不论其在这五年中是否真正实现了利润，均应计算在弥补年限内。企业发生的亏损，如果按前述规定尚未弥补完的，则可以用以后年度实现的税后利润(即净利润)弥补。无论是以税前弥补还是税后弥补亏损，其处理方法都相同，即通过"本年利润"账户与"利润分配——未分配利润"账户结转后自然弥补，而不需要进行专门的账务处理，所不同的是两者计算缴纳所得税时的处理不同而已。在以税前利润弥补亏损的情况下，其弥补的数额可以抵减当期企业应纳税所得额；而以税后利润弥补亏损的情况下，其弥补的数额不能作为企业应纳税所得额的扣除处理，是需要计算交纳所得税的。

2) 盈余公积弥补亏损

企业按规定根据股东大会或类似机构决议，用盈余公积弥补亏损时，应按当期弥补亏损的数额，借记"盈余公积——法定盈余公积"账户，贷记"利润分配——盈余公积补亏"账户。年终时，借记"利润分配——盈余公积补亏"账户，贷记"利润分配——未分配利润"账户，结转后"利润分配——盈余公积补亏"账户无余额。

第十三章习题

第十四章

财务报告

【学习目标】

1. 了解财务报告的概念；
2. 了解财务报告的分类；
3. 熟练掌握资产负债表的编制方法；
4. 熟练掌握利润表的编制方法；
5. 熟练掌握现金流量表的编制方法。

【学习重点】

1. 资产负债表的编制方法；
2. 利润表的编制方法。

【学习难点】

1. 资产负债表中存货、固定资产和应收账款等项目的填列；
2. 现金流量表的编制方法。

【任务导入】

任务资料: 东方公司 2020 年 12 月 31 日有关账户的期末余额如下表所示(坏账准备全部根据应收账款提取)。

账户余额表

总账账户	明细账户	借方余额	贷方余额	总账账户	明细账户	借方余额	贷方余额
应收账款		374 000		短期借款			76 000
	A 公司	192 000		应付账款			145 000
	B 公司	264 000			甲公司		84 000
	C 公司		82 000		乙公司		106 000
预付账款		174 000			丙公司	58 000	
	D 公司	208 000			丁公司		13 000
	E 公司		34 000	预收账款			14 000
原材料		8 800			F 公司		12 000
库存商品		76 000			G 公司		6 000
固定资产		1 144 000			H 公司	4 000	
累计折旧			68 00	本年利润			96 000
坏账准备			1 160	利润分配	未分配利润		42 000

任务目标: 根据上述资料计算资产负债表中下列项目的填列: 应收账款、预付账款、固定资产、短期借款、应付账款、预收账款、未分配利润。

第一节 财务报告概述

一、财务报告的概念

财务报告是指企业对外提供的反映企业某一特定日期的财务状况和某一会计期间的经营成果、现金流量等会计信息的文件,具有以下几层含义。

(1) 财务会计报告应当是对外报告,其服务对象主要是投资者、债权人等外部使用者,专门为了内部管理需要的、具有特定目的的报告不属于财务报告的范畴。

(2) 财务报告应当综合反映企业的生产经营状况,包括某一时点的财务状况和某一时期的经营成果和现金流量等信息,以反映企业的整体和全貌。

(3) 财务报告必须形成一个系统的文件,不应是零星的或者不完整的信息。

企业编制的财务报告,是企业会计核算工作体系中最终和非常重要的环节,是企业会计核算最终成果的体现,是企业对外提供财务会计信息的主要形式,是企业会计核算方法体系中的专门方法之一。企业通过及时、准确、正确、合理地编制财务会计报告,对满足各有关方面对会计信息的需要,对提高各单位经济管理水平以至加强整个国民经济管理,从而达到提高经济效益的总体目标,都具有非常重要的意义。因此,单位负责人和财务会计人员应当保证财务报表的合法性、真实性和完整性。

二、财务报告的组成和分类

(一)财务报告的组成

财务报告包括财务报表和其他应当在财务报告中披露的相关信息和资料。其中，财务报表是对企业财务状况、经营成果和现金流量的结构性表述。一套完整的财务报表至少应当包括资产负债表、利润表、现金流量表、所有者权益变动表以及附注。

财务报表是财务报告的核心内容，除了财务报表之外，财务报告还应当包括其他相关信息，具体可以根据有关法律、行政法规、部门规章等的规定和外部使用者的信息需求而定。

(二)会计报表的分类

1. 按会计报表反映的经济内容分类

按会计报表反映的经济内容，可以分为资产负债表、利润表、现金流量表、所有者权益变动表。

资产负债表是反映企业某一特定日期的财务状况的报表；利润表是反映企业在一定期间的经营成果及其分配情况的会计报表；现金流量表是反映企业在一定会计期间的现金流入和现金流出情况的会计报表；所有者权益变动表是反映企业在一定的会计期间所有者权益增减变动情况的会计报表。

2. 按会计报表的编报时间分类

按会计报表的编报时间，可分为月度会计报表、季度会计报表、半年度会计报表和年度会计报表。

月度会计报表简称月报，是在月度终了时应编制的、用以反映企业某一月份的经营活动情况的会计报表。

季度会计报表简称季报，是在季度终了时应编制的、用以反映企业某一季度的经营活动情况的会计报表。

半年度会计报表简称半年报，是在每个会计年度的前 6 个月结束后应编制的、用以反映企业半个年度内的经营活动情况的会计报表。

上述月度会计报表、季度会计报表、半年度会计报表又称为中期报表。

年度会计报表简称年报，又称决算报表，是在年度终了时应编制的、用以反映企业某一年内的经营活动的会计报表。

3. 按会计报表编制的单位分类

按会计报表编制的单位，可分为个别会计报表和合并会计报表。

个别会计报表是指独立核算的一个单位按照会计制度的规定，根据本企业会计核算资料和其他资料编制的会计报表。

合并会计报表是指以母子公司组成的企业集团为会计主体，以母公司和子公司单独编制的个别会计报表为基础，采用合并报表的独特方法，由母公司编制的综合反映企业集团的经营成果、财务状况及其变动情况的会计报表。

三、财务报告的作用

(一)有助于国家宏观管理部门进行宏观调控

财务报告能综合反映企业的财务状况和经营成果等情况，其经过层层汇总后，相应地反映某一行业的地区企业乃至全国企业的经济活动信息，这种信息是国家经济管理部门了解并掌握全国各地区、各行业的经济情况，正确制定国家宏观经济政策，调控国民经济运行的重要决策依据。

(二)有助于投资人和债权人进行合理的决策

企业的投资人、债权人是财务报告最重要的使用者，因为企业生产经营所需要的各项经济资源主要来自投资人和债权人。作为企业的投资人和债权人，在他们作出投资或贷款决策之前必须了解企业的盈利能力、偿债能力、支付能力以及企业的经营前景，以保证投资人能获取丰厚收益，保证债权人能及时地收回各项贷款。投资人、债权人了解这些信息的最简便、最快捷的方法，就是利用企业编制的财务报告。

(三)有利于了解企业经营者受托责任的履行情况

现代企业"两权分离"使企业所有者和经营者之间出现委托关系。所有者将资金投入企业，委托经营者进行经营管理，为了确保自己资本的完整与增值，主要利用财务报告来了解管理当局对所托资源的经营管理责任的履行情况，维护自己在企业中的经济利益。

(四)有助于企业加强和改善经营管理

财务报告通过一定表格和文字形式，将企业生产经营的全面情况，特别是财务信息，进行收集、整理、加工成系统的信息资料，传递给企业内部经营管理部门。企业内部经营管理部门通过财务报告，可以了解经营活动中存在的问题，以便迅速作出决策，采取有效措施，改善经营管理。

第二节　资产负债表

一、资产负债表的概念和作用

资产负债表是反映企业在某一特定日期财务状况的报表。它反映企业在某一特定日期所拥有或控制的经济资源，所承担的现时义务和所有者对净资产的要求权。

资产负债表可以提供某一日期资产的总额及其结构，表明企业拥有或控制的资源及其分布情况，使用者可以一目了然地从资产负债表中了解企业在某一特定日期所拥有的资产总量及其结构；可以提供某一日期的负债总额及其结构，表明企业未来需要用多少资产或劳务清偿债务以及清偿时间；可以反映所有者拥有的权益，据以判断资本保值、增值的情况以及对负债的保障程度。此外，资产负债表还可以提供进行财务分析的基本资料，如将流动资产与流动负债进行比较，计算出流动比率；将速动资产与流动负债进行比较，计算出速动比率等，可以表明企业的变现能力、偿债能力和资金周转能力，从而有助于报表使用者作出经济决策。

二、资产负债表的内容与格式

(一)资产负债表的内容

资产负债表主要反映资产、负债和所有者权益三方面的内容，并满足"资产=负债+所有者权益"平衡式。

1. 资产

资产反映由过去的交易、事项形成并由企业在某一特定日期所拥有或控制的、预期会给企业带来经济利益的资源。资产应当按照流动资产和非流动资产两大类别在资产负债表中列示，在流动资产和非流动资产类别下进一步按性质分项列示。

流动资产是指预计在一个正常营业周期中变现、出售或耗用，或者主要为交易目的而持有，或者预计在资产负债表日起1年内(含1年)变现的资产，或者自资产负债表日起1年内交换其他资产或清偿负债的能力不受限制的现金或现金等价物。

资产负债表中列示的流动资产项目，通常包括货币资金、交易性金融资产、应收票据、应收账款、预付账款、应收利息、应收股利、其他应收款、存货和1年内到期的非流动资产等。

非流动资产是指流动资产以外的资产。资产负债表中列示的非流动资产项目，通常包括长期股权投资、固定资产、在建工程、工程物资、固定资产清理、无形资产、开发支出、长期待摊费用以及其他非流动资产等。

2. 负债

负债反映在某一特定日期企业所承担的、预期会导致经济利益流出企业的现时义务。负债应当按照流动负债和非流动负债在资产负债表中进行列示，在流动负债和非流动负债类别下再进一步按性质分项列示。

流动负债是指预计在一个正常营业周期中清偿，或者主要为交易目的而持有，或者自资产负债表日起1年内(含1年)到期应予以清偿，或者企业无权自主地清偿推迟至资产负债表日后1年以上的负债。资产负债表中列示的流动负债项目，通常包括短期借款、应付票据、应付账款、预收账款、应付职工薪酬、应交税费、应付利息、应付股利、其他应付款、1年内到期的非流动负债等。

非流动负债是指流动负债以外的负债。非流动负债项目，通常包括长期借款、应付债券和其他非流动负债等。

3. 所有者权益

所有者权益是企业资产扣除负债后的剩余权益，反映企业在某一特定日期股东(投资者)拥有的净资产的总额，它一般按照实收资本、资本公积、盈余公积和未分配利润分项列示。

(二)资产负债表的格式

在我国，资产负债表采用账户式结构，报表分为左右两方，左方列示资产各项目，反映全部资产的分布及其存在形态；右方列示负债和所有者权益各项目，反映全部负债和所有者权益的内容及构成情况。资产各项目按其流动性由大到小顺序排列；负债各项目按其到期日的远近顺序排列。资产负债表左右两方平衡，即资产总计等于负债和所有者权益总计，即"资产=负债+所有者权益"。为了使使用者通过不同时点资产负债表的数据，掌握企业财务状况的变动及发展趋势，我国资产负债表主体部分的各项目都列有"年初数"和"期末数"两个栏目，是一种比较资产负债表。资产负债表的格式见表14-1。

三、资产负债表的编制方法

(一)"年初数"的填列方法

"年初数"栏内各项目数字，应根据上年末资产负债表"期末数"栏内所列数字填列。如果本年度资产负债表规定的各个项目的名称和内容同上年度不一致，应对上年年末负债表各项目的名称和数字按照本年度的规定进行调整，按调整后的数字填入本表"年初数"栏内。

(二)"期末数"的填列

"期末数"是指某一会计期末的数字，即月末、季末、半年末或年末的数字。资产负债表各项目"期末数"的数据来源，可以通过以下几种方式取得。

1. 直接根据总账科目的余额填列

这些项目有交易性金融资产、固定资产清理、长期待摊费用、递延所得税资产、工程物资、短期借款、应付票据、应付职工薪酬、应交税费、应付股利、其他应付款、递延所得税负债、实收资本、资本公积、库存股、盈余公积等项目。

2. 根据几个总账科目的余额计算填列

这些项目有货币资金、存货、未分配利润等项目。如"货币资金"项目，根据"库存现金""银行存款""其他货币资金"科目的期末余额合计填列。

3. 根据有关明细科目的余额计算填列

这些项目有应收账款、应付账款、预付账款、应收账款等项目。如"应付账款"项目应根据"应付账款"和"预付账款"科目所属明细科目期末贷方余额的合计填列。

4. 根据总账和明细科目的余额分析计算填列

这些项目有长期应收款、长期借款、长期应付款、应付债券等项目。如"长期借款"项目，根据"长期借款"总账科目余额扣除"长期借款"科目所属明细科目中反映的将于1年内到期的长期借款部分分析计算填列。

5. 根据总账科目与其备抵科目抵消后的净额填列

这些项目有应收账款、存货、持有至到期投资、在建工资、固定资产、无形资产等项目。如"固定资产"项目，应当根据"固定资产"科目期末余额，减去"累计折旧""固定资产减值准备"等科目期末余额后的金额填列。

(三)资产负债表的具体填列方法

1. 资产项目的填列说明

(1) "货币资金"项目，反映企业库存现金、银行结算户存款、外埠存款、银行汇票存款、银行本票存款、信用卡存款、信用保证金存款等的合计数。本项目应根据"库存现金""银行存款""其他货币资金"科目期末余额的合计数填列。

(2) "交易性金融资产"项目，反映资产负债表日企业分类为以公允价值计量且其变动计入当期损益的金融资产，以及企业持有的指定为以公允价值计量且其变动计入当期损益的金融资产的期末账面价值。该项目应根据"交易性金融资产"科目的相关明细科目期末余额分析填列。自资产负债表日起超过1年到期且预期持有超过1年的以公允价值计量且其变动计入当期损益的非流动金融资产的期末账面价值，在"其他非流动金融资产"项目反映。

(3) "应收票据"项目，反映资产负债表日以摊余成本计量的，企业因销售商品、提供服务等收到的商业汇票，包括银行承兑汇票和商业承兑汇票。该项目根据"应收票据"科目的期末余额，减去"坏账准备"科目中相关坏账准备期末余额后的金额分析填列。

(4) "应收账款"项目，反映资产负债表日以摊余成本计量的，企业因销售物品、提供服务等经营活动应收取的款项。该项目应根据"应收账款"科目的期末余额，减去"坏账准备"科目中相关坏账准备期末余额后的金额分析填列。

(5) "应收款项融资"项目，反映资产负债表日以公允价值计量且其变动计入其他综合收益的应收票据和应收款项等。

(6) "预付款项"项目，反映企业按照购货合同规定预付给供给单位的款项等。本项目应根据"预付货款"和"应付账款"科目所属各明细科目的期末借方余额合计数，减去"坏账准备"科目中有关预付账款计提的坏账准备期末余额后的净额填列。如"预付账款"科目所属明细科目期末为贷方余额的，应在资产负债表"应付账款"项目内填列。

(7) "其他应收款"项目，反映企业除应收票据、应收账款、预付账款等经营活动以外的其他各种应收、暂付的款项。本项目应根据"应收利息""应收股利"和"其他应收款"科目的期末余额合计数，减去"坏账准备"科目中相关坏账准备期末余额后的金额填列。其中，"应收利息"仅反映相关金融工具已到期可收取但于资产负债表日尚未收到的利息。基于实际利率法计提的金融工具的利息应包含在相应金融工具的账面余额中。

(8) "存货"项目，反映企业期末在库、在途和在加工中的各种存货的可变现净值或成本(成本与可变现净值孰低)。存货包括各种材料、商品、在产品、半成品、包装物、低值易耗品、发出商品等。本项目应根据"材料采购""原材料""库存商品""周转材料""委托加工物资""发出产品""生产成本""委托代销商品"等科目的期末余额合计数，减去"委托代销商品款""存货跌价准备"科目期末余额后的净额填列。材料采用计划成本核算，以及库存商品采用计划成本核算或售价核算的企业，还应按加或减材料成本差异、商品进销差价后的金额填列。

(9) "合同资产"项目，反映企业按照《企业会计准则第 14 号——收入》(2018)的相关规定，根据本企业履行履约义务与客户付款之间的关系在资产负债表中列示的合同资产。"合同资产"项目应根据"合同资产"科目的相关明细科目期末余额分析填列，同一合同下的合同资产和合同负债应当以净额列示，其中，净额为借方余额的，应当根据其流动性在"合同资产"或"其他非流动资产"项目中填列，已计提减值准备的，还应以减去"合同资产减值准备"科目中相关的期末余额后的金额填列；其中，净额为贷方余额的，应当根据其流动性在"合同负债"或"其他非流动负债"项目中填列。

(10) "持有待售资产"项目，反映资产负债表日划分为持有待售类别的非流动资产及划分为持有待售类别的处置组中的流动资产和非流动资产的期末账面价值。该项目应根据"持有待售资产"科目的期末余额，减去"持有待售资产减值准备"科目的期末余额后的金额填列。

(11) "一年内到期的非流动资产"项目，反映企业预计自资产负债表日起 1 年内变现的非流动资产。本项目应根据有关科目的期末余额填列。

(12) "债权投资"项目，反映资产负债表日企业以摊余成本计量的长期债权投资的期末账面价值。该项目应根据"债权投资"科目相关明细科目的期末余额，减去"债权投资减值准备"科目中相关减值准备的期末余额后的金额分析填列。自资产负债表日起 1 年内到期的长期债权投资的期末账面价值，在"一年内到期的非流动资产"项目反映。企业购入的以摊余成本计量的 1 年内到期的债权投资的期末账面价值，在"其他流动资产"项目反映。

(13) "其他债权投资"项目，反映资产负债表日企业分类为以公允价值计量且其变动计入其他综合收益的长期资产投资的期末账面价值。该项目应根据"其他债权投资"科目的相关明细科目期末余额分析填列。自资产负债表日起 1 年内到期的长期债权投资的期末账面价值，在"一年内到期的非流动资产"项目反映。企业购入的以公允价值计量且其变动计入其他综合收益的 1 年内到期的债权投资的期末账面价值，在"其他流动资产"项目反映。

(14) "长期应收款"项目，反映企业租赁产生的应收款项和采用递延方式分期收款、实质上具有融资性质的销售商品和提供劳务等经营活动产生的应收款项。本项目应根据"长期应收款"科目的期末余额，减去相应的"未实现融资收益"科目和"坏账准备"科目所属相关明细科目期末余额后的金额填列。

(15) "长期股权投资"项目，反映投资方对被投资单位实施控制、重大影响的权益性投资，以及对其合营企业的权益性投资。本项目应根据"长期股权投资"科目的期末余额，减去"长期股权投资减值准备"科目的期末余额后的净额填列。

(16)"其他权益工具投资"项目，反映资产负债表日企业指定为以公允价值计量且其变动计入其他综合收益的非交易性权益工具投资的期末账面价值。该项目应根据"其他权益工具投资"科目的期末余额填列。

(17)"固定资产"项目，反映资产负债表日企业固定资产的期末账面价值和企业尚未清理完毕的固定资产清理净损益。该项目应根据"固定资产"科目的期末余额，减去"累计折旧"和"固定资产减值准备"科目的期末余额后的金额，以及"固定资产清理"科目的期末余额填列。

(18)"在建工程"项目，反映资产负债表日企业尚未达到预定可使用状态的在建工程的期末账面价值和企业为在建工程准备的各种物资的期末账面价值。该项目应根据"在建工程"科目的期末余额，减去"在建工程减值准备"科目的期末余额后的金额，以及"工程物资"科目的期末余额，减去"工程物资减值准备"科目的期末余额后的金额填列。

(19)"使用权资产"项目，反映资产负债表日承租人企业持有的使用权资产的期末账面价值。该项目应根据"使用权资产"科目的期末余额，减去"使用权资产累计折旧"和"使用权资产减值准备"科目的期末余额后的金额填列。

(20)"无形资产"项目，反映企业持有的专利权、非专利技术、商标权、著作权、土地使用权等无形资产的成本减去累计摊销和减值准备后的净值。本项目应根据"无形资产"科目的期末余额，减去"累计摊销"和"无形资产减值准备"科目余额后的净额填列。

(21)"开发支出"项目，反映企业开发无形资产过程中能够资本化形成无形资产成本的支出部分。本项目应根据"研发支出"科目中所属的"资本化支出"明细科目期末余额填列。

(22)"长期待摊费用"项目，反映企业已经发生但应由本期和以后各期负担的分摊期限在1年以上的各项费用。长期待摊费用中在1年内(含1年)摊销的部分，在资产负债表"一年内到期的非流动资产"项目填列。本项目应根据"长期待摊费用"科目的期末余额，减去将于1年内(含1年)摊销的数额后的金额分析填列。

(23)"递延所得税资产"项目，反映企业根据所得税准则确认的可抵扣暂时性差异产生的所得税资产。本项目应根据"递延所得税资产"科目的期末余额填列。

(24)"其他非流动资产"项目，反映企业除上述非流动资产外的其他非流动资产。本项目应根据有关科目的期末余额填列。

2. 负债项目的填列说明

(1)"短期借款"项目，反映企业向银行或其他金融机构等借入的期限在1年以下(含1年)的各种借款。本项目应根据"短期借款"科目的期末余额填列。

(2)"交易性金融负债"项目，反映企业资产负债表日承担的交易性金融负债，以及企业持有的直接指定为以公允价值计量且其变动计入当期损益的金融负债的期末账面价值。该项目应根据"交易性金融负债"科目的相关明细科目期末余额填列。

(3)"应付票据"项目，反映资产负债表日以摊余成本计量的，企业因购买材料、商品和接受服务等开出、承兑的商业汇票，包括银行承兑汇票和商业承兑汇票。该项目应根据"应付票据"科目的期末余额填列。

(4) "应付账款"项目，反映资产负债表日以摊余成本计量的，企业因购买材料、商品和接受服务等经营活动应支付的款项。该项目应根据"应付账款"和"预付账款"科目所属的相关明细科目的期末贷方余额合计数填列。

(5) "预收款项"项目，反映企业按照购货合同规定预收供应单位的款项。本项目应根据"预收账款"和"应收账款"科目所属各明细科目的期末贷方余额合计数填列。如"预收账款"科目所属明细科目期末为借方余额的，应在资产负债表"应收账款"项目内填列。

(6) "合同负债"项目，反映企业按照《企业会计准则第 14 号——收入》(2018)的相关规定，根据本企业履行履约义务与客户付款之间的关系在资产负债表中列示的合同负债。"合同负债"项目应根据"合同负债"的相关明细科目期末余额分析填列。

(7) "应付职工薪酬"项目，反映企业为获得职工提供的服务或解除劳动关系而给予的各种形式的报酬或补偿。企业提供给职工配偶、子女、受赡养人、已故员工遗属及其他受益人等的福利，也属于职工薪酬。职工薪酬主要包括短期薪酬、离职后福利、辞退福利和其他长期职工福利。本项目应根据"应付职工薪酬"科目所属各明细科目的期末贷方余额分析填列。外商投资企业按规定从净利润中提取的职工奖励及福利基金，也在本项目列示。

(8) "应交税费"项目，反映企业按照税法规定计算应交纳的各种税费，包括增值税、消费税、城市维护建设税、教育费附加、企业所得税、资源税、土地增值税、房产税、城镇土地使用税、车船税、矿产资源补偿费等。企业代扣代缴的个人所得税，也通过本项目列示。企业所缴纳的税金不需要预计应交数的，如印花税、耕地占用税等，不在本项目列示。本项目应根据"应交税费"科目的期末贷方余额填列，如"应交税费"科目期末为借方余额，应以"—"号填列。需要说明的是，"应交税费"科目下的"应交增值税""未交增值税""待抵扣进项税额""待认证进项税额""增值税留抵税额"等明细科目期末借方余额应根据情况，在资产负债表中的"其他流动资产"或"其他非流动资产"项目列示；"应交税费——待转销项税额"等科目期末贷方余额应根据情况，在资产负债表中的"其他流动负债"或"其他非流动负债"项目列示；"应交税费"科目下的"未交增值税""简易计税""转让金融商品应交增值税""代扣代缴增值税"等科目期末贷方余额应在资产负债表中的"应交税费"项目列示。

(9) "其他应付款"项目，反映企业除应付票据、应付账款、预收账款、应付职工薪酬、应交税费等经营活动以外的其他各项应付、暂收的款项。本项目应根据"应付利息""应付股利""其他应付款"科目的期末余额合计数填列。其中，"应付利息"科目仅反映相关金融工具到期应支付但于资产负债表日尚未支付的利息。基于实际利率法计提的金融工具的利息应包含在相应金融工具的账面余额中。

(10) "持有待售负债"项目，反映资产负债表日处置组中与划分为持有代售类别的资产直接相关的负债的期末账面价值。本项目应根据"持有待售负债"科目的期末余额填列。

(11) "一年内到期的非流动负债"项目，反映企业非流动负债中将于资产负债表日后 1 年内到期部分的金额，如将于 1 年内偿还的长期借款。本项目应根据有关科目的期末余额分析填列。

(12) "长期借款"项目，反映企业向银行或其他金融机构借入的期限在 1 年以上(不含

1 年)的各项借款。本项目应根据"长期借款"科目的期末余额，扣除"长期借款"科目所属的明细科目中将在资产负债表日起 1 年内到期且企业不能自主地将清偿义务展期的长期借款后的金额计算填列。

(13)"应付债券"项目，反映企业为筹集长期资金而发行的债券本金及应付的利息。本项目应根据"应付债券"科目的期末余额分析填列。对于资产负债表日企业发行的金融工具，分类为金融负债的，应在本项目填列，对于优先股和永续债还应在本项目下的"优先股"项目和"永续债"项目分别填列。

(14)"租赁负债"项目，反映资产负债表日承租人企业尚未支付的租赁付款额的期末账面价值。该项目应根据"租赁负债"科目的期末余额填列。自资产负债表日起 1 年内到期应予以清偿的租赁负债的期末账面价值，在"一年内到期的非流动负债"项目反映。

(15)"长期应付款"项目，应根据"长期应付款"科目的期末余额，减去相关"未确认融资费用"科目的期末余额后的金额，以及"专项应付款"科目的期末余额填列。

(16)"预计负债"项目，反映企业根据或有事项等相关准则确认的各项预计负债，包括对外提供担保、未决诉讼、产品质量保证、重组义务以及固定资产和矿区权益弃置义务等产生的预计负债。本项目应根据"预计负债"科目的期末余额填列。企业按照《企业会计准则第 22 号——金融工具确认和计量》(2018)的相关规定，对贷款承诺等项目计提的损失准备，应当在本项目中填列。

(17)"递延收益"项目，反映尚待确认的收入或收益。本项目核算包括企业根据政府补助准则确认的应在以后期间计入当期损益的政府补助金额、售后租回形成融资租赁的售价与资产账面价值差额等其他递延性收入。本项目应根据"递延收益"科目的期末余额填列。本项目中摊销期限只剩 1 年或不足 1 年的，或预计在 1 年内(含 1 年)进行摊销的部分，不得归类为流动负债，仍在本项目中填列，不转入"一年内到期的非流动负债"项目。

(18)"递延所得税负债"项目，反映企业根据所得税准则确认的应纳税暂时性差异产生的所得税负债。本项目应根据"递延所得税负债"科目的期末余额填列。

(19)"其他非流动负债"项目，反映企业除以上非流动负债以外的其他非流动负债。本项目应根据有关科目期末余额，减去将于 1 年内(含 1 年)到期偿还数后的余额分析填列。非流动负债各项目中将于 1 年内(含 1 年)到期的非流动负债，应在"一年内到期的非流动负债"项目内反映。

3. 所有者权益项目的填列说明

(1)"实收资本(或股本)"项目，反映企业各投资者实际投入的资本(或股本)总额。本项目应根据"实收资本(或股本)"科目的期末余额填列。

(2)"其他权益工具"项目，反映资产负债表日企业发行在外的除普通股以外分类为权益工具的金融工具的期末账面价值，并下设"优先股"和"永续债"两个项目，分别反映企业发行的分类为权益工具的优先股和永续债的账面价值。

(3)"资本公积"项目，反映企业收到投资者出资超出其在注册资本中或股本中所占的份额以及直接计入所有者权益的利得和损失等。本项目应根据"资本公积"科目的期末余额填列。

(4)"其他综合收益"项目，反映企业其他综合收益的期末余额。本项目应根据"其他综合收益"科目的期末余额填列。

(5) "专项储备"项目,反映高危行业企业按国家规定提取的安全生产费的期末账面价值。本项目应根据"专项储备"科目的期末余额填列。

(6) "盈余公积"项目,反映企业盈余公积的期末余额。本项目应根据"盈余公积"科目的期末余额填列。

(7) "未分配利润"项目,反映企业尚未分配的利润。本项目应根据"本年利润"科目和"利润分配"科目的余额计算填列。未弥补的亏损在本项目以"—"号填列。

四、资产负债表的编制举例

【例 14-1】东方股份有限公司 2019 年 12 月 31 日的资产负债表(年初数略)及 2020 年 12 月 31 日的科目余额表分别见表 14-1 和表 14-2。假定该公司 2020 年只有固定资产项目计提了减值准备,从而导致固定资产账后价值与其计税基础产生了可抵扣暂时性差异,该公司的所得税税率为 25%,并且该公司未来很可能有足够的应纳税所得额来抵扣可抵扣暂时性差异。

表 14-1　资产负债表

会企 01 表

编制单位:东方股份有限公司　　　　　　2019 年 12 月 31 日　　　　　　单位:元

资　产	期末余额	年初余额	负债及所有者权益	期末余额	年初余额
流动资产:			流动负债:		
货币资金	1 406 400		短期借款	300 000	
交易性金融资产	15 000		交易性金融负债	0	
衍生金融资产			衍生金融负债		
应收票据	246 000		应付票据	200 000	
应收账款	299 000		应付账款	953 800	
应收款项融资			预收账款	0	
预付账款	100 000		合同负债		
其他应收款	5 000		应付职工薪酬	110 000	
存货	2 580 000		应交税费	36 600	
合同资产			其他应付款	51 000	
持有待售资产			持有待售负债	0	
一年内到期的非流动资产	0		一年内到期的非流动负债	1 000 000	
其他流动资产	100 000		其他流动负债	0	
流动资产合计	4 751 400		流动负债合计	2 651 400	
非流动资产:			非流动负债:		
债权投资			长期借款	600 000	
其他债权投资			应付债券	0	

续表

资　产	期末余额	年初余额	负债及所有者权益	期末余额	年初余额
长期应收款	0		其中：优先股	0	
长期股权投资	250 000		永续股		
其他权益工具投资			租赁负债	0	
其他非金融资产			长期应付款		
投资性房地产	0		预计负债	0	
固定资产	1 100 000		递延收益	0	
在建工程	1 500 000		递延所得税负债	0	
生产性生物资产			其他非流动负债		
油气资产	0		非流动负债合计	600 000	
使用权资产			负债合计	3 251 400	
无形资产	600 000		所有者权益(股东权益)：		
开发支出	0		实收资本(或股本)	5 000 000	
商誉	0		其他权益工具		
长期待摊费用	0		其中：优先股		
递延所得税资产	0		永续债	0	
其他非流动资产	200 000		资本公积	0	
非流动资产合计	3 650 000		减：库存股		
			其他综合收益		
			专项储备		
			盈余公积	100 000	
			未分配利润	50 000	
			所有者权益(或股东权益)合计	5 150 000	
资产总计	8 401 400		负债及所有者权益(或股东权益)总计	8 401 400	

表 14-2　科目余额表

2020 年 12 月 31 日　　　　　　　　　　　　　　　　　　　　　　　　　　单位：元

科目名称	借方余额	科目名称	贷　方
库存现金	2 000	短期借款	50 000
银行存款	786 135	应付票据	100 000
其他货币资金	7 300	应付账款	953 800
交易性金融资产	0	其他应付款	50 000
应收票据	66 000	应付职工薪酬	180 000
应收账款	600 000	应交税费	226 731

科目名称	借方余额	科目名称	贷　方
坏账准备	−1 800	应付利息	0
预付账款	100 000	应付股利	32 215.85
其他应收款	5 000	一年内到期的非流动负债	0
材料采购	275 000	长期借款	1 160 000
原材料	45 000	股本	5 000 000
周转材料	38 050	盈余公积	124 770.40
库存商品	2 122 400	利润分配(未分配利润)	190 717.75
材料成本差异	4 250		
其他流动资产	90 000		
长期股权投资	250 000		
固定资产	2 401 000		
累计折旧	−170 000		
固定资产减值准备	−30 000		
工程物资	150 000		
在建工程	578 000		
无形资产	600 000		
累计摊销	−60 000		
递延所得税资产	9 900		
其他非流动资产	200 000		
合计	8 068 235	合计	8 068 235

根据上述资料，编制东方股份有限公司 2020 年 12 月 31 日的资产负债表，见表 14-3。

表 14-3　资产负债表

会企 01 表

编制单位：东方股份有限公司　　　　　　2020 年 12 月 31 日　　　　　　单位：元

资　产	期末余额	年初余额	负债及所有者权益	期末余额	年初余额
流动资产：			流动负债：		
货币资金	795 435	1 406 400	短期借款	50 000	300 000
交易性金融资产		15 000	交易性金融负债		
衍生金融资产			衍生金融负债		
应收票据	66 000	246 000	应付票据	100 000	200 000
应收账款	598 200	299 000	应付账款	953 800	953 800
应收款项融资			预收账款		0
预付账款	100 000	100 000	合同负债		
其他应收款	5 000	5 000	应付职工薪酬	180 000	110 000
存货	2 484 700	2 580 000	应交税费	266 731	36 600
合同资产			其他应付款	82 215.85	51 000

续表

资　产	期末余额	年初余额	负债及所有者权益	期末余额	年初余额
持有待售资产			持有待售负债		0
一年内到期的非流动资产		0	一年内到期的非流动负债		1 000 000
其他流动资产	90 000	100 000	其他流动负债		0
流动资产合计	4 139 335	4 751 400	流动负债合计	1 592 746.85	2 651 400
非流动资产：			非流动负债：		
债权投资			长期借款	1 160 000	600 000
其他债权投资			应付债券		0
长期应收款		0	其中：优先股		0
长期股权投资	250 000	250 000	永续债		
其他权益工具投资			租赁负债		0
其他非金融资产			长期应付款		
投资性房地产		0	预计负债		
固定资产	2 201 000	1 100 000	递延收益		0
在建工程	728 000	1 500 000	递延所得税负债		0
生产性生物资产			其他非流动负债		
油气资产		0	非流动负债合计	1 160 000	600 000
使用权资产			负债合计	2 752 746.85	3 251 400
无形资产	540 000	600 000	所有者权益(股东权益)：		
开发支出		0	实收资本(或股本)	5 000 000	5 000 000
商誉		0	其他权益工具		
长期待摊费用		0	其中：优先股		
递延所得税资产	9 900	0	永续债		0
其他非流动资产	200 000	200 000	资本公积		0
非流动资产合计	3 928 900	3 650 000	减：库存股		
			其他综合收益		
			专项储备		
			盈余公积	124 770.40	100 000
			未分配利润	190 717.75	50 000
			所有者权益(或股东权益)合计	5 315 488.15	5 150 000
资产总计	8 068 235	8 401 400	负债及所有者权益(或股东权益)总计	8 608 235	8 401 400

第三节　利　润　表

一、利润表的概念和作用

利润表是反映企业在一定会计期间的经营成果的会计报表。利润表编制的理论依据是"收入-费用=利润"会计等式。利润表把一定时期的营业收入与其同一会计期间相关的营业费用进行配比，以计算出企业一定时期的净利润。

利润表反映的收入、成本和费用等情况，能够反映企业生产经营的收益情况、成本耗费情况，从而揭示出企业生产经营活动成果的来龙去脉与各项利润指标的实现情况，据以判断资本保值增值情况；同时，通过利润表提供的不同时期的比较数字(本月数或上年数、本年累计数)，可以分析企业今后利润的发展趋势、获利能力，了解投资者投入资本的完整性。由于利润表是企业经营业绩的综合体现，又是进行利润分配的主要依据，因此，利润表是会计报表中的主要报表。

二、利润表的编制

(一)利润表项目的填列方法

利润表的格式有多步式和单步式两种。我国企业的利润表采用多步式格式。我国利润表的格式见表14-5。

我国企业利润表的主要编制步骤和内容如下。

第一步，以营业收入为基础，减去营业成本、税金及附加、销售费用、管理费用、研发费用、财务费用，加上其他收益、投资收益(或减去投资损失)、净敞口套期收益(或减去净敞口套期损失)、公允价值变动收益(或减去公允价值变动损失)、资产减值损失、信用减值损失、资产处置收益(或减去资产处置损失)，计算出营业利润。

第二步，以营业利润为基础，加上营业外收入，减去营业外支出，计算出利润总额。

第三步，以利润总额为基础，减去所得税费用，计算出净利润(或净亏损)。

第四步，以净利润(或净亏损)为基础，计算出每股收益。

第五步，以净利润(或净亏损)和其他综合收益为基础，计算出综合收益总额。

利润表各项目均需填列"本期金额"和"上期金额"两栏。其中，"上期金额"栏内各项数字，应根据上年该期利润表的"本期金额"栏内所列数字填列。"本期金额"栏内各项数字，除"基本每股收益"和"稀释每股收益"项目外，应当按照相关科目的发生额分析填列。如"营业收入"项目，根据"主营业务收入""其他业务收入"科目的发生额分析计算填列；"营业成本"项目，根据"主营业务成本""其他业务成本"科目的发生额分析计算填列。

(二)利润表主要项目的填列说明

(1)　"营业收入"项目，反映企业经营主要业务和其他业务所确认的收入总额。本项目应根据"主营业务收入"和"其他业务收入"科目的发生额分析填列。

(2) "营业成本"项目，反映企业经营主要业务和其他业务所发生的成本总额。本项目应根据"主营业务成本"和"其他业务成本"科目的发生额分析填列。

(3) "税金及附加"科目，反映企业经营业务所应负担的消费税、城市维护建设税、教育费附加、资源税、土地增值税、房产税、车船税、城镇土地使用税、印花税等相关税费。本项目应根据"税金及附加"科目的发生额分析填列。

(4) "销售费用"项目，反映企业在销售商品过程中发生的包装费、广告费等费用和为销售本企业商品而专设的销售机构的职工薪酬、业务费等经营费。本项目应根据"销售费用"科目的发生额分析填列。

(5) "管理费用"项目，反映企业为组织和管理生产经营发生的管理费用。本项目应根据"管理费用"科目的发生额分析填列。

(6) "研发费用"项目，反映企业进行研究与开发过程中发生的费用化支出以及计入管理费用的自行开发无形资产的摊销。本项目根据"管理费用"科目下的"研发费用"明细科目的发生额以及"管理费用"科目下"无形资产摊销"明细科目的发生额分析填列。

(7) "财务费用"项目，反映企业为筹集生产经营所需资金等而发生的应予费用化的利息支出。本项目应根据"财务费用"科目的相关明细科目发生额分析填列。其中，"利息费用"项目反映企业为筹集生产经营所需资金等发生的应予费用化的利息支出，本项目应根据"财务费用"科目的相关明细科目的发生额分析填列。"利息收入"项目，反映企业应冲减财务费用的利息收入，本项目应根据"财务费用"科目的相关明细科目的发生额分析填列。

(8) "其他收益"项目，反映计入其他收益的政府补助，以及其他与日常活动相关且计入其他收益的项目。本项目应根据"其他收益"科目发生额分析填列。企业作为个人所得税的扣缴义务人，根据《中华人民共和国个人所得税法》收到的扣缴税款手续费，应作为其他与日常活动相关的收益在本项目中填列。

(9) "投资收益"项目，反映企业以各种方式对外投资所取得的收益。本项目应根据"投资收益"科目的发生额分析填列。如为投资损失，本项目以"—"号填列。

(10) "净敞口套期收益"项目，反映净敞口套期下被套期项目累计公允价值变动转入当期损益的金额或现金流量套期储备转入当期损益的金额。本项目应根据"净敞口套期损益"科目的发生额分析填列。如为套期损失，本项目以"—"号填列。

(11) "公允价值变动收益"项目，反映企业应当计入当期损益的资产或负债公允价值变动收益。本项目应根据"公允价值变动损益"科目的发生额分析填列。如为净损失，本项目以"—"号填列。

(12) "信用减值损失"项目，反映企业按照《企业会计准则第22号——金融工具确认和计量》(2018)的要求计提的各项金融工具信用减值准备所确认的信用损失。本项目应根据"信用减值损失"科目的发生额分析填列。

(13) "资产减值损失"科目，反映企业有关资产发生的减值损失。本项目应根据"资产减值损失"科目发生额分析填列。

(14) "资产处置收益"项目，反映企业出售划分为持有待售的非流动资产(金融工具、长期股权投资和投资性房地产除外)或处置组(子公司和业务除外)时确认的处置利得或损失，以及处置未划分为持有待售的固定资产、在建工程、生产性生物资产以及无形资产而产生的处置利得或损失。债务重组中因处置非流动资产(金融工具、长期股权投资和投资性房地产除外)产生的利得或损失和非货币性资产交换中换出非流动资产(金融工具、长期股权和投资性房地产除外)产生的利得或损失也包括在本项目内。本项目应根据"资产处置损益"科目的发生额分析填列；如为处置损失，本科目以"—"号填列。

(15)"营业利润"项目，反映企业实现的营业利润。如为亏损，本科目以"—"号填列。

(16)"营业外收入"项目，反映企业发生的除营业利润以外的收益，主要包括以企业日常活动无关的政府补助、盘盈利得、捐赠利得(企业接受股东或股东的子公司直接或间接的捐赠，经济性质属于股东对企业的资本性投入的除外)等。本项目应根据"营业外收入"科目的发生额分析填列。

(17)"营业外支出"项目，反映企业发生的除营业利润以外的支出，主要包括公益性捐赠支出、非常损失、盘亏损失、非流动资产毁损报废损失等。本项目应根据"营业外支出"科目的发生额分析填列。

(18)"利润总额"项目，反映企业实现的利润，如为亏损，本项目以"—"号填列。

(19)"所得税费用"项目，反映企业应从当期利润总额中扣除的所得税费用。本项目应根据"所得税费用"科目的发生额分析填列。

(20)"净利润"项目，反映企业实现的净利润，如为亏损，本项目以"—"号填列。

(21)"其他综合收益的税后净额"项目，反映企业根据企业会计准则规定未在损益中确认的各项利得和损失扣除所得税影响后的净额。

(22)"综合收益总额"项目，反映企业净利润与其他综合收益(税后净额)的合计金额。

(23)"每股收益"项目，包括基本每股收益和稀释每股收益两项指标，反映普通股或潜在普通股与公开交易的企业，以及正处在公开发行普通股或潜在普通股过程中的企业的每股收益信息。

三、利润表的编制举例

【例 14-2】东方股份有限公司 2020 年度有关损益类科目"本年累计数"金额见表 14-4。

表 14-4　损益类科目本年累计数

单位：元

科目名称	借方发生额	贷方发生额
主营业务收入		1 250 000
主营业务成本	750 000	
税金及附加	2 000	
销售费用	20 000	
管理费用	157 100	
财务费用	41 500	

续表

科目名称	借方发生额	贷方发生额
资产减值损失	30 900	
投资收益		31 500
营业外收入		50 000
营业外支出		
所得税费用		

根据上述资料，编制 2020 年度利润表，见表 14-5。

表 14-5 利润表

会企 02 表

编制单位：东方股份有限公司 　　　　2020 年 　　　　单位：元

项　目	本期金额	上期金额
一、营业收入	1 250 000	
减：营业成本	750 000	
税金及附加	2 000	
销售费用	20 000	
管理费用	157 100	
研发费用		
财务费用	41 500	
其中：利息费用		
利息收入		
加：其他收益		
投资收益(损失以"—"号填列)	31 500	
其中：对联营企业和合营企业的投资收益		
以摊余成本计量的金融资产终止确认收益(损失以"—"号填列)		
净敞口套期收益(损失以"—"号填列)		
公允价值变动收益(损失以"—"号填列)		
信用减值损失(损失以"—"号填列)		
资产减值损失(损失以"—"号填列)	−30 900	
资产处置收益(损失以"—"号填列)		
二、营业利润(亏损以"—"号填列)	280 000	
加：营业外收入	50 000	
减：营业外支出	19 700	
其中：非流动资产处置损失	0	
三、利润总额(亏损以"—"号填列)	310 300	

项　目	本期金额	上期金额
减：所得税费用	112 596	
四、净利润(净亏损以"—"号填列)	197 704	
(一)持续经营净利润(净亏损以"—"号填列)		
(二)终止经营净利润(净亏损以"—"号填列)		
五、其他综合收益的税后净额		
六、综合收益总额		
七、每股收益		
(一)基本每股收益		
(二)稀释每股收益		

第四节　现金流量表

一、现金流量表的概念及作用

(一)现金流量表的概念

现金流量表是反映企业在一定会计期间现金及现金等价物流入和流出的报表。现金流量表是以现金为基础编制的。

现金是指企业的库存现金以及可以随时用于支付的存款。不能随时用于支取的存款不属于现金。

现金等价物是指企业持有的期限短(一般指从购买日起，3个月到期)、流动性强、易于转换为已知金额现金、价值变动风险很小的投资。企业应根据具体情况，确定现金等价物的范围，并且一贯地保持其划分标准，一经确定不得随意变更。

除特别说明外，以下所指的现金均包括现金和现金等价物。

(二)现金流量的分类

按现金流量表准则的规定，将企业现金流量分为三类，即经营活动产生的现金流量、投资活动产生的现金流量和筹资活动产生的现金流量。

1. 经营活动产生的现金流量

经营活动是指企业投资和筹资活动以外的所有交易和事项，包括销售商品或提供劳务、购买商品或接受劳务、收到返还的税费、经营性租赁、支付职工薪酬、支付广告费用、缴纳各项税费等。通过经营活动产生的现金流量，可以说明企业的经营活动对现金流入和流出的影响程度，判断企业不动用对外筹得资金的情况下，是否能够维持生产经营、偿还债务、支付股利和对外投资等。

各类企业由于所处行业特点不同，它们在对经营活动的认定上存在一定差异。在编制现金流量表时，应根据企业的实际情况，对现金流量进行正确、合理的归类。

2. 投资活动产生的现金流量

投资活动是指企业长期资产的购建和不包括在现金等价物范围内的投资及其处置活动。现金流量表中的"投资"既包括对外投资，又包括长期资产的购建与处置。长期资产是指固定资产、在建工程、无形资产和其他长期资产等持有期限在 1 年或超过 1 年的一个营业周期以上的资产。投资活动包括取得和收回投资、购建和处置固定资产、购买和处置无形资产等。通过投资活动产生的现金流量，能够分析企业通过投资获取现金流量的能力，以及判断投资活动对企业现金流量净额的影响程度。

3. 筹资活动产生的现金流量

筹资活动是指导致企业资本及债务规模和构成发生变化的活动。包括发行股票或接受投入资本、分派现金股利、取得和偿还银行借款、发行公司债券等。通过筹资活动产生的现金流量，能够分析企业通过筹资活动获取现金的能力，以及判断筹资活动对企业现金流量净额的影响程度。

企业在进行现金流量分类时，对于现金流量表中未特别指明的现金流量，应按照现金流量表的分类方法和重要性原则，判断某项交易或事项所产生的现金流量应当归属的类别或项目，对于重要的现金流入或流出项目应当单独反映。对于一些特殊的、不经常发生的项目，如自然灾害损失、保险赔款等，应根据其性质，分别归于经营活动、投资活动或筹资活动项目中单独列示。

(三)现金流量表的作用

现金流量表主要提供有关企业现金流量方面的信息，编制现金流量表的主要目的是向会计报表使用者提供企业一定会计期间的现金流入和流出的信息，以便于会计报表使用者了解和评价企业获取现金的能力，并据以预测企业未来的现金流量。具体来说，现金流量表主要有以下几个方面的作用。

1. 说明企业一定会计期间内现金流入和流出的原因

现金流量表将现金流量划分为经营活动、投资活动和筹资活动所产生的现金流量，并按照流入现金和流出现金项目分别反映。如企业当期从银行借入 600 万元，偿还银行利息 8 万元，在现金流量表的筹资活动产生的现金流量中分别反映借款 600 万元，支付利息 8 万元。因此，通过现金流量表能够反映企业现金流入和流出的原因，即现金从哪里来，又到哪里去了。

2. 说明企业的偿债能力和支付股利的能力

通过现金流量表，并配合资产负债表和利润表，将现金与流动负债进行比较，计算出现金比率；将现金流量净额与发行在外的普通股加权平均股数进行比较，计算出每股现金流量；将经营活动现金流量净额与净利润进行比较，计算出盈利现金比率。由此可以了解企业的现金能否偿还到期债务、支付股利和进行必要的固定资产投资，了解企业现金流转效率和效果。

3. 分析企业未来获取现金的能力

由于商业信用的大量存在，营业收入与现金收入会有较大的差异，能否真正实现收益，还取决于企业的收现能力。通过分析企业的现金流量状况，有助于了解企业的收现能力，分析企业未来获取或支付现金流量的能力，从而评价企业的资金运用效绩。

4. 分析企业投资和理财活动对经营成果和财务状况的影响

现金流量表提供一定时期现金流入和流出的动态财务信息，表明企业在报告期内由经营活动、投资活动和筹资活动获得多少现金，企业获得的这些现金是如何运用的，能够说明资产、负债、净资产的变动原因，对资产负债表和利润表起到补充说明的作用。所以说，现金流量表是连接资产负债表和利润表的桥梁。

二、现金流量表的结构

我国企业的现金流量表包括正表和补充资料两部分。

正表是现金流量表的主体，企业一定会计期间现金流量的信息主要由正表提供。正表采用报告式的结构，按照现金流量的性质，依次分类反映经营活动产生的现金流量、投资活动产生的现金流量和筹资活动产生的现金流量，最后汇总反映企业现金及现金等价物净增加额。

现金流量表补充资料包括：①将利润调节为经营活动的现金流量(即按间接法编制的经营活动现金流量)。②不涉及现金收支的重大投资和筹资活动。③现金及现金等价物净变动情况。

三、现金流量表的编制方法

(一)"经营活动产生的现金流量"各项目的内容和填列方法(直接法)

经营活动产生的现金流量的列报方法有两种，一是直接法，二是间接法。

直接法是指通过现金收入和现金支出的主要类别直接反映来自企业经营活动的现金流量的一种列报方法。现金流量一般应按现金流入和流出总额反映，但代客户收取或支付的现金，以及周转快、金额大、期限短的项目的现金流入和支出，应以净额反映。采用这种方法列报经营活动的现金流量时，一般以利润表中的本期营业收入为起点，调整与经营活动有关项目的增减变动，然后计算出经营活动的现金流量。在我国，现金流量表正表中经营活动产生的现金流量就是以直接法来列报的。

间接法是指以本期净利润为起点，通过调整不涉及现金的收入、费用、营业外收支以及经营性应收应付等项目的增减变动，调整不属于经营活动的现金收支项目，据此计算并列示经营活动的现金流量的一种方法。在我国，现金流量表的补充资料中应按间接法反映经营活动现金流量的情况，以对正表中按直接法反映的经营活动的现金流量进行核对和补充说明。

1. "销售商品、提供劳务收到的现金"项目

本项目反映企业销售商品、提供劳务实际收到的现金(含销售收入和应向购买方收取的增值税额)，包括本期销售商品、提供劳务收到的现金，以及前期销售商品和前期提供劳务本期收到的现金和本期预收的账款，减去销售本期退回的商品和前期销售本期退回的商品而支付的现金。企业销售材料和代购代销业务收到的现金，也在本项目反映。该项目可根据"应收账款""应收票据""预收账款""主营业务收入""其他业务收入""库存现金""银行存款"等科目的记录分析填列。

根据科目记录分析计算该项目的金额时，一般可以采用下列公式计算得出：
销售商品、提供劳务收到的现金=当期销售商品、提供劳务收到的现金+
当期收到前期的应收账款和应收票据+
当期预收的款项−当期销售退回而支付的现金+当期
收回前期核销的坏账损失

2. "收到的税费返还"项目

本项目反映企业本期收到返还的增值税、消费税、关税、所得税、教育费附加等各种税费。该项目可根据"应交税费""营业外收入""其他应收款""库存现金""银行存款"等科目的记录分析填列。

3. "收到的其他与经营活动有关的现金"项目

本项目反映企业除了上述各项目以外所收到的其他与经营活动有关的现金流入，如收到的押金、收到的罚款、流动资产损失中由个人赔偿的现金、收到的经营租赁的租金以及接受捐赠的现金等。若某项其他与经营活动有关的现金流入较大，应单独列示项目反映。该项目可以根据"营业外收入""其他应收款""库存现金""银行存款"等科目的记录分析填列。

4. "购买商品、接受劳务支付的现金"项目

本项目反映企业购买商品、接受劳务实际支付的现金，包括本期购入的材料和商品、接受劳务支付的现金(包括增值税进项税额)，本期支付前期购入的商品、接受劳务的未付款项和本期的预付款项，扣除本期发生的购货退回而收到的现金。企业代购代销业务支付的现金，也在该项目反映。该项目可根据"应付账款""应付票据""预付账款""主营业务成本""其他业务成本""库存现金""银行存款"等科目的记录分析填列。根据科目记录分析计算该项目的金额时，一般可以采用下列公式计算得出：
购买商品、接受劳务支付的现金=当期购买商品、接受劳务支付的现金+
当期支付前期的应付账款和应付票据+
当期预付的账款−当期因购货退回收到的现金

5. "支付给职工以及为职工支付的现金"项目

本项目反映企业本期实际支付给职工的工资、奖金、各种津贴和补贴等职工薪酬和为职工支付的其他费用而支付的现金。企业代扣代缴的职工个人所得税，也在本项目反映。

应说明的是，企业支付给离退休人员的各项费用(包括支付的统筹退休金以及未参加统筹的退休人员的费用)，在"支付的其他与经营活动有关的现金"项目中反映；支付给在建工程人员的工资及其他费用，在"购建固定资产、无形资产和其他长期资产所支付的现金"项目反映，以上两项不包括在本项目中。该项目可根据"库存现金""银行存款""应付职工薪酬"等科目的记录分析填列。

应注意的是，企业为职工支付的养老、失业等社会保险基金、补充养老保险、住房公积金、支付给职工的住房困难补助，以及企业支付给职工或为职工支付的其他福利费用等，应按职工的工作性质和服务对象，分别在本项目和"购建固定资产、无形资产和其他长期资产所支付的现金"项目反映。

6. "支付的各项税费"项目

本项目反映企业本期发生并支付的税费，以及以前各期发生的在本期支付的税费和本期预交的各种税费，包括增值税、消费税、所得税、车船使用税、印花税、教育费附加、矿产资源补偿费等，但不包括计入固定资产价值的、实际支付的耕地占用税，也不包括本期退回的所得税、增值税；本期退回的所得税、增值税在"收到的税费返还"项目反映。该项目可根据"库存现金""银行存款""应交税费""管理费用"等科目的记录分析填列。

7. "支付的其他与经营活动有关的现金"项目

本项目反映企业除上述各项目以外，支付的其他与经营活动有关的现金，如支付的办公费用、支付的经营租赁租金、支付的罚款、支付的业务招待费、支付的保险费、支付的销售费用等。若其他与经营活动有关的现金流出金额较大，应单独列示项目反映。该项目可根据"库存现金""银行存款""管理费用""营业外支出"等科目的记录分析填列。

(二)"投资活动产生的现金流量"各项目的内容和填列方法

现金流量表中的投资活动包括短期投资和长期投资的取得与处置、固定资产的购建与处置、无形资产的购置与转让等。单独反映投资活动产生的现金流量，能了解企业为获得未来收益和现金流量而导致对外投资或内部长期资产投资的程度，以及以前对外投资所带来的现金流入的信息。

1. "收回投资所收到的现金"项目

本项目反映企业出售、转让或到期收回除现金等价物以外的对其他企业的权益工具、债务工具和合营中的权益等投资收到的现金。收回债务工具实现的投资收益、处置子公司及其他营业单位收到的现金净额不包括在本项目。本项目可根据"交易性金融资产""长期股权投资""库存现金""银行存款"等科目的记录分析填列。

2. "取得投资收益收到的现金"项目

本项目反映企业除现金等价物以外的对其他企业的权益工具、债务工具和合营中的权益投资分回的现金股利和利息等，不包括股票股利。该项目可根据"投资收益""库存现金""银行存款"等科目的记录分析填列。

3. "处置固定资产、无形资产和其他长期资产收回的现金净额"项目

本项目反映企业出售、报废固定资产，无形资产和其他长期资产所收到的现金(包括因资产毁损收到的保险赔款)，减去为这些活动而支付的有关费用后的净额，如果所收回的现金净额为负数，则在"支付的其他与投资活动有关的现金"项目反映。该项目可根据"固定资产清理""库存现金""银行存款"等科目的记录分析填列。

4. "处置子公司及其他营业单位收到的现金净额"项目

本项目反映企业处置子公司及其他营业单位所取得的现金，减去相关处置费用以及子公司及其他营业单位持有的现金和现金等价物后的净额。该项目可以根据"投资收益""库存现金""银行存款"等科目的记录分析填列。

5. "收到其他与投资活动有关的现金"项目

本项目反映企业除了上述各项目以外，所收到的与投资活动有关的现金流入。比如，企业收回购买股票和债券时支付的已宣告但尚未领取的现金股利或已到付息期但尚未领取的债券利息。若其他与投资活动有关的现金流入金额较大，应单列项目反映。该项目可根据"应收股利""应收利息""库存现金""银行存款"等科目的记录分析填列。

6. "购建固定资产、无形资产和其他长期资产所支付的现金"项目

本项目反映企业本期购买、建造固定资产，取得无形资产和其他长期资产所支付的现金，已经支付的应由在建工程和无形资产负担的职工薪酬的现金支出。但是，本项目不包括为购建固定资产而发生的借款利息资本化的部分，以及融资租入固定资产支付的租赁费。企业支付的借款利息和融资租入固定资产支付的租赁费，在"筹资活动产生的现金流量"中反映。该项目可根据"固定资产""在建工程""无形资产""库存现金""银行存款"等科目的记录分析填列。

7. "投资所支付的现金"项目

本项目反映企业取得除现金等价物的权益性投资和债务性投资所支付的现金，以及支付的佣金、手续费等交易费用。但是，企业购买股票或债券时，实际支付的价款中包含的已宣告发放而尚未领取的现金股利或已到付息期而尚未领取的债券利息，因为其性质属于垫支款项，所以应在"支付其他与投资活动有关的现金"项目中反映；而企业收回这部分现金股利或债券利息时，不属于投资成本的收回，而是垫支款项的收回，所以应在"收到其他与投资有关的现金"项目中反映。该项目可根据"交易性金融资产""长期股权投资""库存现金""银行存款"等科目的记录分析填列。

8. "取得子公司及其他营业单位支付的现金净额"项目

本项目反映企业购买子公司及其他营业单位出价中以现金支付的部分，减去子公司及其他营业单位持有的现金和现金等价物后的净额。该项目可根据"长期股权投资""库存现金""银行存款"等科目的记录分析填列。

9. "支付的其他与投资活动有关的现金"项目

本项目反映企业除上述各项目以外所支付的其他与投资活动有关的现金流出。若某项其他与投资活动有关的现金流出金额较大，应单列项目反映。该项目可根据"应收利息""应收股利""库存现金""银行存款"等科目的记录分析填列。

(三)"筹资活动产生的现金流量"各项目的内容和填列方法

现金流量表中的筹资活动包括权益性投资的吸收与减少、银行借款的借入与偿还、债券的发行与偿还等。单独反映筹资活动产生的现金流量，能了解企业筹资活动产生现金流量的规模与能力，以及企业为获得现金流入而付出的代价。

1. "吸收投资所收到的现金"项目

本项目反映企业以发行股票、债券等方式筹集资金实际收到的款项，减去直接支付的佣金、咨询费、宣传费、手续费、印刷费等发行费用后的净额。该项目可根据"股本(或实收资本)""应付债券""库存现金""银行存款"等科目的记录分析填列。

2. "取得借款所收到的现金"项目

本项目反映企业举借各种短期借款、长期借款所实际收到的现金。该项目可根据"银行存款""短期借款""长期借款"等科目的记录分析填列。

3. "收到的其他与筹资活动相关的现金"项目

本项目反映企业除上述各种项目外所收到的其他与筹资活动相关的现金流入，如接受现金捐赠等。若某项其他与筹资活动有关的现金流入金额较大，应单独列项目反映。

4. "偿还债务支付的现金"项目

本项目反映企业偿还的借款本金和到期债券本金等所支付的现金。企业支付的借款利息和债券利息在"分配股利、利润或偿付利息所支付的现金"项目反映，不包括在本项目内。该项目可根据"应付债券""短期借款""长期借款""库存现金""银行存款"等科目的记录分析填列。

5. "分配股利、利润或偿付利息所支付的现金"项目

本项目反映企业实际支付的现金股利、支付给其他投资单位的利润或用现金支付的借款利息、债券利息等。该项目可根据"财务费用""应付股利""应付利息""库存现金""银行存款"等科目的记录分析填列。

6. "支付的其他与筹资活动有关的现金"项目

本项目反映企业除上述各项目外所支付的其他与筹资活动有关的现金支出，如支付融资租入固定资产的租赁费，以发行债券、股票方式筹集资金时由企业直接支付的审计、咨询费用等。若某项其他与筹资活动有关的现金支出的金额较大，应单独列项目反映。该项目可根据"营业外支出""长期应付款""库存现金""银行存款"等科目的记录分析填列。

(四)"汇率变动对现金及现金等价物的影响"项目的内容和填列方法

该项目反映企业外币现金流量及境外子公司的现金流量折算为人民币时，所采用的现金流量发生日的即期汇率或按照系统合理的方法确定的、与现金流量发生日即期汇率近似汇率折算的人民币金额与"现金及现金等价物净增加额"中的外币现金净额按期末汇率折算的人民币金额之间的差额。

在编制现金流量表时，可逐笔计算外币业务发生的汇率变动对现金的影响，也可不必逐笔计算，而采用简化的计算方法，即通过报表补充资料中的"现金及现金等价物净增加额"数额与正表中"经营活动产生的现金流量净额""投资活动产生的现金流量净额""筹资活动产生的现金流量净额"三项之和比较，其差额即为"汇率变动对现金及现金等价物的影响"项目的金额。

(五)现金流量表补充资料各项目的内容和填列方法(间接法)

1. "将净利润调节为经营活动的现金流量"项目

利润表反映的当期净利润是按权责发生制原则确认和计量的，而经营活动的现金流量净额是按收付实现制原则确认和计量的；而且当期净利润既包括经营净损益，又包括不属于经营活动的损益。因此，采用间接列报法将净利润调节为经营活动的现金流量净额时，主要需要调整四大类项目：实际没有支付现金的费用；实际没有收到现金的收益；不属于经营活动的损益；经营性应收应付项目的增减变动。

1) 资产减值准备

本项目反映企业本期实际计提的各项资产减值准备，包括坏账准备、存货跌价准备、长期股权投资减值准备、持有至到期投资减值准备、投资性房地产减值准备、固定资产减值准备、在建工程准备、无形资产减值准备、商誉减值准备、生产性生物资产减值准备、油气资产减值准备等。该项目可根据"资产减值损失"等科目的记录分析填列。

2) 固定资产折旧、油气资产折耗、生产性资产折旧

本项目反映企业本期累计计提的固定资产折旧、油气资产折耗、生产性资产折旧。该项目可根据"累计折旧""累计折耗"等科目的贷方发生额分析填列。

3) 无形资产摊销

本项目反映企业本期累计摊入成本费用的无形资产价值。该项目可根据"累计摊销"科目的贷方发生额分析填列。

4) 长期待摊费用摊销

本项目反映企业本期累计摊入成本费用的长期待摊费用。该项目可根据"长期待摊费用"科目的贷方发生额分析填列。

5) 处置固定资产、无形资产和其他长期资产的损失

本项目反映企业本期处置固定资产、无形资产和其他长期资产发生的净损失(或净收益)。如为净收益，以"—"号填列。该项目可根据"营业外支出""营业外收入"等科目所属的有关明细科目的记录分析填列。

6) 固定资产报废损失

本项目反映企业本期发生的固定资产盘亏(减盘盈)后的净损失。该项目可根据"营业外支出"和"营业外收入"科目所属的有关明细科目中固定资产盘亏损失减去固定资产盘盈收益后的差额填列。

7) 公允价值变动损失

本项目反映企业持有的交易性金融资产、交易性负债、采用公允价值模式计量的投资性房地产等公允价值形成的净损失。如为净收益,以"一"号填列。该项目可根据"公允价值变动损益"科目所属有关明细科目的记录分析填列。

8) 财务费用

本项目反映企业本期实际发生的应属于投资活动或筹资活动的财务费用。属于投资活动、筹资活动的部分,在计算净利润时已扣除,但这部分发生的现金流出不属于经营活动现金流量的范畴,所以,在将净利润调节为经营活动的现金流量时,需要予以加回。该项目可根据"财务费用"科目的本期借方发生额分析填列。如为收益,以"一"号填列。

9) 投资损失

本项目反映企业对外投资所实际发生的投资损失减去收益后的净损失。该项目可根据利润表"投资收益"项目的数字填列。如为投资收益,以"一"填列。

10) 递延所得税资产减少

本项目反映企业资产负债表"递延所得税资产"项目的期初余额与期末余额的差额。该项目可根据"递延所得税资产"科目发生额分析填列。

11) 递延所得税负债增加

本项目反映企业资产负债表"递延所得税负债"项目的期初余额与期末余额的差额。该项目可根据"递延所得税负债"科目发生额分析填列。

12) 存货的减少

本项目反映企业资产负债表"存货"项目的期初余额与期末余额的差额。期末数大于期初数的差额,以"一"号填列。

13) 经营性应收项目的减少

本项目反映企业本期经营性应收项目的期初余额与期末余额的差额。经营性应收项目主要是指应收账款、应收票据、预付账款、长期应收款和其他应收款等经营性应收项目中的与经营活动有关的部分及应收的增值税销项税额等。期末数大于期初数的差额,以"一"号填列。

14) 经营性应付项目的增加

本项目反映企业本期经营性应付项目的期初余额与期末余额的差额。经营性应付项目主要是指应付账款、应付票据、预收账款、应付职工薪酬、应交税费、其他应付款等经营性应付项目中与经营活动有关的部分及应付的增值税进项税额等。期末数小于期初数的差额,以"一"号填列。

2. "不涉及现金收支的投资和筹资活动"项目

本项目反映企业一定会计期间影响资产、负债,但不影响该期现金收支的所有重大投资和筹资活动的信息。这些投资和筹资活动是企业的重大理财活动,对以后各期的现金流量会产生重大影响，因此，应单列项目在补充资料中反映。目前，我国企业现金流量表补充资料中列示的"不涉及现金收支的重大投资和筹资活动"项目主要有以下几项。

(1) "债务转为资本"项目，反映企业本期转为资本的债务金额。

(2) "一年内到期的可转换公司债券"项目，反映企业一年内到期的可转换公司债券的本息。

(3) "融资租入固定资产"项目，反映企业本期融资租入固定资产的最低租赁付款额扣除应分期计入利息费用的未确认融资费用后的净额。

3. "现金及现金等价物净变动情况"项目

本项目反映企业一定会计期间现金及现金等价物的期末余额减去期初余额后的净增加额(或净减少额)，是对现金流量表正表中"现金等价物净增加额"项目的补充说明。本项目的金额与现金流量表"现金及现金等价物净增加额"项目的金额核对相符。

四、现金流量表的编制及举例

企业在具体编制现金流量时，可根据业务量的大小及复杂程度，采用工作底稿法、T形账户法或直接根据有关科目的记录分析填列等。

(一)工作底稿法

采用工作底稿法编制现金流量表，是以工作底稿为手段，以利润表和资产负债表数据为基础，结合有关科目的记录，对现金流量表的每一项目进行分析并编制调整分录，从而编制出现金流量表的一种方法。

采用工作底稿法的具体程序如下。

第一步，将资产负债表的期初数和期末数过入工作底稿的期初数栏和期末数栏。

第二步，对当期业务进行分析并编制调整分录。调整分录大体有这样几类：第一类涉及利润表中的收入、成本和费用项目，以及资产负债表中的资产、负债及所有者权益项目，通过调整，将权责发生制下的收入、费用转换为现金基础；第二类是涉及资产负债表和现金流量表中的投资、筹资项目，反映投资和筹资活动的现金流量；第三类是涉及利润表和现金流量表中的投资和筹资项目，目的是将利润表中有关投资和筹资方面的收入和费用列入现金流量表投资、筹资现金流量表中。此外，还有一些调整分录并不涉及现金收支，只是为了核对资产负债表项目期末、期初数额的变动。

在调整分录中，有关现金和现金等价物的事项，并不直接借记或贷记现金，而是分别记入"经营活动产生的现金流量""投资活动产生的现金流量""筹资活动产生的现金流量"等有关项目，借记表明现金流入，贷记表明现金流出。

第三步，将调整分录过入工作底稿中的相应部分。

第四步，核对调整分录，借贷合计应当相等，资产负债表项目期初数加减调整分录中的借贷金额后，应当等于期末数。

第五步，根据工作底稿中的现金流量表项目部分编制正式的现金流量表"正表"。

(二)T 形账户法

T 形账户法是以"T 形账户"为手段，并以利润表和资产负债表为基础，结合有关账户的记录，对每一项目进行分析并编制调整分录，从而编制出现金流量表的一种方法。

采用 T 形账户法的具体程序如下。

第一步，为所有的非现金项目(包括资产负债表项目和利润表项目)分别开设 T 形账户，并将各自的期末期初变动数过入该账户。

第二步，开设一个大的"现金流量"T 形账户，左右两边分别记录经营活动、投资活动和筹资活动三个部分，左边记现金流入，右边记现金流出。与其他账户一样，过入期末期初变动数。

第三步，以利润表项目为基础，结合资产负债表分析每一个非现金项目的增减变动，并据此编制调整分录。

第四步，将调整分录过入各 T 形账户，并进行核对，该账户借贷相抵后的余额与原先过入的期末期初变动数应当一致。

第五步，根据大的"现金流量"T 形账户编制正式的现金流量表"正表"。

(三)分析填列法

分析填列法是根据企业的资产负债表、利润表和有关会计科目明细账的记录，直接一次分析计算确定现金流量表中各项目的金额，并据以编制现金流量表的一种方法。

【例 14-3】根据例 14-1 和例 14-2 所提供的资料，并假设该公司其他有关资料如下所示。

1. 2020 年度利润表有关科目的明细资料

(1) 管理费用的组成：职工薪酬 17 100 元，无形资产摊销 60 000 元，摊销印花税 10 000 元，折旧费 20 000 元，支付其他费用 50 000 元。

(2) 财务费用的组成：计提借款利息 21 500 元，支付应收票据贴现利息 20 000 元。

(3) 资产减值损失的组成：计提坏账准备 900 元，计提固定资产减值准备 30 000 元，上一年年末坏账准备余额为 1 800 元。

(4) 投资收益的组成：收到股息收入 30 000 元，与本金一起收回的交易性金融资产投资收益 500 元，自公允价值变动损益结转投资收益 1 000 元。

(5) 营业外收入的组成：处置固定资产净收益 50 000 元(其所处置固定资产原价为400 000 元，累计折旧为 150 000 元，支付清理费用 500 元，收到处置收入 300 000 元)。

(6) 营业外支出的组成：报废固定资产净损失 19 700 元(其所报废固定资产的原价为200 000 元，累计折旧 180 000 元，支付清理费用 500 元，收到残值收入 800 元)。

(7) 所得税费用的组成：当期所得税费用为 122 496 元，递延所得税收益 9 900 元。

除上述项目外，利润表中的销售费用至到期尚未支付。

2. 资产负债表有关科目的明细资料

(1) 本期收回交易性股票投资本金 15 000 元、公允价值变动 1 000 元，同时实现收到投资收益 500 元。

(2) 存货中生产成本、制造费用的组成：职工薪酬 324 900 元，折旧费 80 000 元。

(3) 应交税费的组成：本期增值税进项税额为 42 466 元，增值税销项税额为 212 500 元，已交增值税 100 000 元；应交所得税期末余额为 20 097 元，应交所得税期初余额为 0 元。应交税费期末数中应由在建工程负担的部分为 100 000 元。

(4) 应付职工薪酬的期初数无应付在建工程人员的部分，本期支付在建工程人员工资 200 000 元。应付职工薪酬的期末数中应付在建工程人员的部分为 28 000 元。

(5) 应付利息均为短期借款利息，其中本期计提利息 11 500 元，支付利息 12 500 元。

(6) 本期用现金购买固定资产 101 000 元，购买工程物资 150 000 元。

(7) 本期用现金偿还短期借款 250 000 元，偿还一年内到期的长期借款 1 000 000 元，借入长期借款 400 000 元。

根据以上资料，采用分析填列法，编制该公司的现金流量表。

(1) 该公司 2020 年度现金流量表正表各项目的金额，分析确定如下。

① 销售商品、提供劳务收到的现金

=主营业务收入+应交税费(应交增值税——销项税额)+(应收账款期初余额-应收账款期末余额)+(应收票据期初余额-应收票据期末余额)-当期计提的坏账准备-票据贴现的利息

=1 250 000+212 500+(299 100-598 200)+(246 000-66 000)-900-20 000

=1 322 500(元)

② 购买商品、接受劳务支付的现金

=主营业务成本+应交税费(应交增值税——进项税额)-(存货期初余额-存货期末余额)+(应付账款期初余额-应付账款期末余额)+(应付票据期初余额-应付票据期末余额)+(预付账款期末余额-预付账款期初余额)-当期列入生产成本、制造费用的职工薪酬-当期列入生产成本、制造费用的折旧费和固定资产修理费

=750 000+42 466-(2 580 000-2 484 700)+(953 800-953 800)+(200 000-100 000)+(100 000-100 000)-324 900-80 000

=392 266(元)

③ 支付给职工以及为职工支付的现金

=生产成本、制造费用、管理费用中职工薪酬+(应付职工薪酬期初余额-应付职工薪酬期末余额)-[应付职工薪酬(在建工程)期初余额-应付职工薪酬(在建工程)期末余额]

=324 900+17 100+(110 000-180 000)-(0-28 000)

=300 000(元)

④ 支付的各项税费

=当期所得税费用+税金及附加+应交税费(增值税——已交税金)-(应交所得税期末余额-应交所得税期初余额)

=122 496+2 000+100 000-(20 097-0)=204 399(元)

⑤ 支付的其他与经营活动有关的现金

=其他管理费用

=50 000(元)

⑥ 收回投资所收到的现金

　　=交易性金融资产贷方发生额+与交易性资产一起收回的投资收益

　　=16 000+500=16 500(元)

⑦ 取得投资收益所收到的现金

　　=收到的股息收入

　　=30 000(元)

⑧ 处置固定资产收回的现金净额

　　=300 000+(800-500)=300 300(元)

⑨ 购建固定资产所支付的现金

　　=用现金购买的固定资产、工程物资+支付给在建工程人员的薪酬

　　=101 000+150 000+200 000=451 000(元)

⑩ 取得借款所收到的现金

　　=400 000(元)

⑪ 偿还债务所支付的现金

　　=250 000+1 000 000=1 250 000(元)

⑫ 偿还利息所支付的现金

　　=12 500(元)

(2) 将利润调节为经营活动现金流量，各项目计算分析如下。

① 计提的资产减值准备=900+30 000=30 900(元)

② 固定资产折旧=20 000+80 000=100 000(元)

③ 无形资产摊销=60 000(元)

④ 处置固定资产、无形资产和其他长期资产的损失(减：收益)

　　=-50 000(元)

⑤ 固定资产报废损失=19 700(元)

⑥ 财务费用=41 500(元)

⑦ 投资损失(减：收益)=-31 500(元)

⑧ 递延所得税资产减少=0-9 900=-9 900(元)

⑨ 存货的减少=2 580 000-2 484 700=95 300(元)

⑩ 经营性应收项目的减少

　　=(246 000-66 000)+(299 000+900-598 200-1 800)

　　=-120 100(元)

⑪ 经营性应付项目的增加

　　=(100 000-200 000)+(100 000-100 000)+[(180 000-28 000)

　　　-110 000]+[(226 731-100 000)-36 600]

　　=32 131(元)

将以上数据填入现金流量表(见表14-6)及其补充资料(见表14-7)。

表 14-6 现金流量表

会企 03 表

填制单位：东方股份有限公司　　　　　2020 年　　　　　单位：元

项　目	本期金额	上期金额(略)
一、经营活动产生的现金流量：		
销售商品、提供劳务收到的现金	1 322 500	
收到的税费返还	0	
收到的其他与经营活动有关的现金	0	
经营活动现金流入小计	1 322 500	
购买商品、接受劳务支付的现金	392 266	
支付给职工以及为职工支付的现金	300 000	
支付的各项税费	204 399	
支付的其他与经营活动有关的现金	50 000	
经营活动现金流出小计	946 665	
经营活动产生的现金流量净额	375 835	
二、投资活动产生的现金流量：		
收回投资所收到的现金	16 500	
取得投资收益收到的现金	30 000	
处置固定资产、无形资产和其他长期资产所收回的现金净额	300 300	
处置子公司及其他营业单位收到的现金净额	0	
收到的其他与投资活动有关的现金	0	
投资活动现金流入小计	346 800	
购建固定资产、无形资产和其他长期资产所支付的现金	451 000	
投资支付的现金	0	
取得子公司及其他营业单位支付的现金净额	0	
支付的其他与投资活动有关的现金	0	
投资活动现金流出小计	451 000	
投资活动产生的现金流量净额	−104 200	
三、筹资活动产生的现金流量：		
吸收投资收到的现金	0	
取得借款收到的现金	400 000	
收到的其他与筹资活动有关的现金	0	
筹资活动现金流入小计	400 000	
偿还债务支付的现金	1 250 000	
分配股利、利润或偿付利息支付的现金	12 500	
支付其他与筹资活动有关的现金	20 000	
筹资活动现金流出小计	1 282 500	

续表

项　目	本期金额	上期金额(略)
筹资活动产生的现金流量净额	882 500	
四、汇率变动对现金及现金等价物的影响：	0	
五、现金及现金等价物净增加额：	-610 865	
加：期初现金及现金等价物余额	1 406 300	
六、期末现金及现金等价物余额	795 435	

表 14-7　现金流量表补充资料

补充资料	本期金额	上期金额(略)
1. 将净利润调节为经营活动的现金流量：		
净利润	197 704	
加：资产减值准备	30 900	
固定资产折旧、油气资产折耗、生产生物资产折旧	100 000	
无形资产摊销	60 000	
长期待摊费用摊销	0	
处置固定资产、无形资产和其他长期资产的损失(收益以"－"号填列)	-50 000	
固定资产报废损失(收益以"－"号填列)	19 700	
公允价值变动损失(收益以"－"号填列)	0	
财务费用(收益以"－"号填列)	41 500	
投资损失(收益以"－"号填列)	-31 500	
递延所得税资产减少(增加以"－"号填列)	-9 900	
递延所得税负债增加(减少以"－"号填列)	0	
存货的减少(增加以"－"号填列)	95 300	
经营性应收项目的减少(增加以"－"号填列)	-120 100	
经营性应付项目的增加(减少以"－"号填列)	32 131	
其他	10 000	
经营活动产生的现金流量净额	375 735	
2. 不涉及现金收支的重大投资和筹资活动：		
债务转为资本	0	
一年内到期的可转换公司债券	0	
融资租入固定资产	0	
3. 现金及现金等价物净增加情况：		
现金的期末余额	795 435	
减：现金的期初余额	1 406 400	

续表

补充资料	本期金额	上期金额(略)
加：现金等价物的期末余额	0	
减：现金等价物的期初余额	0	
现金及现金等价物净增加额	−610 965	

第五节　所有者权益变动表

所有者权益变动表是反映构成所有者权益的各组成部分当期增减变动的报表。

通过所有者权益变动表，既可以为财务报表使用者提供所有者权益总量增减变动的信息，也能为其提供所有者增减变动的结构性信息，特别是能够让财务报表使用者理解所有者权益增减变动的根源。

一、所有者权益变动表的结构

在所有者权益变动表中，企业至少应当单独列示反映下列几个信息的项目：

(1) 综合收益总额。

(2) 会计政策变更和差错更正的累积影响金额。

(3) 所有者投入资本和向所有者分配利润等。

(4) 提取盈余公积。

(5) 实收资本、其他权益工具、资本公积、其他综合收益、专项储备、盈余公积、未分配利润的期初和期末余额及其调节情况。

所有者权益变动表以矩阵的形式列示：一方面，列示导致所有者权益变动的交易或事项，即所有者变动的来源，对一定时期所有者权益变动情况进行全面反映；另一方面，按照所有者权益各组成部分(实收资本、其他权益工具、资本公积、库存股、其他综合收益、盈余公积、未分配利润)列示交易或事项对所有者权益各部分的影响。

所有者权益变动表的格式见表 14-8。

表 14-8 所有者权益变动表

2020 年度

会企 04 表
单位：元

编制单位：

项目	本年金额											上年金额										
	实收资本(或股本)	其他权益工具			资本公积	减：库存股	其他综合收益	专项储备	盈余公积	未分配利润	所有者权益合计	实收资本(或股本)	其他权益工具			资本公积	减：库存股	其他综合收益	专项储备	盈余公积	未分配利润	所有者权益合计
		优先股	永续债	其他									优先股	永续债	其他							
一、上年末余额																						
加：会计政策变更																						
前期差错更正																						
其他																						
二、本年初余额																						
三、本年增减变动金额(减少以"-"号填列)																						
(一)综合收益总额																						
(二)所有者投入和减少资本																						
1.所有者投入的普通股																						
2.其他权益工具持有者投入资本																						
3.股份支付计入所有者权益的金额																						
4.其他																						
(三)利润分配																						
1.提取盈余公积																						
2.对所有者(或股东)的分配																						
3.其他																						
(四)所有者权益内部结转																						
1.资本公积转增资本(或股本)																						
2.盈余公积转增资本(或股本)																						
3.盈余公积弥补亏损																						
4.设定受益计划变动额结转留存收益																						
5.其他综合收益结转留存收益																						
6.其他																						
四、本年末余额																						

二、所有者权益变动表的编制方法

(一)所有者权益变动表项目的填列方法

所有者权益变动表均需填列"本年金额"和"上年金额"两栏。

所有者权益变动表"上年金额"栏内各项数字，应根据上年所有者权益变动表的"本年金额"栏内所列数字填列。上年度所有者权益变动表规定的各个栏目的名称和内容同本年度不一致的，应对上年度所有者权益变动表各项目的名称和数字按照本年度的规定进行调整，填入所有者权益变动表的"上年金额"栏内。

所有者权益变动表"本年金额"栏内各数字一般应根据"实收资本(或股本)""其他权益工具""资本公积""库存股""其他综合收益""专项储备""盈余公积""利润分配""以前年度损益调整"科目的发生额分析填列。

企业的净利润及其分配情况作为所有者权益变动的组成部分，不需要单独编制利润分配表列示。

(二)所有者权益变动表主要项目说明

(1) "上年年末余额"项目，反映上年资产负债表中实收资本(或股本)、其他权益工具、资本公积、库存股、其他综合收益、专项储备、盈余公积、未分配利润的年末余额。

(2) "会计政策变更""前期差错更正"项目，分别反映企业采用追溯调整法处理的会计政策变更的累积影响金额和采用追溯重述法处理的会计差错更正的累积影响金额。

(3) "本年增减变动金额"项目：

① "综合收益总额"项目，反映企业净利润和其他综合收益扣除所得税影响后的净额相加后的合计金额。

② "所有者投入和减少资本"项目，反映企业当年所有者投入的资本和减少的资本。

a. "所有者投入的普通股"项目，反映企业接受投资者投入形成的实收资本(或股本)和资本溢价或股本溢价。

b. "其他权益工具持有者投入资本"项目，反映企业发行的除普通股以外分类为权益工具的金融工具的持有者投入资本的总额。

c. "股份支付计入所有者权益的金额"项目，反映企业处于等待期中的权益结算的股份支付当年计入资本公积的金额。

③ "利润分配"项目，反映企业当年的利润分配金额。

④ "所有者权益内部结转"项目，反映企业构成所有者权益的组成部分之间当年的增减变动情况。

a. "资本公积转增资本(或股本)"项目，反映企业当年以资本公积转增资本或股本的金额。

b. "盈余公积转增资本(或股本)"项目，反映企业当年以盈余公积转增资本或股本的金额。

c. "盈余公积弥补亏损"项目，反映企业当年以盈余公积弥补亏损的金额。

d. "设定受益计划变动额结转留存收益"项目，反映企业因重新计量设定受益计划净负债或净资产所产生的变动计入其他综合收益，结转至留存收益的金额。

e. "其他综合收益结转留存收益"项目，主要反映：第一，企业指定为以公允价值计量且其变动计入其他账户收益的非交易性权益工具投资终止确认时，之前计入其他综合收益的累计利得或损失从其他综合收益中转入留存收益的金额；第二，企业指定为以公允价值计量且其变动计入当期损益的金融负债终止确认时，之前由企业自身信用风险变动引起而计入其他综合收益的累计利得或损失从其他综合收益中转入留存收益的金额等。

第六节　财务报表附注

一、财务报表附注的概念

财务报表附注是对资产负债表、利润表、现金流量表和所有者权益变动表等报表中列示项目的文字描述或明细资料，以及对未能在这些报表中列示项目的说明等。附注是财务报表的重要组成部分，是对会计报表本身无法或难以充分表达的内容和项目所作的补充说明和详细解释。

二、财务报表附注的作用

(一)增进会计信息的可理解性

附注部分将对报表的有关重要的数据作出解释或说明，将抽象的数据具体化，有助于报表使用者正确理解会计报表，合理利用所需信息。

(二)促使会计信息充分披露

附注主要以文字说明的方式，充分披露会计报表所提供的信息及会计报表以外但与报表使用者的决策有关的重要信息，从而便于广大投资者全面掌握企业财务状况、经营成果和现金流量情况，为投资者正确决策提供信息服务。

(三)提高会计信息的可比性

会计报表是依据会计准则等有关制度规定编制而成的，在某些方面提供了多种会计处理方法，企业可以根据具体情况进行选择。这就造成了不同行业或同一行业的不同企业所提供的会计信息之间的差异。另外，在某些情况下，企业所采用的会计政策发生变动，而导致不同会计期间的会计信息失去可比的基础。通过编制附注，有利于了解会计信息的上述差异及其影响的大小，从而提高会计信息的可比性。

三、财务报表附注的内容

(一)企业的基本情况

(1)　企业注册地、组织形式和总部地址。

(2)　企业的业务性质和主要经营活动。

(3)　母公司以及集团最终母公司的名称。

(4)　财务报告的批准报出者和财务报告批准报出日。

(二)财务报表的编制基础

(三)遵循企业会计准则的声明

企业应当声明编制的财务报表符合企业会计准则的要求，真实、完整地反映企业的财务状况、经营成果和现金流量等有关信息。

(四)重要会计政策和会计估计

企业应当披露采用的重要会计政策和会计估计，不重要的会计政策和会计估计可以不披露。在披露重要会计政策和会计估计时，应当披露重要会计政策的确定依据和财务报表项目的计量基础，以及会计估计中所采用的关键假设和不确定因素。

(五)会计政策和会计估计变更以及差错更正的说明

企业应当按照《企业会计准则——会计政策、会计估计变更和差错更正》及其应用指南的规定，披露会计政策和会计估计变更以及差错更正的有关情况。

(六)报表重要项目的说明

(七)其他需要说明的事项

其他需要说明的事项，主要包括或有事项、资产负债表日后非调整事项、关联方关系及其交易等。

四、会计调整的披露

(一)会计调整的内容

会计调整是指企业因按照国家法律、行政法规和会计准则、会计制度的要求，或者因特定情况下按照会计制度规定对企业采用的会计政策、会计估计，以及发现的会计差错、发生的资产负债表日后事项等所做的调整。

会计调整的内容包括会计政策变更、会计估计变更和前期差错调整。

1. 会计政策变更

会计政策是指企业在会计确认、计量和报告中所采用的原则、基础和会计处理方法。

在我国，根据会计准则的规定，企业满足下列条件之一的，可以变更会计政策：法律、行政法规或者国家统一的会计制度等要求变更；会计政策变更能够提供更可靠、更相关的会计信息。

须注意的是，下列情形不是会计政策变更：

(1)　本期发生的交易或事项与以前相比具有本质差别而采用新的会计政策。

(2)　对初次发生的或不重要的交易或事项采用新的会计政策。

2. 会计估计变更

会计估计变更是指由于资产和负债的当前状况及预期未来经济利益和义务发生了变化，从而对资产或负债的账面价值或者资产的定期消耗金额进行调整。会计估计变更的原因主要有：赖以进行估计的基础发生了变化；取得了新的信息，积累了更多的经验。

须说明的是，会计估计变更并不意味着以前期间的会计估计是错误的，只是由于情况发生变化，或者掌握了新的信息，积累了更多的经验，使得变更会计估计能够更好地反映企业的财务状况和经营成果。

3. 前期差错调整

前期差错是指由于没有运用或错误运用以下两种信息，而对前期财务报表造成遗漏或误报：编制前期财务报表时能够合理预计取得并应当加以考虑的可靠信息；前期财务报表批准报出时能够取得的可靠信息。

重要的前期差错，是指足以影响财务报表使用者对企业财务状况、经营成果和现金流量作出正确判断的前期差错。不重要的前期差错，是指不足以影响财务报表使用者对企业财务状况、经营成果和现金流量作出正确判断的前期差错。

前期差错通常包括计算错误、应用会计政策错误、疏忽或曲解事实、舞弊产生的影响，以及存货、固定资产盘盈等。

(二)会计调整的处理方法

1. 会计政策变更

1) 会计政策变更的会计处理方法

会计政策变更的会计处理方法可分为以下三种。

① 国家发布相关的会计处理方法，按照国家发布的相关会计处理规定进行处理。

② 追溯调整法，是指对某项交易或事项变更会计政策时，如同该交易或事项初次发生就开始采用新的会计政策，并以此对相关项目进行调整的方法。在追溯调整法下，应计算会计政策变更的累积影响数，并调整期初留存收益，会计报表中的其他相关项目也相应进行调整。

③ 未来适用法，是指将变更后的会计政策应用于变更日及以后发生的交易或者事项，或者在会计估计变更当期和未来期间确认会计估计变更影响数的方法。

2) 会计政策变更的累积影响数及其计算

会计政策变更的累积影响数是指按变更后的会计政策对以前各期追溯计算的变更年度期初留存收益应有的金额与原有的金额之间的差额。这个定义还可以表述为会计政策变更的累积影响数是以下两个金额之间的差额：在变更会计政策的当年，按变更后的会计政策对以前各期追溯计算，所得到的年初留存收益金额；变更会计政策当年年初原有的留存收益金额。上述变更会计政策当年年初原有的留存收益，即为上年资产负债表所反映的留存收益，可以从上年资产负债表项目中获得；需要计算确定的是第一项，即按变更后的会计政策对以前各期追溯计算，得到的新的年初留存收益金额。上述留存收益金额，都是指所得税后的净额，即按新的会计政策计算确定留存收益时，应当考虑由于损益变化所导致的补计所得税或减计所得税，即留存收益应当是税后数。

会计政策变更的累积影响数，可以通过以下几个步骤计算获得：

① 根据新会计政策重新计算受影响的前期交易或事项。

② 计算两种会计政策下的差异。

③ 计算差异的所得税影响金额。

④ 确定前期中的每一期的税后差异。

⑤ 计算会计政策变更的累积影响数。

2. 会计估计变更

企业对会计估计变更应当采用未来适用法。会计估计变更仅影响变更当期的，其影响数应当在变更当期予以确认；既影响变更当期又影响未来期间的，其影响数应当在变更当期和未来期间予以确认。企业难以区分会计政策变更和会计估计变更的，应当将其作为会计估计变更进行处理。

3. 前期差错处理方法

会计差错产生于财务报表项目的确认、计量、列报或披露的会计处理过程中，在当期发现的当期差错应当在财务报表发布之前予以更正；若差错直到下一期间才被发现，就形成了前期差错。根据前期差错的重要程度，分别采用不同的会计处理方法。

(1) 不重要的前期差错。对于不重要的前期差错，企业不需要调整财务报表相关项目的期初数，但应调整发现当期与前期相同的相关项目。属于影响损益的，应直接计入本期与前期相同的净损益。

(2) 重要的前期差错。企业应当采用追溯重述法更正重要的前期差错。追溯重述法，是指在发现前期差错时，视同该项前期差错从未发生过，从而对财务报表相关项目进行更正的方法。完整的追溯重述法一般需要经过确认前期差错、确定前期差错的影响数、进行相关会计处理、调整财务报表相关项目金额、在会计报表附注中披露会计差错等几个步骤。

(三)会计调整的披露

1. 会计政策变更的披露

企业应当在附注中披露与会计政策变更有关的下列信息：

(1) 会计政策变更的性质、内容和原因；

(2) 当期和各个列报前期财务报表中受影响的项目名称和调整金额；

(3) 无法进行追溯调整的，说明事实和原因以及开始应用变更后的会计政策的时点、具体应用情况。

2. 会计估计变更的披露

企业应当在附注中披露与会计估计变更有关的下列信息：

(1) 会计估计变更的内容和原因；

(2) 会计估计变更对当前和未来期间的影响数；

(3) 会计估计变更的影响数不能确定的，披露这一事实和原因。

3. 前期差错更正的披露

企业应当在附注中披露与前期差错更正有关的下列信息：

(1) 前期差错的性质。

(2) 各个列报前期财务报表中受影响的项目名称和更正金额。

(3) 无法进行追溯重述的，说明该事实和原因以及对前期差错开始进行更正的时点、具体更正情况。

五、财务报表附注的形式

在会计实务中，财务报表附注可采用旁注、附表和底注等形式。

(一)旁注

旁注是指在财务报表的有关项目后面以括号方式对其加注说明。如果财务报表使用简明名称的项目不足以反映其全部含义，可以直接用括号加注说明。在财务报表的附注形式中，旁注是最简单的一种形式。

(二)附表

附表是指反映财务报表内重要项目的构成及其增减变动数额的表格。附表所反映的是财务报表中某一项目的明细信息，如应收账款的账龄表等。

(三)底注

底注也称脚注，是指在财务报表后面用一定文字和数字所作的补充说明。底注的主要作用是揭示那些不便于列入报表正文的有关信息。一般而言，每一种报表都可以有一定的底注，其篇幅大小随各种报表的复杂程度而定。我国财务报表附注主要采用这种形式。

六、财务报表附注的局限性

须指出的是，尽管附注与表内信息不可分割，共同组成完整的财务报表，但是附注中的定量或定性说明都不能用来更正表内的错误，也不能用以代替报表正文中的正常分类、计价和描述，或与正文数据发生矛盾。此外，附注作为一种会计信息的披露手段，还存在以下缺陷：

(1) 如果使用者对附注不做认真研究，便难以阅读和理解，从而可能忽视这项资料。

(2) 附注的文字叙述比报表中所汇总的数据资料更难以用于决策。

(3) 随着企业业务复杂性的增加，存在过多使用附注的现象，这样势必会削弱基本报表的作用。

第十四章习题

参 考 文 献

[1] 中华人民共和国财政部. 企业会计准则(2006)[M]. 北京：经济科学出版社，2006.

[2] 中华人民共和国财政部. 企业会计准则——应用指南(2006)[M]. 北京：经济科学出版社，2006.

[3] 梁丽华. 财务会计[M]. 哈尔滨：东北林业大学出版社，2009.

[4] 财政部会计资格评价中心. 中级会计实务[M]. 北京：经济科学出版社，2020.

[5] 财政部会计资格评价中心. 初级会计实务[M]. 北京：经济科学出版社，2020.

[6] 高丽萍. 财务会计实务[M]. 北京：高等教育出版社，2019.

[7] 孔德兰. 企业财务会计[M]. 北京：高等教育出版社，2019.

[8] 王碧秀. 财务会计实务[M]. 北京：人民邮电出版社，2020.

[9] 贾永海. 财务会计[M]. 北京：人民邮电出版社，2020.

[10] 潘玉艳，罗涛，黄冬英. 企业财务会计实务[M]. 2 版. 北京：电子工业出版社，2019.

[11] 袁晓文. 财务会计学[M]. 上海：上海财经大学出版社，2019.

[12] 陈德萍，高慧云. 财务会计[M]. 9 版. 大连：东北财经大学出版社，2019.

[13] 马晓天. 财务会计[M]. 北京：北京交通大学出版社，2019.

[14] 王岩，丛莉. 财务会计实务[M]. 北京：人民邮电出版社，2020.

[15] 盖地. 财务会计[M]. 7 版. 北京：经济科学出版社，2018.

[16] 崔文娟. 中级财务会计[M]. 北京：电子工业出版社，2020.

财务会计习题参考答案